재미있는
영어 인문학
이야기
2

영어 단어를 통해 서양의 정치, 사회, 문화, 역사, 상식을 배운다

강준만 지음

Distance is a great promoter of admiration!

Bad money drives out good

The success depends on good rapport between interviewer and interviewee

It is best not to swap horses while crossing the river

I wanted to go, but he would buttonhole me

재미있는
영어 인문학
이야기
2

Satisfied customers tell three friends, angry customers tell 3,000

a socialist in economics, a liberal in politics, and a conservative in culture

Do you bant?

Quite Facebook Day

the most interesting place on earth

The customer is always right

Stand your ground. Don't retreat

The real risk is doing nothing

The age of privacy is over

인물과
사상사

디지털 시대에 환생한
에코와 나르키소스

에코Echo는 그리스신화에 나오는 산의 요정이다. 에코는 헤라Hera 여신에게 계속 이야기를 시킴으로써 남편 제우스Zeus가 바람피우는 것을 염탐하지 못하게 했기 때문에, 헤라의 노여움을 샀다. 헤라는 "나를 속인 그 혓바닥, 내 그냥 둘 줄 아느냐? 이제부터 너는 말을 하되, 한 마디씩밖에는 할 수 없다. 그것도 남을 말을 되받아서만"이라고 했다. 이런 저주에 따라 에코는 남의 끝말을 되풀이하는 것 말고는 말하는 능력을 완전히 빼앗기고 말았다.

에코는 나르키소스Narcissus를 보고 첫눈에 반해 사랑하지만, 그에게 먼저 말을 걸 수는 없었다. 나르키소스가 입을 열기를 기다렸다가 마지막 한 마디를 되울릴 준비나 하고 기다리는 수밖에 없었다. 나르키소스는 에코의 사랑을 거부했을 뿐만 아니라 그녀에게 모욕을 주었고, 이 이룰 수 없는 사랑에 절망한 에코는 차츰 쇠약해져 한 줌의 재로 변해 바람에 날려가고 말았다. 에코는 메아리로만 살아남았다.

나르키소스는 샘물에 비친 자신의 얼굴을 보고 사랑에 빠져 이룰 수 없는 사랑을 갈망하다가 죽는다. 마치 에코가 그러했듯이. 이 신화의 메시지는 무엇인가? 대책 없는 '왕자병'이나 '공주병'에 대한 질책이라는 주장도 있지만, 자신을 사랑하는 사람을 거부하더라도 지켜야 할 최소한의 예의는 있다는 교훈이라는 주장도 있다.

또 다른 신화에 따르면, 에코가 '들판의 신' 팬Pan의 집요한 유혹을 거절하자, 팬은 목동들을 미치게 했고, 미친 목동들은 에코를 갈기갈기 찢어 죽였다. 그러자 대지의 여신 가이아Gaia는 에코의 찢긴 사지를 묻어 주고 노래하는 능력만은 계속 간직할 수 있도록 허락했다.[1]

이런 슬픈 신화에서 유래된 echo는 그리스어로 'sound(소리)'라는 뜻으로, 오늘날 '메아리, 반영하다, 공감하다'는 뜻으로 쓰이고 있다. produce an echo는 '에코(반향, 효과음)를 내다', an echo of the King은 '왕의 대변자(맹목적 추종자)', cause an echo는 '공명을 불러일으키다', echo a person's words(opinions)는 '남의 말(의견)을 흉내내다(되풀이하다)'는 뜻이다.

Echoes resound(산울림이 울린다). His essays contain strong echoes of Lamb(그의 수필에는 분명히 램을 모방한 것으로 생각되는 곳이 여러 군데 있다). The room echoed with laughters(방 안에는 웃음소리가 울려 퍼졌다). Our shouts echoed in the valley(우리의 고함 소리가 계곡에 메아리쳤다). The buildings echoed (back) the cry(외치는 소리가 빌딩에 울렸다).[2]

choice not an echo(메아리가 아닌 선택)는 미국에서 me-tooism(모방주의, 추종주의)에 대한 비판으로, 주로 공화당 쪽에서 나온 말이다. 공화당 대통령 후보 배리 골드워터Barry

Goldwater, 1909~1998는 1964년 1월 3일 "I will offer a choice, not an echo(나는 메아리가 아닌 선택을 제시할 것입니다)"라고 말했다. 보수 여성 논객 필리스 시래플리Phyllis Schlafly, 1924~는 『A Choice Not An Echo』(1964)라는 책을 출간해 이념적 원칙의 중요성을 강조했다.[3]

echo는 디지털 시대에 이르러 새로운 주목을 받으면서, 'echo chamber effect(반향실 효과, 메아리방 효과)'라는 중요한 사회적 현상의 키워드가 되었다. 이는 같은 생각을 가진 사람들끼리 모여 말하면 동질성 추구가 심화되고 강화되는 효과를 말한다. 이런 동질성 추구 현상을 가리켜 호모필리homophily라고 하며, 호모필리가 일어나는 상황을 echo chamber라고 한다. 반향실 효과를 '문화적 부족주의cultural tribalism'라고도 한다.[4]

특히 자기편 집단의 결속력이 강하면 이른바 '집단 애착in-group love'이 생겨나 문제를 더욱 악화한다. 이런 경우 집단이 구성원들끼리 상호작용이 활발해지는 '반향실echo chamber' 역할을 해서 자신들이 가진 우려나 신념을 키워 결국 다른 사람들에 대한 증오심으로 발전시키는 경향을 보인다.[5]

이와 관련, 클라이브 톰슨Clive Thompson은 "사람들은 정치적인 견해가 비슷한 사람과 함께 있을 때 편안한 느낌을 갖는데, 인터넷은 그런 사람들을 찾기 쉽게 해준다. 이것은 반향실 효과echo chamber effect를 낳는다"라며 다음과 같이 말한다.

"비슷한 생각을 하는 사람들이 모이면 확실치 않거나 문제가 있거나 심지어 터무니없는 거짓도 사실이 된다. 소위 선별적 노출selective exposure이라는 것이다. 즉 사람들은 보고 싶은 것만 보고 자신의 생각과 같은 사실만 찾으며, 그렇지 않은 것은 무시한다. 당파성이 뚜렷한 정치 블로그에 달리는 댓글을 보면, 이런 현상을 금방 확인할 수 있다. 그런 댓글을 보면 휩쓸리고 싶은 유혹을 느낀다. 틀림없이 미국은 그렇게 나뉘어 있다. 온라인 반향실은 공적 토론을 완전히 왜곡한다."[6]

반향실 효과는 IT 기업들의 상업주의적 알고리즘으로 인해 악화된다. 예컨대, 우리가 페이스북에서 접하는 뉴스피드 newsfeed는 시간 순으로 우리에게 보여주는 것이 아니라, 우리의 페이스북 사용 습관을 분석한 결과일 뿐이다. 우리가 관심가질 만한 내용을 골라 상단에 배치하고, 우리가 싫어할 것 같은 포스트는 밑으로 내리며, 때로 일부 글들은 아예 우리의 시야에서 감춰버린다.

이와 관련, 박상현은 "가끔 친구가 올렸는데 내가 못 보고 지나가는 뉴스피드가 발생하는 것은 (원님 행차 때 큰 길에서 거지들이 눈에 안 띄게 잡아 가두는 식으로) 안 보이는 곳에서 열심히 일하는 페이스북의 알고리즘 때문이다. 문제는 이러한 알고리즘이 온라인에서의 의견의 다양성을 해친다는 데 있다"라며 다음과 같이 말한다.

"흔히 '메아리방echo chamber'라고 불리는 이 현상은, 특정한 정보나 사상이 일단의 사람들 사이에서 돌고 돌면서 관점이 다른 외부 정보의 유입을 막아 그 집단에 속한 사람들은 왜곡된 관점만을 갖게 되는 것을 의미한다. 진보적인 사람들이 보수적인 의견을 페이스북에서 보는 것을 싫어하기 때문에 페이스북 알고리즘이 알아서 감춰준다면, 그 사용자는 세상 사람들이 대부분 자신처럼 진보적으로 생각한다는 착각에 빠질 수 있는 것이다. 물론 반대의 경우도 마찬가지다. 페이스북만 그렇게 하는 것도 아니다. 구글도 검색의 정확도를 높이기 위해 같은 방법을 사용한다."[7]

　　반향실 속의 사람들은 자신들의 옳음을 확신하고 스스로 예찬하는 나르시시즘narcissism에 빠져 든다. 아니 디지털 세계에 들어가는 순간 우리는 나르시시즘의 세계로 들어간다고 보는 게 옳을지도 모른다. 나르시시즘이 자신을 사랑하는 사람들이 아닌, 너무 깨지기 쉬워 지속적인 뒷받침이 필요한 인격을 나타내는 용어라는 데에 동의한다면,[8] 유튜브에서 SNS에 이르기까지 '인정 투쟁struggle for recognition'의 춘추전국시대가 전개되고 있는 디지털 세계야말로 나르시시즘의 총본산이 아니고 무엇이랴. 그렇다면 에코와 나르키소스는 이상한 방식으로 디지털 시대에 환생했다고 보아야 하지 않을까?

　　이상은 '재미있는 영어 인문학 이야기'의 한 샘플로 써본 것이다. 모두 100가지의 그런 이야기를 담고 있는 이 책은 『교양영어사전』(2012), 『교양영어사전 2』(2013), 『인문학은 언어에서 태어났다: 재미있는 영어 인문학 이야기』(2014), 『재미있는 영어 인문학 이야기 1』(2015)에 이어 내놓는 이 분야의 5번째 책이다. 이 일은 이른바 '잡학雜學 상식'에 대한 열정으로 내가 재미있고 좋아서 하는 일이다. 독자들이 내가 누린 재미의 일부라도 공유할 수 있기를 바랄 뿐이다.

2015년 9월

강준만

제5장 스포츠 · 게임 · 여가

●

제6장 경영과 경제

●

제7장 정보와 디지털 문화

제8장 정치 · 리더십 · 언론

인간관계와 소통

왜 의사는 환자를 비인간화하면서 냉정하게 대해야 하는가?

●
detached concern

"의사! 간호사! 우리 삶에 꼭 필요한 존재이자 고마운 사람들이지만, 그동안 이들에게서 느껴왔던 이미지는 늘 바쁘고 불친절하고 거만하고 도도하고 쌀쌀맞은 모습이 대부분이었다. 그러나 의사·간호사가 목숨을 걸고 환자를 위해 최선을 다해 진료하는 모습을 매스컴을 통해 듣고, 보면서 이들은 정말로 꼭 필요한 때에 이름값을 하며 살고 있다는 생각이 들었다."[1]

2015년 6월 메르스 사태의 와중에서 나온 한 의견이다. 실제로 그렇게 생각할 사람이 많을 것 같다. 그렇지만 달리 생각해볼 점도 있다. 의사와 간호사들의 지나친 불친절은 반드시 바로잡아야 하겠지만, 그들에게서 친절을 기대하는 건 바람직하지 않을 수도 있다는 이야기다. 이른바 'detached concern(초연한 관심)'의 필요성 때문이다.

detached는 '떨어져 있는, 파견된, 공정한, 초연한'이란 뜻이다. a detached house는 '독립 주택, 단독 주택', a detached palace는 '별궁', a detached force는 '파견대', a detached view는 '공정한 견해'란 뜻이다. He felt detached from the problem(그는 그 문제에 초연했다).[2]

'초연한 관심'은 의사나 간호사 같은 의료인뿐만 아니라 임상심리사, 사회복지사 등과 같이 보살핌을 제공하는 직업에서 평소의 정서적 반응을 보류하고 고객을 비인간화하는 절차를 가리키는 말이다. 이 경우, 비인간화는 고객에게 더 나은 도움을 주거나 잘 치료하기 위해 불가피한 일로 간주되고 있다.[3]

미국 시카고대학 심리학과 심리치료 교수인 장 데세티 Jean Decety의 연구 결과를 보면, 내과 의사들의 두뇌는 다른 사람의 고통과 불편함에 대한 자동적인 반응까지 차단할 수 있는 능력을 갖추고 있었다. 이러한 주의 무감각attentional anesthetic, 즉 감정적 공감에 대한 차단 능력은 힘들고 까다로운 작업 과정에서 집중을 유지해야 하는 사람들에게 특히 중요하다. 가령 안구에 주사를 놓거나, 피가 흐르는 상처를 꿰매고, 메스로 피부를 절개할 때가 그렇다.[4]

의대생들은 학교에서 '초연한 관심'을 배우고 익힌다. 의사의 환자에 대한 공감이 지나치게 높으면 의료적 긴박감과 혼란스러운 생각들이 주의력을 훼손하기 때문이다.[5] 미국 의대생들의 교재였던 『의료 행위의 심리적 기반The Psychological Basis of Medical Practice』(1963)엔 「의대생들의 '초연한 관심' 훈련Training for 'Detached concern' in Medical Students」이 한 장章으로 할애되어 있다.[6] 의대생들의 인간 신체 해부 실습에 대한 찬반 논란에서도 찬성의 주요 근거 중 하나는 '초연한 관심'을 배울 수 있다는 것이다.[7]

레지던트 교육 시스템의 아버지로 불리는 윌리엄 오슬러 William Osler, 1849~1919는 1904년에 쓴 글에서 '초연한 관심'의 중요성을 이렇게 강조했다. "의사는 끔찍한 광경에 직면했을 때에도 혈관이 수축되지 않고, 심박 수를 일정하게 유지할 수 있을 정도로 감정적 거리를 유지해야 한다."[8]

김헌식은 '초연한 관심'을 조직 생활에 적용한다. 그는 "2인자는 '루저loser'와 다르며, 2등을 뜻하지도 않는다. 2인자는 승패나 등수와 관계없는 개념이다. 2인자는 1인자와 단지 하는 일이 다를 뿐이다. 필자가 생각하는 2인자의 상징은 승리를 뜻하는 브이v다. 브이를 만들려면 손가락 2개가 필요하다. 이것이 엄지만 사용하는 1인자, 즉 넘버원과 다른 점이다"며 다음과 같이 말한다.

"1인자는 항상 화려하게 조명 받고 '대박 성과'를 내야 한다는 압박에 시달리기에 다양한 시도나 혁신적인 행위를 하기 어렵다. 스스로 이를 제한하는 경우도 많다. 그러나 2인자는 실패에 대한 위험을 어느 정도 감수하며 혁신적인 아이디어를 다양하게 실험하곤 한다. 1인자는 앞만 보고 달리므로 주위를 분간하기도 쉽지 않다. 이른바 터널 시야tunnel vision 현상에 빠지는 것이다. 반면 2인자는 상황을 전체적으로 조망하고 판단할 수 있다. 한 발 물러나 있기 때문이다. 이를 '초연한 관심Detached Concern'이라고 표현할 수 있을 것이다."[9]

예외는 있을 수 있겠지만, 처음 사랑을 하기 위한 예비 작업을 하거나 이른바 썸을 탈 때에도 상대에게 뜨거운 관심보다는 초연한 관심을 보이는 것이 훨씬 효과적이라는 게 많은 연애 전문가의 한결같은 주장이다. "감히 내게 초연할 수 있어?"라는 오만을 건드릴 수 있기 때문일까?

왜 '엘리베이터 연설'을
잘해야 성공하는가?

●
elevator speech

　　　　　　　　　　　　　'승강기'는 미국에선 'elevator',
영국에선 'lift'라고 하지만, 미국식 영어인 'elevator'가 전 세
계적으로 더 많이 쓰인다. 승강기의 기초적인 형태는 중세 이
후로 계속 존재해왔지만, 1850년경에 증기와 유압식 엘리베
이터가 도입된 후 미국의 발명가 엘리샤 오티스Elisha Otis,
1811~1861가 1852년에 안전 브레이크를 개발함으로써 엘리베
이터 대중화의 문을 열었다.[10]

　　엘리베이터의 층수 안내는 나라마다 달라 조심하지 않으
면 골탕 먹기 십상이다. 서양에서는 13을 불길한 숫자로 여겨
생략하는 바람에 13층을 12A나 12B 혹은 M(알파벳에서 13번
째 글자)으로 표기하거나, 드물게 13층에서 서지 않고 지나치
는 경우도 있다. 이 M을 풀어서 Mechanical level이나
Mezzanine level이라고 부른다(Mezzanine은 'midddle[중간]'
이란 뜻의 프랑스어다). 세계 최대의 엘리베이터 생산 업체 오티
스Otis에 따르면 엘리베이터의 85퍼센트가 13이라는 숫자를
쓰지 않는다고 한다. 숫자 4를 꺼리는 동양권에서 4층을 숫자
대신 F로 표기하는 것과 비슷하다.[11]

elevator speech는 엘리베이터를 타고 가는 30초에서 1분 정도의 짧은 시간 동승자에게 자신의 의견을 피력하는 것을 말한다. elevator pitch나 elevator statement라고도 한다. 회사, 상품, 서비스의 개념이 엘리베이터 한 번 타는 동안 설명할 수 있을 만큼 간단명료해야 한다는 뜻으로 쓰이는 말이다.[12] 아마존에 'elevator speech'로 검색을 해보니, 무려 712개나 뜬다. 물론 대부분 엘리베이터 스피치를 잘해서 성공하라는 자기계발서들이다.

2001년부터 2011년까지 구글 CEO로 일한 에릭 슈밋Eric Schmidt은 『구글은 어떻게 일하는가』(2014)에서 "전문성과 창의력을 갖춘 최고의 인재는 흔히 자신의 사업을 직접 경영하고 싶어 떠나려 한다. 이런 의욕에 실망해서는 안 된다. 다만 그들의 '엘리베이터 피치'를 물어보라"며 다음과 같이 말한다.

"당신의 전략적 토대는 무엇인가? 어떤 종류의 문화를 마음에 두고 있는가? 내가 만일 장래의 투자자라면 나에게 뭐라고 말할 것인가? 만일 제대로 된 대답을 하지 못한다면 그들은 떠날 준비가 안 된 것이 분명하다. 이런 경우에 우리는 보통 남아서 회사에 기여하면서 계속 자신의 아이디어에 골몰하라고 조언을 해준다. 그리고 그들의 아이디어에 우리가 투자할 수 있게 납득될 때, 기꺼이 보내주겠다고 말한다(잡을 수 없다면!). 이 정도면 뿌리치기 어려운 제안이라고 할 수 있고 우리는 이 방법으로 수많은 유능한 직원을 잡아둘 수 있었다."[13]

elevator speech는 할리우드에서 쓰는 '하이 콘셉트high concept'와 비슷한 말이다. 이와 관련, 스티븐 스필버그Steven A. Spielberg, 1946~는 이렇게 말한 바 있다. "영화의 아이디어를 25단어 이내로 설명할 수 있다면 그건 좋은 영화일 겁니다. 저는 손에 쥘 수 있는 아이디어를 좋아합니다."[14]

손에 쥘 수 있는 아이디어는 선거마저도 지배하고 있는데, 이에 대해 우려하는 목소리도 높다. 미국 조지메이슨대학 역사학자 리처드 셴크먼Richard Shenkman은 『우리는 얼마나 어리석은가?: 미국 유권자에 대한 진실Just How Stupid Are We?: Facing the Truth About the American Voter』(2008)에서 이렇게 말한다. "만일 어떤 생각을 단 한 줄의 범퍼 스티커에 담을 수 없다면, 그 생각으로 많은 지지를 끌어내리라는 희망은 접어야 마땅하다."[15]

그러나 때는 바야흐로 SNS 시대다. 뉴스 매체들은 SNS를 통해 흘러나오는 유명 인사들의 몇 줄짜리 정치 논평에 목말라하면서 그걸 뉴스로 내보내는 데 혈안이 되어 있다고 해도 과언이 아니다. 바야흐로 '엘리베이터 스피치'와 '범퍼 스티커 논평'의 전성시대라 부를 만하다.

왜 만난 지 얼마 안 된 사람에게 비밀을 털어놓는가?

rapport

"만난 지 얼마 되지 않았음에도 이야기하고 싶어지며 자신의 삶의 이야기를 들려주며 속마음을 털어놓은 사람을 경험한 적이 있는가? 만난 지 얼마 안 됐지만 개인적인 일을 털어놔도 될 만큼 편안한 사람을 본 적 있는가?"

크리스토퍼 해드너지Christopher Hadnagy는 『사회공학과 휴먼해킹: 인간의 심리를 이용해 어떻게 원하는 것을 얻는가?Social Engineering: The Art of Human Hacking』(2011)에서 그런 물음을 던지면서 그게 다 라포르rapport를 형성했기 때문에 가능한 것이라고 말한다.[16]

rapport란 무엇인가? rapport는 '친밀한 관계', be in rapport with는 '~와 화합(일치)하고 있다', good rapport는 '친밀한 관계', have rapport는 '친밀한 관계를 맺고 있다, 친밀감을 갖다', disturb rapport는 '교감을 방해하다'는 뜻이다. 주로 다음과 같은 식으로 쓰이는 단어다.

Our teacher has a good rapport with her students(우리 선생님은 학생들과 좋은 관계를 맺고 있다). She understood the importance of establishing a close rapport with clients(그녀는 고객들과 친밀한 관계를 확립하는 것의 중요성을 이해하고 있었다). The success depends on good rapport between interviewer and interviewee(성공 여부는 회견자와 피회견자 사이의 우호 관계에 따라 결정된다).[17]

rapport는 일반적인 용법으론 이와 같이 쓰이지만, 심리학, 교육학, 간호학, 상담학 등 다양한 분야에서 사용되는 전문 용어이기도 하다. rapport는 프랑스어로 '관계'라는 뜻인데 오늘날엔 '마음의 다리' 또는 잠재의식 수준의 신뢰 관계를 의미한다.[18] rapport는 독일 출신으로 프랑스에서 활동한 내과 의사 프란츠 메스머Franz Mesmer, 1734~1815가 물리학에서 가져온 말이다.

최면술mesmerism의 원조인 메스머는 사람들은 상호 접촉을 통해서 우주에서 나오는 에너지를 다른 사람에게 전달한다고 믿었는데, 이 에너지를 '동물적 자력磁力'으로 이해했고, 이것을 환자의 치료를 위해 사용하기 위해 rapport라고 불렀다. 처음엔 '정신감응(구체적인 의도나 계획이 없어도 서로 마음이 통하는 것)'이라는 뜻으로 쓰였으나, 나중엔 오늘날과 같이 '상호 신뢰하며, 감정적으로 친근감을 느끼는 인간관계'를 뜻하게 되었다.[19]

강현식은 "라포르는 상담을 성공으로 이끄는 가장 중요한 열쇠"라고 말한다. "라포르가 형성되었다면 내담자는 상담자에게 자신의 마음을 숨기지 않을 것이다. 심지어 상담자에 대한 사소한 감정과 생각까지도 표현할 수 있다. 당연히 상담자는 내담자를 온전하게 도와줄 수 있게 된다. 간혹 상담 관계에서 저항이 생겨도 서로에 대한 믿음이 있기 때문에 비교적

쉽게 해결할 수 있다."[20]

해드너지는 라포르를 형성하기 위한 방법으로 다음 9가지를 제시한다. ① 진심으로 타인에 대해 알고 싶어하라. ② 외모에 신경 써라. ③ 좋은 청자가 되어라. ④ 내가 타인에게 어떤 영향을 미치는지 인식하라. ⑤ 자신의 이야기를 대화의 주제로 삼지 마라. ⑥ 공감은 라포르의 핵심이다. ⑦ 다방면에 박식하라. ⑧ 호기심을 개발하라. ⑨ 사람들이 필요로 하는 것을 채워줄 방법을 찾아라.[21]

정희진은 "남성들은 인과관계나 의사전달 위주의 말하기 방식report-talk에 익숙하지만, 여성들은 원칙적이기보다는 맥락적이고 공감하는 말하기 방식rapport-talk에 능하다"고 말한다. "이제까지 여성들의 말하기 방식은 열등하거나 비논리적, 사적이라고 비하되어 왔지만, 다른 시각에서 보면 오히려 '여성적 방식'이 타인에 대한 배려와 관용, 민주주의에 훨씬 가깝다는 것을 알 수 있다."[22] 소통 방식으로 rapport가 report보다 우월한 것은 rapport에 진정성과 더불어 성실성이 내재되어 있기 때문이 아닐까?

왜 주름 없는 미소는
가짜 미소인가?
●
Duchenne smile

1971년 12월 6일 박정희 대통령은 '국제정세 급변'과 '북한의 위협' 등을 언급하며 '국가 비상사태'를 선언했다. 이는 헌법적 근거가 박약한 것이었다. 박정희 정권은 대통령 취임 선서의 "나는 국가를 보위하고"라는 구절에 그 근거가 있다고 우겼지만, 스스로 말이 안 된다고 생각했던 건지 법적인 근거를 갖추겠다고 12월 27일 '국가보위에 관한 특별조치법'을 내놓았다. 야당은 박정희에게 광범위한 비상 대권을 부여하는 이 법을 '독일 히틀러 시대의 수권법授權法', '군국 일제의 국가동원법'에 비유하며 비판했다.[23]

박정희 정권의 초법적 월권은 민주주의를 폐지한 '10월 유신(1972년 10월 17일)'으로 나아가기 위한 사전 작업이었다. 그런 사전 작업의 일환으로 공포로 꽁꽁 얼어붙은 사회 분위기를 부드럽게 녹일 필요가 있다고 생각했던 걸까? 1972년 2월부터 방긋 웃는 얼굴 모양의 '스마일 배지smile badge'가 국내에 유행하기 시작했다. 내무부에는 '스마일운동 주무관'이라는 담당자가 임명되는 등 관 주도로 벌어진 캠페인이었다.[24]

박정희 정권이 추진한 스마일운동이 시사하듯이, 미소에

도 여러 종류가 있다. 크게 나누어 진정한 미소를 '뒤센 스마일Duchenne smile', 억지 미소는 '팬아메리칸 스마일Pan-American smile'이라고 부른다. 뒤센 스마일은 미국 심리학자 폴 에크먼Paul Ekman, 1935~이 미소를 최초로 학문적으로 연구한 프랑스 신경학자 기욤 뒤센Guillaume Duchenne, 1806~1875의 업적을 기리기 위해 붙인 이름이다. 줄여서 '디 미소D smile'라고도 한다. 팬아메리칸 스마일은 1991년에 폐업한 팬아메리칸 항공사의 스튜어디스들이 손님에게 지었던 억지 미소에서 비롯된 말이다. 오늘날 주름 치료의 대명사처럼 쓰이는 보톡스Botox가 2002년에 등장하면서 이후 '팬아메리칸 스마일'을 '보톡스 스마일'로 부르는 사람도 많아졌다. 보톡스는 2006년 한 해 동안 미국에서 320만 번 시술되었을 정도로 큰 인기를 누리고 있다.[25]

뒤센 스마일과 보톡스 스마일의 차이는 행복 근육이라고 할 수 있는 눈둘레근의 움직임 여부다. 눈 주위를 둘러싸고 있는 이 근육을 당기면 뺨이 올라가고 아래 눈꺼풀에 주머니가 생기며, 눈가 주름살이 만들어진다. 뒤센 스마일에선 눈둘레근이 움직이지만, 보톡스 스마일에선 눈둘레근이 움직이지 않는다. 눈가 주름살과 관련, 대처 켈트너Dacher Keltner는 다음과 같이 말한다.

"이 주름은 행복을 보여주는 확실한 표시이지만 보톡스 산업은 인간 표정의 표현 양식에서 이를 지워버리려 애쓰는 중이다. 사람들은 보톡스 주사를 맞고 나면 더 예뻐 보인다고 생각할지 모르지만 상대방은 그의 마음속에 들어 있는 기쁨, 사랑, 헌신을 확인할 수 있는 단서가 적어진다."[26]

미국의 치과 의사들은 치아 미백, 치아 교정 등 예쁘게 보일 수 있는 모든 것을 '미소 교정smile repair 치료'라는 이름으로 수행하지만,[27] 진정한 미소는 내면에서 비롯되는 게 아닐까? 애플의 창립자 중 한 사람인 스티브 워즈니악Steve Wozniak, 1950~은 "I measure me with my smile(나는 내가 얼마나 잘 웃는가로, 인생을 얼마나 잘 살고 있는지 스스로 평가한다)"이라고 했다.[28] 스마일, 남이 아닌 나를 위해 꼭 필요한 게 아닐까?

왜 미국에서 '킬'이란 단어를
함부로 쓰면 위험한가?

●
kill

　　　　　　　　　　원숭이의 새끼 사랑은 유별나다.
가슴 속에 꼭 껴안고 한시도 품속에서 놓지 않으려고 한다. 그
러나 때론 이런 사랑이 화를 불러일으키기도 하는데, 그건 어
린 새끼를 너무 꼭 껴안은 나머지 질식사를 시키거나 죽을 정
도로 크게 다치게 하는 경우다. 원숭이의 이런 유별난 새끼 사
랑에서 유래된 말이 바로 "kill a person with kindness(친절
이 지나쳐 도리어 화를 입히다)"다.[29]

　　make a killing은 "살인을 하다"는 뜻으로 자주 오역되
는데, 그런 뜻이 아니라 "갑자기 큰돈을 벌다, 떼돈을 벌다"는
뜻이다. 동물 사냥으로 제법 큰돈을 벌 수 있었던 시절에 만들
어진 말이다. I wish I could make a killing on the stock-
market(나도 주식으로 떼돈 벌 수 있으면 좋겠어요). He makes
a killing selling umbrellas when it rains(그는 비가 내리면 우
산을 팔아서 금방 많은 돈을 번다).[30]

　　killer instinct는 "(삶, 스포츠, 연예 등에서) 승리나 성공에
대한 본능적 열망"을 뜻한다. 『워싱턴포스트Washington Post』
1987년 4월 10일자는 미국의 여성 독립영화 제작자이자 배우

인 수전 사이델먼Susan Seidelman, 1952~에 대해 다음과 같이 말했다. Maybe it's the killer instinct that Seidelman needs to develop. She appears more concerned with keeping her movie politically correct than with making it fun(사이델먼이 계발해야 할 것은 '성공에 대한 본능적 열망'인 것 같다. 그녀는 영화를 재미있게 만들기보다는 정치적으로 올바르게 만드는 데에 더 관심을 두고 있는 것으로 보인다).[31]

killology(살인학)는 전시에 살인을 자연적인 반응으로 허용하도록 군인의 뇌를 개조하는 군사 훈련으로, 미국 육군 사관학교의 심리학 교수 데이브 그로스먼Dave Grossman, 1956~이 만든 용어다. 그가 1995년에 출간한 『살인에 관하여On Killing: The Psychological Cost of Learning to Kill in War and Society』와 그의 웹사이트(www.killology.com)에 자세히 설명되어 있다.[32]

영어의 kill과 한국어의 '죽이다'는 같은 무게의 단어가 아니다. 이와 관련, 영어에 능통한 기자 심재훈은 이렇게 말한다. "내가 만약 처음 보는 사람에게, '너를 죽여버리겠어'라고 영어로 말하면 그는 놀란 나머지 먼저 선제공격을 할지도 모른다. 그러나 한국에서는 '너 죽어'라는 말은, 단순히 화가 났다는 것을 나타내는 표현에 불과하다. 한국어는 싸울 때 사용하는 언어로는 부적절하다. 같은 말이라도 다양한 의미로 해석될 소지가 있어 한국어로 잘못 말하면 오해를 사기 쉽기 때문이다. 영어는 매우 분명하고 논리적이기 때문에 싸울 때 쓰는 언어로 적절하다. 그래서 우리 부부는 말다툼을 벌일 때만은 영어를 사용한다."[33]

사실 미국인들은 kill이란 단어를 비유적 용법이 아닌 직설적으로 사용하는 것에 대해 매우 민감하다. 아마도 개인총기 소지 문화 때문일 것이다. 이에 대해 임귀열은 이렇게 말한다. "오래전 재미동포가 화 끝에 '죽여버리겠다I ll kill you'고 욕을 한 일이 있었다. 이 말을 들은 동포 2세는 경찰에 신고했고 막 말을 한 사람은 기소되었다. 한국인은 화가 날 때 '죽여버리겠다'는 말을 어렵지 않게 하지만 영어 문화권에서는 이를 심각한 'speech code'의 위반으로 본다. 차별을 상징하는 욕이나 문구, 그림, 완력을 쓰는 것 모두 speech code 위반이다."[34]

2013년 4월 미국 센트럴플로리다대학UCF은 서비스경영학과 정 모 조교수가 수업 중 "부적절한 발언"을 했다는 이유로 그에게 강의 금지 조처를 내렸으며, 학내 경찰도 수사에 나서는 일이 벌어졌다. 사건은 정 교수가 수업에서 자신이 낸 과제에 학생들이 힘들어하자 "너희들 다 죽어가는 표정인데, 내가 지금 무차별 살인killing spree이라도 저지르는 거야, 뭐야?"라고 말한 것이 발단이 되었다.

정 교수의 발언은 수업에 참석했던 한 학생이 학교 당국에 문제 제기를 하면서 징계로 이어졌다. 정 교수는 "당연히 농담이었다. 학생들도 함께 웃었다"라고 말했다. 그러나 학교 측은 "'무차별 살인'은 농담의 소재로 삼을 만한 것이 아니다. 특히 최근의 우리 학교 분위기에서는 더욱 그렇다"고 말했다. 이 학교에서는 몇 주 전 경영학과 학생 한 명이 기숙사 방에 자동소총, 사제 폭탄, 탄약 1,000발을 준비해놓고 총기 난사를 준비하다가 자살한 사건이 있었다.[35] 미국에서 꽤 살았을 정 교수가 kill에 대해 여전히 한국적 감수성을 갖고 있었다는 게 놀랍다. '죽이겠다'느니 '죽겠다'는 말을 자주 쓰는 한국인의 언어 습관, 이대로 좋은지 다시 생각해볼 일이다.

왜 '시원한 산들바람' 다음엔 '나무들 사이에서 속삭인다'가 나오는가?

●
cliche

"'시원한 서녘 산들바람'이란 문구가 나오면 다음 행에는 그것이 '나무들 사이에서 속삭인다'로 이어지고, 수정 같은 시냇물이 '즐겁게 소리 내며 흐른다'라는 표현 뒤에는 독자는 어김없이 '잠든다'라는 표현과 만나게 된다."[36]

영국 시인이자 비평가인 알렉산더 포프Alexander Pope, 1688~1744는 『비평론Essay on Criticism』(1711)에서 18세기의 엉터리 시인들(시 예술에 재능이 없으면서도 그럴 듯하게 멋을 부리려는 사람들)이 간신히 운韻을 맞추기 위해 사용하는 몇몇 진부한 표현에 대하여 이와 같이 풍자적으로 논평했다.

그런 '진부한 표현'을 뜻하는 cliche(클리셰)는 원래 인쇄에서 사용하는 연판鉛版이라는 뜻의 프랑스어로 cliché라고도 쓴다. 연판은 활자를 짠 원판原版에 대고 지형紙型을 뜬 다음에 납, 주석, 알루미늄의 합금을 녹여 부어서 뜬 인쇄판으로, 활자가 닳는 것을 막고 인쇄 능률을 높일 수 있는 장점이 있다. stereotype(스테레오타입)이라고도 한다. 인쇄에선 자주 쓰는 표현 따위를 미리 연판으로 만들어두었기 때문에, 비유적으로

문학이나 비평에선 판에 박은 듯 쓰이는 문구나 표현을 지칭하는 용어로 쓰이게 되었다.[37]

클리셰는 영화나 드라마에선 진부한 장면이나 판에 박은 대화, 상투적 줄거리, 전형적인 수법·표현을 뜻한다. 예컨대 여주인공은 결정적인 순간 위기에 처해 남자에 의해 구출되고, 악당은 사로잡은 주인공을 곧장 처치하지 않고 일장 연설을 늘어놓다 역습당하는 식이다. 지극히 비현실적인 데도 이러한 클리셰가 계속 차용되는 건 그 안에 사회적 통념이 반영되는 탓으로 여겨진다.[38]

방연주는 한국 드라마에 자주 쓰이는 클리셰로 "삼각관계, 기억상실, 출생의 비밀, 시집살이, 불륜"을 꼽았다. "클리셰는 그 자체로 진부하고 전형적인 장치이지만 익숙하고 친숙하다는 점에서 사람들의 관심을 끌어모을 수 있어 드라마의 단골 소재로 쓰인다. 소위 '욕하면서 찾아보는 드라마'가 탄생하는 배경이기도 하다."[39]

이젠 드라마 속에 등장하는 PPLproduct placement(간접광고)마저 클리셰의 공식을 따르고 있다. 김효실은 「너무나 진부한…이런 간접광고 꼭 있다」는 기사에서 "어쩌면 문제는 '진부함'일지 모른다. '클리셰'란 공식처럼 굳어진 연출을 가리키는 말. 이는 관객이나 창작자에게 익숙함을 주는 '안전장치'일 수도 있다. 다만 '클리셰의 생각 없는 차용이 따분한 이유는 그것이 기성품이기 때문이 아니라 진실성이 없기 때문'(영화평론가 듀나)이다. 협찬 받은 김치로 상대의 따귀를 때리는 황당한 장면도, '새로움'을 추구한 측면만큼은 시청자의 인정(?)을 받는다. 드라마를 보다가 '이제는 광고 타임'이란 안내 음성을 듣는 것처럼 여겨지는, '피피엘 클리셰'들을 모아봤다"며 4가지 클리셰를 소개한다.

첫째, 뻔질나게 들르는 '프랜차이즈 카페'. 만인의, 만인을 위한 만남의 장소는 단 한 곳, 바로 인테리어 노출만으로도 어느 브랜드인지 식별 가능한 프랜차이즈 카페다. 장소 노출 수준을 넘어, 등장인물이 카페 주인이거나 알바생인 경우도 비일비재. 프랜차이즈 밥집도 카페 부럽지 않게 자주 등장한다. 카페에서 '신상' 간식을 출연시킬 순 있어도, 밥까지 먹일 순 없으니까.

둘째, 등장인물 모두 '최신형 휴대전화'. 현대인의 필수품, 휴대전화가 빠진다면 리얼리티도 떨어질 테다. 문제는 등장인물이 다 같은 브랜드를 쓰는 게 눈에 쏙쏙 들어온다는 것. 휴대전화 케이스 피피엘을 들어 각기 다른 케이스를 씌우는 건, 변화를 위한 노력으로 봐야 할까. 얼마 전 종영한 〈아이언맨〉(KBS-2)에선 최신 손목시계형 휴대전화가 등장했다. "('때르릉' 소리에) 전화 온 것 같은데. 핸드폰 어디 있어요?" 상대가 물으니 답해야지. "짜잔~!" 옷을 걷고 손목에 두른 상품을 자랑한다(모두 실제 대사). 카메라, 태블릿피시, 자동차도 비슷하다.

셋째, 등산·캠핑을 부르는 '아웃도어 용품'. '〈미생〉이 만약 지상파에서 나왔다면'이란 가정을 담은 한 누리꾼의 글에는 "드라마 배경은 종합무역상사에서 아웃도어 업체로 바뀌고, 직원들은 회사 상품을 걸치고 단체 등반을 하게 될 것"이란, 피피엘 클리셰에 대한 풍자다. 매장을 방문해 가족·연인을 위한 점퍼나 신발을 사고, 성능을 알리고자 등산화를 신고 얼어붙은 눈길을 거닐기도 한다. 캠핑을 떠나면 텐트를 펼쳐서 보여줄 수 있다.

넷째, 사용 설명이 필요한 '신기술(?)'. 출연자 중엔 '얼리 어답터'(남들보다 먼저 신제품을 사서 써보는 사람)가 많다. 스마트 티브이, 최신형 학습기 등은 약과다. 이미 전송한 메시지 회수가 가능한 휴대전화 메신저 서비스, 집 전화와 전용 스피커를 결합시킨 스마트홈 서비스 상품 등도 소개되었다. 최근 〈내일도 칸타빌레〉(KBS-2)에선 주인공이 스테이크용 고기를 따로 보관하는 기능을 갖춘 최신형 냉장고를 알려주었다.[40]

그 어떤 클리셰도 처음부터 클리셰였던 것은 아니다. 처음엔 참신했을망정 오랜 시간을 두고 자꾸 반복되니까 클리셰가 되는 것이다. 그런데 우리의 일상적 대화에서 나타나는 클리셰의 비극은 남의 클리셰는 귀신같이 알아보아도 나의 클리셰는 도무지 알아차리기가 어렵다는 점이다.

왜 단춧구멍이 '긴 이야기를 하다'는 뜻을 갖게 되었을까?

●

buttonhole

　　"'라디오스타' 단춧구멍 눈 특집이 꾸며진다. 오는 2월 26일 방송되는 MBC '황금어장-라디오스타'에 연예계의 대표 '단춧구멍' 눈을 가진 홍진경, 윤형빈, 이민우, 가인, 박휘순이 출연한다. SBS 드라마 '별에서 온 그대'서 감초 연기로 제2의 전성기를 맞은 홍진경, 국민 병풍에서 국민 파이터로 인생 역전한 한 방의 사나이 윤형빈, 솔로로 컴백한 아이돌계의 조상님 이민우, 자타공인 섹시 아이콘 가인, 단춧구멍 눈 사이에서도 최소 사이즈에 등극한 박휘순이 작은 눈과 달리 시원한 입담을 선보이며 뻥 뚫리는 토크를 선보인다."[41]

　　이 기사가 말해주듯, 작은 눈을 가리켜 '단춧구멍 눈'이라고 한다. 단춧구멍buttonhole은 고대 페르시아에서부터 사용된 것으로 추정되나, 유럽에서 의복에 본격 사용된 것은 13세기 독일에서부터였다. 전통적으로 남성 의류의 단춧구멍은 왼쪽, 여성 의류는 오른쪽에 있다.[42]

　　buttonhole은 "~를 붙들고 긴 이야기를 하다", button-holer는 "사람을 붙들고 길게 이야기하는 사람"을 뜻한다. 단

It is not easy to buttonhole her for
an interview

춧구멍에서 왜 이런 뜻이 나왔을까? 18세기 신사들의 파티 에티켓에서 비롯된 말이다. 사람들이 많이 모인 장소에선 서로 인사하느라 바빠 길게 이야기를 나눌 시간이 없기 마련이다. 이때에 이야기를 길게 나누고 싶은 사람이 있으면 그 사람에게 다가가 상의의 단춧구멍에 자신의 손가락을 집어넣는다. 이는 "할 이야기가 있어 오래 남을 테니 나중에 시간을 내달라"는 의사 표시다.[43]

buttonhole은 단춧구멍이 아니라 buttonhold가 변한 것이라는 설도 있다. 단추를 붙들고 길게 이야기를 했다는 것이다. 이는 이 말 이전에 "take by the button"이라는 말이 쓰인 것으로 미루어 보더라도 분명하다는 주장이다.

Thousands of college students buttonholed the senators(수천 명의 대학생이 상원의원들을 붙잡아 놓고 떠나지 못하게 했다). I wanted to go, but he would buttonhole me(나는 떠나려 했으나 그는 자꾸만 붙들었다). The reporter tried to buttonhole the senator, but he got away(기자는 상원의원을 붙들고 이야기를 들으려고 했지만, 뜻을 이루지 못했다). It is not easy to buttonhole her for an interview(인터뷰를 위해 그녀를 붙잡는 건 쉬운 일이 아니다).[44]

왜 6과 7이 혼란이나 난잡을
뜻하게 되었는가?
●
at sixes and sevens

at sixes and sevens는 "(완전
히) 혼란하여, (의견이) 일치되지 않아, 난잡하게"란 뜻으로 쓰
이는 표현이다. 이런 식이다. He apologized because the
house was at sixes and sevens(그는 집이 엉망이라고 사과했
다). The Liberal Party was at sixes and sevens(자유당은 의
견이 엇갈려 혼란을 빚었다). Things are at sixes and
sevens(모든 것이 범벅이 되었다). I found everything at sixes
and sevens(만사가 곤죽이 되어 있었다). The room is at sixes
and sevens(방이 난잡하다).[45]

앤드루 로이드 웨버Andrew Lloyd Webber, 1948~의 〈Don't
Cry for Me Argentina(아르헨티나여, 나를 위해 울지 말아다오)〉
(1976)라는 노래에도 이 표현이 등장한다. "You won't
believe me/All you will see/Is a girl you once knew/
Although she's dressed up to the nines/At sixes and
sevens with you(당신은 나를 믿지 않을 거예요/당신이 보게 될
여자는/당신이 과거에 알고 있던 소녀라는 것을/비록 그녀가 화려하
게 차려 입고/당신을 혼란스럽게 하더라도).[46]

수많은 숫자 가운데 왜 하필 6과 7이 혼란이나 난잡을 뜻하게 되었을까? 옛날 영국에서 동업자조합이 만들어질 때 양복점조합과 가죽조합이 런던시市에 등록을 하면서 서로 여섯 번째니 일곱 번째니 하고 격렬하게 다투던 데서 유래한 말이다. 결국 런던 시장이 개입해 둘이 번갈아가면서 여섯 번째와 일곱 번째를 하라고 제안함으로써 이 문제가 해결되었다고 한다.

6과 7을 더하면 불길한 숫자인 13이 된다는 데서 유래한 말이라는 설, 주사위 놀이의 일종인 '백개먼backgammon'에서 6과 7이 나오면 매우 불리하다는 데서 유래한 말이라는 설도 있다. 백개먼은 제법 복잡한 게임이어서 체스chess와 마찬가지로 컴퓨터 과학자들의 주요 연구대상이 되고 있다.[47]

그런가 하면 구약성서 「욥기Job」 5장 19절에 나오는 다음과 같은 말에서 그 기원을 찾는 설도 있다. From six calamities he will rescue you; in seven no harm will befall you(여섯 가지 환난에서 너를 구원하시며 일곱 가지 환난이라도 그 재앙이 네게 미치지 않게 하시며).[48]

왜 cahoots는 '짜고 치는 고스톱'을 뜻하게 되었는가?

●
cahoots

영 점잖지 못한 말이지만, 사람들이 사적인 자리에서 즐겨 쓰는 말 가운데 '짜고 치는 고스톱'이란 말이 있다. 이보다 조금 부드러운 표현은 '한솥밥 먹던 사이'다. 포털사이트에 검색을 해보니, 이런 기사가 눈에 띈다. "최근 잦은 충돌을 빚는 김무성 새누리당 대표와 서청원 최고위원을 두고 여의도에서는 '한솥밥 먹던 상도동계 동지가 최대 정적이 돼버렸다'는 얘기가 나온다. 김 대표(4선·63세)와 서 최고위원(7선·71세)은 1984년 김영삼 전 대통령 문하에서 민주화추진협의회를 같이 시작한 '30년 상도동계 동지'다."[49]

'한솥밥'은 긍정적인 의미로도 쓰이지만, 전관예우前官禮遇 현상을 지적할 때엔 부정적 의미로 쓰인다. 전관예우는 한국 사회의 각 분야에서 고위직으로 일하던 사람에게 퇴직 후에도 특혜를 베푸는 관행을 말한다. 이 관행의 근거가 바로 한솥밥 먹던 사이라는 것이다. 예컨대, 김창룡은 다음과 같이 말한다.

"교육부 출신 총장을 대학이 반기는 이유는 교육부 출신 관료들이 오게 되면 정기 감사나 수시로 이뤄지는 평가 등에

한때 한솥밥을 먹었던 관리들과 좋은 관계를 유지하고 나아가 좋은 평가를 받도록 하는 데 도움이 되기 때문이다."[50]

'짜고 치는 고스톱'이나 한솥밥을 먹었던 인연으로 인한 특혜를 영어로 표현하는 데에 적합한 말이 바로 cahoots다. cahoots는 "공동, 공모共謀, 한패", in cahoots with는 "공모하여, 한통속이 되어", go (in) cahoots는 "똑같이 나누다, 한패가 되다", in cahoots with the enemy는 "적과 결탁하여"란 뜻이다.

왜 cahoots가 그런 뜻을 갖게 되었을까? cahoot은 '작은 오두막a small hut or cabin'을 뜻하는 프랑스어 cahute에서 나온 말인데, 그 안에서 여러 사람이 지내다 보면 한통속이 되기 마련이라는 뜻에서 이와 같은 비유적 표현들이 나오게 된 것이다. 고대 로마의 군인 부대 단위를 가리키던 cohorts에서 유래한 말이라는 설도 있다. in cahoots with는 19세기 초 미국에서 만들어진 말이다.

They went cahoots in the establishment of the store(그들은 공동으로 가게를 차렸다). While the funding is nice, they are not supposed to be in cahoots with the government(후원금은 좋지만, 그들은 정부와 한통속이 되어서는 안 되는 처지다). The robber was in cahoots with a bank employee(그 강도는 은행 직원과 결탁했다).[51]

왜 서로 다른 것을 한데 묶어 새로운 것을 잡으려고 하는가?

●
consilience

　　　　　　　　통·섭統攝. 큰 줄기(통)를 잡다 (섭), 즉 '서로 다른 것을 한데 묶어 새로운 것을 잡는다'는 의미로, 인문·사회과학과 자연과학을 통합해 새로운 것을 만들어내는 범학문적 연구를 일컫는다. 영어로는 consilience인데, 영국 자연철학자 윌리엄 휴얼William Whewell, 1794~1866이 1840년에 출간한 『귀납적 과학의 철학The Philosophy of the Inductive Sciences』에서 처음 만들어 쓴 말이다. consilience는 'jumping together(함께 뛰기)'란 뜻인데, 지식 분야에서 그렇게 해보자는 의미를 담고 있는 말로 이해하면 되겠다.

　　휴얼은 '컨실리언스consilience' 외에도 artist(예술가)를 본떠 scientist(과학자)와 physicist(물리학자)라는 용어를 만들었고, 영국 물리학자 마이클 패러데이Michael Faraday, 1791~1867에게 anode(양극)와 cathode(음극)라는 용어를 만들어주기도 했다. consilience라는 단어는 인기가 없었는지 이내 사라지고 말았다. 휴얼은 이어 같은 취지로 '함께 솟구침jumping together'이라는 개념의 용어를 만들어 소개했지만, 이 또한 빛을 보지 못했다. 뒤늦게 consilience라는 단어를 차용해 유행시킨 사람은 『사회생물학』(1975)을 저술해 세계적 명성을 얻은 미국 생물학자 에드워드 윌슨Edward O. Wilson이다. 그는 1998년에 『통섭: 지식의 대통합Consilience: The Unity of Knowledge』을 출간했는데, '통섭'은 윌슨의 제자인 이화여자대학교 교수 최재천이 번역해 2005년에 처음 소개한 말이다.[52]

그런데 이 '통섭' 개념에 대한 비판이 만만치 않다. 10여 명의 국내 지식인의 비판을 묶은 『통섭과 지적 사기: 통섭은 과학과 인문학을 어떻게 배신했는가』라는 제목의 책이 출간될 정도다.[53] 비판자 중의 한 명인 지식융합연구소장 이인식은 "통섭은 엉터리"라며 다음과 같이 말한다.

"생물학을 중심으로 모든 학문을 통합하자는 '윌슨식 고유이론'이지요. 되지도 않을 소리죠. 그런데 이 '통섭'이 지식이나 기술 융합의 보통명사처럼 쓰이고 있어요. 작년에 박근혜 대통령도 창조경제와 관련해 '통섭이 어떻고'라고 했어요. 학계에서도 논란이 많은 미국학자의 이론을 써서 왜 오해를 받나요. 윌슨 교수의 제자이고 번역자인 최재천 교수는 '통섭에는 원효元曉 사상이 담겨 있다'고 했는데, 불교학자들은 그렇지 않다고 합니다. 생물학이 인간과 사회문제를 푸는 데 많은 공헌을 했지만 어떻게 그걸로 학문이 통합됩니까. 이런 잘못된 용어를 국가 정책에도 쓴 셈이 됐지요. 차라리 '융합convergence'이라면 몰라도."[54]

서강대학교 사회학과 교수 김경만은 consilience는 대단히 복잡한 인식론적 문제를 포함하며, 현실적으로 거의 실현 불가능한 것이라고 말한다. "문제는 일반대중뿐만 아니라 대학, 심지어 한국연구재단도 통섭을 마치 쉽게 실행할 수 있는 확립된 사실, 반드시 실현해야 하는 당위인 것처럼 무분별하게 수용한다는 데 있다. 나는 이 문제는 반드시 명확히 짚고 넘어가야 한다고 생각한다. 왜냐하면 최재천이 얘기하는 통섭은 실현 불가능한 '이상적인' 얘기일 뿐이기 때문이다."[55]

국내 최고의 이론과학 연구기관인 고등과학원은 2012년 '초학제transdisciplinary 연구'를 도입했다. 기존의 학제간 interdisciplinary 연구 혹은 다학제multidisciplinary 연구라는 표현으로는 부족할 만큼 동떨어진 두 학문, 자연과학과 인문학의 만남이어서 '횡단', '초월'을 뜻하는 영어 단어 'trans'를 붙였다고 한다. 이 프로그램의 실제 공동연구에서 핵심적인 역할을 한 서울대학교 철학과 교수 김상환은 윌슨의 '통섭' 개념을 "낡은 시도"라고 비판한다. 통섭은 학문 간 통합을 꾀하지만 데카르트식의 단일한 통합 학문을 시도하는 것으로, 학문 각각의 자율성을 존중하는 초학제와는 구분된다는 것이다.[56]

최재천은 그 어떤 문제에도 통섭을 시도해보자는 쪽이다. "내 영역을 침범했다고 해서, 몇몇 미흡한 부분이 있다고 해서, 내 믿음과 다르다고 해서, 그저 기분이 나쁘다고 해서 덮어버리지는 말기 바란다. 통섭은 누가 뭐래도 좋은 불씨임에 틀림없다. 키워볼 일이다. 키운다고 해서 집을 불태울 염려는 없다고 생각한다."[57]

정신 · 감정 · 심리

왜 조폭이 되기 위해선
몸집을 불려야 하는 걸까?

ego-inflation

"조폭이 되기 위해선 기본적으로 몸을 불리는 과정을 밟아야 하는데 예전엔 개 사료를 물에 조금 불려서 으깨서 우유에 타서 먹었습니다. 원래 살찌우려면 맥도날드 빅맥 세트가 최고인데 이건 살만 띠룩띠룩 쪄서 잘 뛰지도 못하고 운동도 잘 안 되고 나중에 혈관 막히고 암 걸리고 그냥 비만 돼지가 되어서 죽는 지름길입니다.……요즘 조폭들이 새롭게 개발해서 쓰는 방법으로 본죽에서 파는 잣죽 or 삼계죽이랑 편의점에서 파는 덴마크드링킹요구르트 그리고 샤니에서 파는 빵 딸기페스트리 이렇게 3개를 이용합니다.……조폭들이 단순히 살만 찐 돼지들이라 생각하시는데 대단히 큰 오산입니다. 쉽게 비유해서 말하자면 야구로 치자면 4번 지명타자를 치는 덩치 큰 사람들입니다.……물론 돈은 좀 많이 들어갑니다. 한 달에 식비로만 80만 원 정도 잡아야 할 겁니다."[1]

어느 사이트에 올라 큰 화제가 된 '조폭이 되기 위한 몸집 불리기 강좌'라는 글의 일부다. 왜 조폭이 되기 위해선 몸집을 불려야 하는 걸까? 이 글은 싸움이 붙었을 때 야구 방망이와

49

칼을 맞더라도 견뎌내기 위한 완충장치라는 것과 큰 덩치가 주는 위압감을 이유로 들었다. 이 두 번째 이유와 관련, 정신과 의사 하지현은 "자기가 세다는 것을 보이기 위해 외형적인 몸집을 크게 만드는 것은 자아팽창ego-inflation의 한 형태다"라고 말한다.

"맹꽁이가 자기가 더 크다고 배에 한껏 공기를 집어넣어 불리다가 결국 뻥 터져 죽었다는 우화의 한 장면과 같다. 조폭의 세계에 입문한 초보들은 자신의 겉모습을 남보다 크게 보이기 위해 부단히 애를 쓴다. 세력을 과시하기를 즐기고, 돈이 없으면 신문지라도 넣어서 지갑을 두껍게 만들어 들고 다닌다. 몸집을 키우기 위해 여러 끼의 밥을 먹고, 체면에 목숨을 건다."[2]

그간 학계에선 낮은 자존감이 폭력을 유발하는 요인이라는 '낮은 자존감 이론low-self-esteem theory'이 정설처럼 여겨져 왔지만, 미국 플로리다주립대학의 사회심리학자 로이 바우마이스터Roy Baumeister는 다른 이론을 제시했다. 이른바 '위협받는 자부심 이론threatened-egotism theory'이다. 자존심이 강한 사람일수록 폭력적인 성향이 강하다는 것이다.[3]

바우마이스터는 이 이론을 뒷받침하는 극단적인 사례로 자신에 대한 폭력적 행동, 즉 자살을 꼽았다. 사회적으로 성공한 사람들이 명예가 실추되거나 부도가 나면 자부심이 손상되기 때문에 자살한다고 볼 수 있다는 것이다.[4] 그는 「폭력적인 자존심Violent Pride」이라는 글에서 위협을 받을 때 공격적으로 반응한 사람은 자존감이 낮은 사람이 아니라 가장 자기중심적인 사람이었다고 주장했다.

"폭력적인 성향을 띤 유명인들은 대개 자존감이 높았다.

사담 후세인Saddam Hussein은 결코 겸손하거나, 신중하거나, 자기 회의를 느끼는 사람이 아니었다. 아돌프 히틀러Adolf Hitler가 부르짖은 '지배자 민족master race' 이론도 낮은 자존감 때문에 나왔다고 보기는 어렵다. 이러한 사례는 낮은 자존감이 아니라 높은 자존감이 공격성의 중요한 원인이라는 점을 시사한다."[5]

이 이론을 원용한다면, 조폭은 몸집을 불려 ego-inflation을 하기 때문에 egotism이 강해지고, 그 부풀려진 egotism 때문에 폭력적 성향이 강해진다고 보아야 하는 걸까?

왜 우리는 인간과 꼭 닮은
로봇이나 인형을 불편하게 여기나?

uncanny valley

uncanny는 '불가사의한, 무시무시한, 신비로운, 으스스한, 기괴한, 기분 나쁜', an uncanny sight는 '신비로운 광경', uncanny insight는 '뛰어난 직관', an uncanny instinct는 '초자연적인 본능', an uncanny knack은 '묘한 솜씨', a uncanny likeness는 '상당히 닮음', positively uncanny는 '정말 으스스한', an uncanny ability to read a person's mind는 '남의 마음을 알아채는 예리한 능력'이란 뜻이다.[6]

uncanny는 'un+canny'인데, canny는 '안다to know'는 뜻의 중세 영어 can에서 나온 말로 '신중한, 빈틈없는, 눈치 빠른'이란 뜻이다. 따라서 uncanny는 "beyond one's ken(앎의 밖에)" 또는 "outside one's familiar knowledge or perceptions(익숙한 지식이나 인식의 밖에)"란 뜻이다. ken은 '앎, 지식, 시야, 은신처'를 뜻한다.[7] 익숙한 지식이나 느낌의 밖에 있으니, 으스스하거나 기괴한 게 아니겠는가.

uncanny는 정신분석학에선 '기이한 느낌, 기괴함, 으스스함'으로, 초기 유아기에 가졌던 전능적 사고에 대한 믿음을

positively uncanny

확인시켜주고 물활론物活論적 사고 양식을 활성화시키는 것으로 보이는 경험의 순간에 느껴지는 두렵고 낯선 감정을 묘사하는 말로 쓰인다. 독일 정신분석학자 에른스트 옌치Ernst Jentsch, 1867~1919가 1906년에 발표한 「언캐니의 심리학On the Psychology of the Uncanny」에서 처음 다루었고, 이후 지그문트 프로이트Sigmund Freud, 1856~1939가 1919년에 쓴 「언캐니 현상The Uncanny(Das Unheimliche)」에서 발전시킨 개념이다. 프로이트는 언캐니 현상을 묘하게 낯설게 느껴지는 오랜 익숙함으로 보았다. 이것의 전형적인 예는 자신의 '생령生靈(살아 있는 넋)'을 보는 것, 이미 보았다는 느낌déjà vu, 죽은 누군가가 살아났다는 느낌 등이다. 인형을 살아 있는 사람처럼 여기면서 대화를 나누는 사람을 본 적이 있는가? 그것 역시 언캐니다.[8]

로봇을 만들 때 인간과 비슷하게 만들면 만들수록 호감을 느끼지만, 그것이 일정 수준을 넘어서면 오히려 혐오감이 생기는 것을 'uncanny valley(언캐니 밸리)'라고 한다. 여기서 valley(계곡)는 사람이 로봇에 대해 느끼는 편안감의 변화 양상을 그래프로 그렸을 때 상승하다가 갑자기 밑으로 뚝 떨어지는 지점이라는 의미에서 붙인 단어다. 우리말로 '섬뜩한 계곡'이라거나 '불쾌한 골짜기' 등으로 번역해 쓰기도 한다.

uncanny valley라는 개념은 1970년 일본 로봇공학자 모리 마사히로森政弘, 1927~가 처음 제시했지만, 이 용어는 영국 미술평론가 제시아 라이하르트Jasia Reichardt, 1933~가 1978년에 출간한 『로봇: 사실, 픽션, 그리고 예측Robots: Fact, Fiction, and Prediction』에 처음 등장했다.[9]

'언캐니 밸리'는 로봇뿐만 아니라 애니메이션 캐릭터에서도 나타난다. 2004년 크리스마스 시즌을 겨냥한 아동용 영화 〈폴라 익스프레스The Polar Express〉엔 애니메이션으로 창조된 톰 행크스Tom Hanks의 얼굴이 시리즈로 등장했다. 최첨단 모션 캡처 기술로 행크스의 표정과 움직임을 포착해 그가 목소리 연기를 한 여러 개의 애니메이션 캐릭터를 창조했는데, 관객들의 반응은 'eerie(무시무시한, 기분 나쁜, 으스스한)'나 'creepy(소름끼치는, 섬뜩한)'로 압축되었다. 이것 역시 언캐니 밸리다. 이후에도 〈베오울프Beowulf〉(2007), 〈라스트 에어벤더 The Last Airbender〉(2010), 〈화성은 엄마가 필요해Mars Needs Moms〉(2011) 등 기술적으로 뛰어난 애니메이션 영화들이 모두 관객들에게서 'uncanny'하다는 반응을 얻었다.[10]

캘리포니아대학(리버사이드) 심리학 교수 로런스 로젠블룸Lawrence D. Rosenblum은 『오감 프레임: 몸으로 생각하라See What I'm Saying: The Extraordinary Powers of Our Five Senses』(2009)에서 "일단 이 섬뜩한 계곡에 들어서면, 그 캐릭터의 외모에 대한 사람들의 반응은 좀비나 시체를 보았을 때의 반응과 유사해진다"라며 다음과 같이 말한다.

"그들은 사람이라고 인식할 수 있을 만큼 인간과 닮았으나 인간적인 특징 중에서 무언가가 빠져 있거나 뒤틀려 있는 것이다. 진짜 인간과 거의 닮은 좀비 같은 대상에 대한 본능적인 거부 반응은 어쩌면 시체와 시체로부터 전파될지도 모르는 질병으로부터 피하라는 진화의 압력이 만들어낸 부산물인지도 모른다."[11]

인형을 두려워하는 '인형공포증pediophobia'은 물론 외국인혐오증xenophobia이나 인종차별주의를 '언캐니 밸리'로 설명하는 연구자들도 있다.[12] 과도한 성형은 사람의 얼굴을 인형처럼 만드는 경향이 있다. 심리공학자 김학성은 「성형에 대한 불

편한 진실: 불쾌한 골짜기uncanny valley」라는 글에서 언캐니 밸리가 시사하는 건 "인간은 건강한 모습에서 가장 높은 호감도를 보인다는 것이다"고 말한다.[13]

캐나다 가수이자 작가인 레너드 코언Leonard N. Cohen, 1934~은 "완벽한 것에 대한 예찬은 모두 잊어라. 모든 것에는 다 틈이 있다. 바로 그 틈을 통해 빛이 들어오는 것이다"고 노래했다. 올리버 버크먼Oliver Burkeman은 『행복중독자: 사람들은 왜 돈, 성공, 관계에 목숨을 거는가HELP!: How to Become Slightly Happier and Get a Bit More Done』(2011)에서 이 가사를 인용하면서 언캐니 밸리를 '불완전함의 아름다움'과 연결한다.

"수많은 라이프스타일 전문 자기계발서가 주장하고 있듯이 단순하게 불완전한 것을 '받아들이려고' 노력하는 자세만으로는 충분치가 않다. 그보다는 오히려 적극적으로 불완전한 것을 창조하고 즐기려고 노력하는 것이 중요하다. 왜 불완전한 것이 좋은지 이해하지 못하는 사람들이 있을 것이다. 그러나 오래전부터 많은 사람이 인정해왔듯이 절대적 무결점은 왠지 사람을 불편하게 만든다. 결함이 없는 것에는 정이 가지 않는다."[14]

어느 조직에서건 빈틈이 없는 완벽주의자는 정이 가지 않을 뿐만 아니라 다른 사람들을 몹시 괴롭게 만든다. 심지어 가정에서도 가장이 완벽주의자면 배우자와 자식들이 엄청난 고통을 겪는다. 그런 고통을 당하는 느낌을 영어로 표현한다면, 그것 역시 uncanny가 아닐까?

왜 우리는 때로 바로 눈앞의 것도 보지 못하는가?

○
inattentional blindness

"내가 이 두 눈으로 똑똑히 보았다니까!" 우리는 절대 움직일 수 없는 확신을 갖고 이런 말을 하지만, 심리학자들은 그런 확신에 대해 대단히 회의적이다. 이른바 'inattentional blindness' 때문이다. 이는 어떤 것에 집중하느라 바로 눈앞의 것도 보지 못하는 현상을 가리킨다. 1992년 아리엔 맥Arien Mack과 어빈 록Irvin Rock이 만든 말로, 이들이 1998년에 출간한 책의 제목이기도 하다. 우리말로는 '무주의 맹시', '부주의맹', '시각적 맹목성' 등으로 번역해 쓰고 있다. 어떤 교수는 이런 현상을 가리켜 "우리의 눈은 물체를 응시하고 있으나 뇌는 그렇지 않은 현상"이라고 했다.[15]

inattention은 '부주의', through inattention은 '부주의로', with inattention은 '부주의하게, 무심코'란 뜻이다. The accident was the result of a moment's inattention(그 사고는 한순간의 부주의가 낳은 결과였다). She looked down with inattention. Then she found a funny shaped stone(그녀는 무심코 밑을 내려다 보았다. 그리고 이상하게 생긴 돌을 발견했다).[16]

하버드 경영대학원 교수 디팩 맬호트라Deepak Malhotra와 맥스 베이저먼Max H. Bazerman은 『협상 천재Negotiation Genius』 (2007)에서 '무주의 맹시'가 협상자들에게 시사하는 교훈에 대해 다음과 같이 말한다.

"이것은 시력의 결함에 기인하는 것이 아니라 한번에 여러 가지 직무에 초점을 맞추지 못하는 인간 정신의 한계 때문에 발생하는 자연스러운 현상이다. 눈앞에 있는 영상을 이렇게 쉽게 놓쳐버린다면, 상대방에게는 중요하지만 당신에게는 그리 중요하지 않기 때문에 눈에 잘 띄지 않는 쟁점이나 관심사, 관점 등은 얼마나 쉽게 놓치겠는가."[17]

일부 기업들은 소비자들의 '무주의 맹시'를 적극 활용하려고 든다. 이와 관련, 캐스 선스타인Cass R. Sunstein은 『심플러: 간결한 넛지의 힘』(2013)에서 "자유 시장에서는 많은 판매자가 마술사처럼 행동하려 한다"며 다음과 같이 말한다.

"그들은 당신의 주의를 '특정 대상'에 집중시키고 당신이 바로 당신 눈앞에 있는 것들을 전혀 알아채지 못하도록 하고 싶어 한다. 만약 신용카드 회사가 당신이 29퍼센트의 연이율을 무심코 지나쳐보기를 원하면 그 회사의 광고는 당신의 주의를 다른 어떤 것, 예컨대 초기 공짜 서비스에 집중시키기 위해 어떤 일도 서슴지 않을 것이다. 주택담보대출과 휴대전화 계약을 권하는 이들도 비슷한 전략을 쓴다."[18]

무주의 맹시가 나쁜 것만은 아니다. 제한된 정신적 자원을 갖고 있는 인간이 눈에 보이는 모든 것에 다 주의를 기울인다면 도대체 무엇에 제대로 집중할 수 있겠는가. 무주의 맹시는 집중을 위해 불필요한 것을 걸러내는 필터 역할을 할 수 있다는 점에서 우리에게 이로운 것으로 볼 수도 있다.[19]

주변 상황이 조금 전과 급격하게 다른 방향으로 바뀌는 데도 이를 알아차리지 못하는 것은 '변화 맹시change blindness', 무언가에 집중하느라 다른 것을 듣지 못하는 것은 '무주의 귀먹음inattentional deafness'이라고 한다. 모두 다 우리 인간이 겸손해져야 할 중요한 이유라 하겠다.

왜 우리는 "나는 항상 최고의 선택을 했어"라고 말할까?

choice-supportive bias

If you choose not to decide, you still have made a choice(결정하지 않기로 선택했다 해도, 여전히 그대는 선택을 한 것이라네).[20] 캐나다 록밴드 러시Rush의 〈자유의지Freewill〉라는 노래에 나오는 말이다. 이렇듯 우리가 선택을 피해가면서 살 수는 없다는 걸 지적하는 명언은 무수히 많다.

Life is a sum of choices(인생은 선택의 연속이다). Life is a sum of all your choices(인생은 당신의 선택의 총합이다). To live is to choose(사는 건 선택하는 것이다). Tomorrow, a function of my choice, today(내일은 오늘의 선택에 달려 있다). The strongest principle of growth lies in the human choice(성장의 가장 강력한 원칙은 선택에 있다). The process never ends until we die. And the choices we make are ultimately our responsibility(선택의 과정은 죽을 때까지 계속되고, 그 선택들은 전적으로 우리의 책임이다). 마지막 문장은 프랭클린 루스벨트 대통령 부인 엘리너 루스벨트Eleanor Roosevelt, 1884~1962의 말이다.[21]

선택은 피할 수 없고, 선택이 전적으로 자신의 책임이라면, 우리가 선택에 대해 정직해지기는 어려운 일이다. 적어도 마음의 평안을 얻고자 한다면 말이다. "I chose this option, therefore it must have been the better option(나는 이것을 선택했어, 따라서 그건 올바른 선택이었음이 틀림없어)." 어떤 선택을 했을 때, 우리는 이런 식으로 자신의 선택을 합리화한다.

이를 가리켜 '선택 지지 편향choice-supportive bias'이라고 한다. 선택 지지 편향은 어떤 결정을 내린 후에 그 결정이 최고의 선택이었다고 기억을 왜곡하는 것이다. 또한 자기가 선택하지 않은 옵션은 더 나쁜 것이었다고 왜곡하기도 한다. 한사코 후회를 피하려는 성향 때문이다. 선택 지지 편향은 나이가 들수록 더 강해지는 특성을 보이는데, "나는 항상 최고의 선택을 했어"라고 말하는 게 그 슬로건이라 할 수 있겠다.[22]

하지만 매번 그렇게 자신을 속이는 것도 쉬운 일은 아니며, 날이 갈수록 선택의 폭이 넓어지면서 스스로 선택을 내리기보다는 누군가의 도움을 얻어서라도 좋은 선택을 하려고 하는데, 이를 out-choicing(선택의 외주화)이라고 한다. 이런 선택의 위임 행동은 '큐레이션 커머스curation commerce' 등과 같은 새로운 산업 분야를 만들어내고 있다.[23]

우리 주변엔 후회하지 않겠다는 각오를 드러내는 말들이 흘러넘친다. 그런 각오를 노래로 표현한 대중가요도 많다. 누가 묻지도 않았는데 그토록 후회에 대해 강한 거부감을 드러내는 것 역시 '선택 지지 편향'이 우리 삶의 충실한 이데올로기라는 걸 말해주는 건 아닐까? 후회 좀 하고 살면 어떤가.

왜 "위험 없는 삶은 살 가치가 없다"고 하는가?

●
risk

'뿌리'를 뜻했던 그리스어 rizikon은 나중에 라틴어에서 '절벽'을 뜻하게 되었다. 이 단어에서 나온 말이 바로 risk(위험)다. 프랑스어 risque를 거쳐 영어에 편입되었는데, 1655년경부터 사용되었다. '위험'을 뜻하는 영어 단어엔 risk 외에도 danger, hazard, peril, jeopardy, crisis 등이 있는데, 물론 이들은 각기 뜻이 다르다.

해를 끼칠 수 있는 힘을 뜻하는 프랑스어에서 유래한 danger는 정도에 상관없이 그냥 위험한 상태, '주사위'를 뜻하는 아랍어 al zahr에서 유래한 hazard는 우연히 발생하는 위험, peril은 아주 큰 위험, jeopardy는 peril과 비슷하지만 상황의 특수성을 강조하는 위험, crisis는 여러 원인으로 해를 입은 나쁜 상태가 될 결정적인 시기를 뜻한다. 이런 말들에 비해 risk는 개인이 선택해서 그 결과를 책임지는 위험을 뜻한다.[24] 영국 사회학자 앤서니 기든스Anthony Giddens, 1938~는 『포스트모더니티』(1990)에서 다음과 같이 말한다.

"위험risk이란 용어는 근대에 와서야 비로소 출현한 개념이다. 이 개념의 출현은 예기치 않았던 결과들이 신의 무한한

섭리와 자연의 숨겨진 의미들의 표현이라기보다는 오히려 우리 스스로의 활동과 결정에 의해 얻어진 것이라고 이해하는 데서 비롯되었다. 위험의 인식은 대체로 종래의 운명론적 사고를 대신하며, 우주론적 철학과도 구별된다."[25]

"The real risk is doing nothing(진정한 위험은 아무것도 하지 않는 것이다)"이라거나 "If you don't risk anything, you risk éven more(모험을 하지 않으면 나중에 더 큰 것을 모험하게 된다)"라는 말이 있듯이,[26] 미국은 전형적인 '위험감수 문화risk-taking culture'를 갖고 있는 나라며, 이는 미국인들의 존경을 누리는 영웅들의 면모에서도 잘 드러난다.

"Life without risk is not worth living(위험 없는 삶은 살 가치가 없다)." 미국의 비행 모험가인 찰스 린드버그Charles A. Lindbergh, 1902~1974의 말이다. 그는 1927년 5월 대서양 횡단 비행에 최초로 성공함으로써 미국인의 우상이 되었는데, 좀 생각해보면 이상한 일이었다. 비행거리는 린드버그보다 훨씬 짧았지만 이미 1919년 영국인 2명이 뉴펀들랜드Newfound-land(캐나다 동쪽 끝 래브라도 반도 남쪽에 있는 섬)에서 아일랜드까지 비행한 적이 있었다. 다만 린드버그는 혼자 해냈고 정확한 목표에 도착했다는 것뿐 최초의 비행 횡단도 아니었고 이런 탐험이 가져다주는 현실적인 이득이란 거의 없었다. 그럼에도 왜 린드버그는 우상화되었을까?

미국 역사가 프레더릭 루이스 앨런Frederick Lewis Allen, 1890~1954은 "설명은 간단하다. 값싼 영웅, 스캔들, 범죄에 식상하고 환멸을 느낀 국민들은 스스로 즐겼던 인간 본성의 낮은 기대치에 반란을 일으키고 있었다. 여러 해 동안 미국민은 영적으로 굶주려왔다. 그들은 종래의 이상, 환상, 그리고 희망이, 사건과 사상의 영향으로 좀먹은 탓에, 전쟁 후의 실망으로, 종교적 토대를 무너뜨리고 그들의 감상적 부분을 웃음거리로 만든 과학적 교리와 심리학설로, 정치 부패와 도시에서 일어나는 범죄로, 마지막으로 외설과 살인으로 뒤덮인 신문으로 차례로 무너져가는 것을 보았다"라며 다음과 같이 말한다.

"로맨스, 기사도, 자기희생은 비난당했고, 역사 속 영웅들은 그 결점이 들춰졌으며, 역사적 성인들은 기묘한 콤플렉스를 가진 인간이었음이 밝혀졌다. 숭배할 대상으로 기업신이 있었으나, 그 신은 모조품일 거라는 의심이 늘 맴돌았다. 과대선전은 대중이 머리를 숙일 일시적 영웅을 제공했지만, 유령이 쓰는 연합 신문기사와 영화 계약으로 두둑한 이익을 취하는 이 동시대 영웅들을 완전히 신뢰하기란 어려웠다. 사람들이 자신과 그리고 세계와 평화를 이루고 살아가는 데 필요한 무언가가 그들의 삶 속에서 사라져 버렸다. 그런데 갑자기 린드버그가 그것을 가져다주었다."[27]

take a risk는 "모험을 하다, 위험을 무릅쓰다"라는 뜻이다. To have faith requires courage, the ability to take a risk, the readiness even to accept pain and disappointment(신념을 갖기 위해선 용기가 필요하다. 이 용기는 위험을 감수할 수 있는 능력인 동시에 심지어 고통과 실망을 받아들일 수 있는 준비를 말한다). 유대인으로 독일계 미국인 학자인 에리히 프롬Erich Fromm, 1900~1980의 말이다.[28]

한국은 미국과 더불어 'risk-taking culture(위험감수 문화)'가 매우 강한 나라다. 그만큼 진취적이고 역동적이라는 장점은 있으나, 바로 그 문화가 안전 불감증의 토양이기도 하다는 점에서 좋게만 볼 일은 아니다.

왜 "위기를 허비하지 마라"고 하는가?

●
crisis

crisis(위기)는 고대 그리스어로 '결정하다'인 krinein에서 나온 말로, '결정적'을 뜻하는 critical, '판결이 내려졌다'는 데서 범죄자를 뜻하게 된 criminal과 사촌 단어다. crisis는 최고점과 분리의 시점, 어떤 식으로든 변화가 임박한 순간을 뜻하는데, 그런 용법의 기원은 고대 그리스 의사 히포크라테스Hippocrates로 거슬러 올라간다.

히포크라테스는 crisis를 병세를 논하며 예후가 좋을지 그렇지 않을지를 말할 때 'turning point in a disease(질병의 전환점)'의 의미로 사용했다. 즉, 환자의 병이 어떤 단계 이상으로 진전되어 치료가 불가능해지는 시점을 그 사람의 생사 '결정', 즉 krinein이 이루어지는 순간이라고 해서 crisis라고 부른 것이다.

1600년대 영국에서 대기업·의회 등 대형 사회조직이 나타나기 시작했을 때 사회조직을 인체에 비유해 표현하면서 crisis는 사회에 본격 사용되기 시작했다. 1600년대 중반 영국 의회와 왕권이 치열하게 다투다가 영국 의회가 위기에 빠지자

러시워스라는 사람이 "이 시점이 영국 의회의 crisis로, 의회라는 것이 살아날 수 있을지 죽어서 소멸할지가 결정되는 중요한 시점"이라고 말한 이후로 어떤 사업체 · 조직 · 국가 등이 지속적으로 존재할 수 있을지 소멸할지 결정되는 시점, 즉 큰 고비를 crisis라고 표현하게 된 것이다.[29]

"Crises refine life. In them you discover what you are(위기가 삶을 다듬는다. 위기 속에서 자기 자신을 발견하게 된다)"라는 말이 있듯이, 사람의 진면목은 위기 상황에서 드러난다. 위기와 관련된 명언을 몇 개 감상해보자.

When written in Chinese, the word crisis is composed of two characters – one represents danger and the other represents opportunity(중국어로 위기라는 단어는 위험과 기회라는 두 글자로 구성되어 있다). 미국 제35대 대통령 존 F. 케네디John F. Kennedy, 1917~1963의 말이다.

Life is one crisis after another(인생은 위기의 연속이다). 워터게이트 사건으로 대통령직에서 물러난 리처드 닉슨Richard M. Nixon, 1913~1994이 1980년 인터뷰에서 한 말이다.

There cannot be a crisis next week. My schedule is already full(다음 주에는 위기란 없습니다. 이미 스케줄이 꽉 차 있거든요). 전 미국 국무장관 헨리 키신저Henry Kissinger, 1923~가 반농담식으로 한 말이다.[30]

Those who say Obama won because of the financial crisis are telling only half the story. He won because he reacted to the crisis in measured, mature way(오바마가 금융위기 때문에 승리했다고 말하는 사람들은 진실의 반만 말한 것이다. 오바마는 신중하고 성숙한 방식으로 위기에 대응했기 때문에 이긴

것이다). 『타임』 칼럼니스트 조 클라인Joe Klein, 1946~이 2008년 11월 17일자 칼럼에서 버락 오바마Barack Obama, 1961~의 대통령 당선에 대해 한 말이다.[31]

　　Don't waste any crisis(위기를 허비하지 마라). 미국 도미노 피자Domino's Pizza CEO 패트릭 도일Patrick Doyle의 말이다. 도미노 피자는 가맹점 직원이 코 안에 넣었다 뺀 치즈를 음식에 올려놓는 동영상이 유튜브에 올라오면서 최악의 위기에 빠졌지만, 사태 발생 이틀 후 CEO가 직접 사과하는 동영상을 유튜브에 올리고 즉각 품질개선에 돌입하는 등 발 빠르게 대처해 오히려 전화위복轉禍爲福의 상황을 만들었다. 3년 연속 마이너스 성장을 기록하던 도미노가 2009년 반등에 성공한 것이다. 이는 이른바 'crisis management(위기관리)'의 모범 사례로 간주되고 있다.[32]

왜 스티브 잡스를 '세계 최고의 플리퍼족'이라고 하는가?

● flipper

flip은 "홱 뒤집(히)다, 휙 젖히다, (기계의 버튼 등을) 탁 누르다, (손가락으로) 튀기다"는 뜻이다. flip the ash off a cigar는 '여송연의 재를 톡 털다', flip a person's ear는 '남의 따귀를 찰싹 때리다', flip at a horse with a whip은 '말을 채찍으로 찰싹 치다', flip through an article은 '기사를 대충 훑어보다'는 뜻이다.

flip one's lid는 "자제심을 잃다, 욱하다, 분노를 폭발시키다, 마음껏 웃다"는 뜻이다. 우리말 속어로 "뚜껑이 열린다"와 비슷한 말로 볼 수 있겠다. 불 위에 놓인 주전자의 물이 끓으면 그 뚜껑lid이 들썩들썩하는flipping 모습을 연상해보면 되겠다. lid(뚜껑, 눈꺼풀) 대신 stack, top, wig, raspberry를 쓸 수도 있다.[33]

flipping은 부동산업자가 낡은 집을 싼 값에 구입한 다음 약간 손을 봐 가치를 높이고 조건이 유리한 주택담보대출을 끼워서 순진한 매입자에게 판매하는 수법을 말한다. flip이라는 단어가 시사하듯이, 빨리 되팔았다는 걸 강조하기 위한 단어로 보면 되겠다. 일종의 약탈 수법으로 비난받는 관행이지만, 미국에서 1980년대부터 성행했다.[34] 그런 일을 하는 사람을 flipper라고 한다.

영국에서 2001년 시작된 텔레비전 리얼리티 쇼 〈프로퍼티 래더Property Ladder〉는 주택을 구매하고 고쳐서 큰 이윤을 기대하며 즉시 판매하는 '주택 플리퍼property flipper'의 체험을 다뤄 큰 성공을 거둔 바 있다. 미국에서도 이 쇼의 복제판 프로그램이 10여 개 방송되어 인기를 누렸거나 누리고 있다.

flipping은 부동산뿐만 아니라 주식과 자동차의 전매轉賣에도 쓰인다. car flipping은 중고자동차를 낮은 가격에 사서 조금 손을 본 뒤에 비교적 높은 가격으로 되파는 것인데, 이는 미국에서 세금 탈루와 안전 문제 때문에 규제 대상이다. 규제는 주마다 다른데, 1인당 1년에 2대에서 10대까지만 전매하는 것을 허용한다.[35]

flipper의 의미는 확장되어 '빠른 거래로 작은 이익을 추구하는 투자자', '약삭빠른 사람', '변덕쟁이', '참견 잘하는 사람', '건방진 사람'이라는 뜻으로까지 사용되고 있다. 재미를 좇아 TV 채널을 자주 바꾸는 사람을 플리퍼족, MP3 플레이어, 온라인 게임, 휴대형 멀티미디어 재생기 등 디지털 기기를 이용해 대중문화 콘텐츠를 '살짝 맛보기' 하는 사람들을 가리켜 '디지털 플리퍼족'이라고 부르기도 한다.[36]

플리퍼족을 좋은 의미로 쓰기도 한다. 2015년 3월 애플의 CEO 팀 쿡은 "스티브 잡스는 세계 최고의 플리퍼족이었다"며 "그는 이 변덕쟁이 기질과 결혼했다"라고 했다. 끊임없이 변화한 잡스의 기질이 애플 성공의 바탕이 된 것으로, 쿡은 "미래에도 애플은 끊임없이 변화를 실행할 것"이라고 했다.[37] 이렇듯 큰 성공을 거두면 변덕도 미덕이 되는 법이다.

왜 '근면'이라는 단어가
'산업'이라는 뜻을 갖게 되었는가?

●
industry

industry는 '근면'이란 뜻이다. 처음엔 이 뜻뿐이었지만, 산업혁명의 와중인 1611년경부터 industry가 '산업'이라는 뜻으로 쓰이게 되었고, 1618년부터는 factory(공장)라는 단어가 등장했다.[38] 제러미 리프킨Jeremy Rifkin, 1944~은 『3차 산업혁명The Third Industrial Revolution』(2011)에서 "교육의 제1사명이 생산적인 노동자를 양성하는 것이라는 생각은 산업시대 초기에 계몽주의가 인간 본성에 대한 특정한 관념을 만들어낸 데에서 기인한다"라며 다음과 같이 말한다.

"'industrial(산업의, 산업적인)'이라는 단어는 'industrious(근면한)'라는 단어에서 나왔으며, 근대 시장경제와 함께 등장하여 시장경제의 성공적인 전개에 필수적인 요소가 된 정신 상태를 가리킨다. '근면한'이란 말의 뿌리는 신학자 장 칼뱅과 초기 프로테스탄트 종교개혁가들로 거슬러 올라간다. 그들은 각 개인이 자신의 운명을 개척하기 위해 끊임없이 부지런하게 노력하는 것이 곧 그가 내세에서 신에게 선택받고 구원받을 징후라고 주장했다. 시장 시대 초기에 이르자

Want is the mother of industry

자신의 운명 개척이라는 개념은 신학적 처방에서 경제활동을 수행하는 인간이 지녀야 할 요건으로 탈바꿈했다."[39]

산업혁명 이후 근면을 강조하는 속담과 격언과 명언들이 양산되었다. "Poverty is a stranger to industry(부지런하면 가난이 없다)"라거나 "Want is the mother of industry(가난은 근면의 어머니다)"라는 속담은 거의 진리의 반열에 오르게 되었으며, 유명 인사들은 기회 있을 때마다 근면의 소중함을 강조했다.

Industry need not wish, and he that lives upon Hope will die fasting(근면하면 소망할 필요가 없다. 소망으로 사는 사람은 굶어죽을 것이다). 미국 정치가이자 발명가인 벤저민 프랭클린Benjamin Franklin, 1706~1790의 말이다.

A man who gives his children habits of industry provides for them better than by a giving them a fortune(자식에게 재산을 물려주는 것보다는 근면한 습관을 길러주는 게 낫다). 영국 논리학자이자 성직자인 리처드 웨이틀리 Richard Whately, 1787~1863의 말이다.

Industry is the soul of business and the keystone of prosperity(근면은 사업의 생명이며 번영의 초석이다). 영국 작가 찰스 디킨스Charles Dickens, 1812~1870의 말이다.

왜 때론 애매모호함이
필요한가?

●
strategic ambiguity

미국 흑인 코미디언이자 민권운동가인 딕 그레고리Dick Gregory, 1932~가 미시시피의 한 스낵코너에 들러 햄버거 주문대에 섰다. 점원이 'We don't serve colored people'이라고 말하자 Dick은 'That's fine. I don't eat colored people. I'd like a piece of chicken'이라고 응수했다. 인종차별이 있던 시절의 일화다. 점원의 문장에는 ① '유색 인종을 받아들이지 않는다, 모시지 않는다'와 ② '유색 인종을 팔지 않는다'라는 의미가 있었는데, 그레고리가 재치 있게 ②만 받아들여 대꾸한 것이다. 언어유희punning처럼 들리지만 문장의 이중적 의미ambiguity가 드러난 경우다.[40]

ambiguity(애매모호함, 불명확함)는 자주 '맥락context'에 의해 해소된다. 어떤 맥락에선 애매모호한 정보일지라도 다른 맥락에선 애매모호하지 않은 정보가 될 수 있다는 뜻이다. ambiguity가 언어학이나 문학은 물론 정치학, 심리학 등에서 자주 다루어지는 주제가 된 것도 바로 그런 맥락 의존성 때문이다.[41]

미국 정치학자 앤서니 다운스Anthony Downs, 1930~는 『민주주의의 경제적 이론An Economic Theory of Democracy』(1957)에서 2개 정당 체제하의 후보자들은 더 폭넓은 유권자들을 포섭하기 위해 그들의 차이를 극소화할 것이라고 말한다.

실제로 미국의 공화·민주 양당은 민주당이 공화당을 흉내내는 방향으로 서로 너무 닮아가고 있기 때문에 이데올로기가 개입될 여지가 없어 이슈 자체가 무의미해져 가고 있다. 벤저민 페이지Benjamin I. Page도 정당이나 정치인은 대부분의 상황에서 유권자들의 표를 잃는 가장 직접적인 요인을 제거하기 위해 이슈를 모호하게 제시할 것이라며, 이를 '정치적 애매성의 원칙theory of political ambiguity'으로 명명했다.[42]

strategic ambiguity(전략적 모호성)는 행위 주체가 특정한 입장을 취하지 않음으로써 위험부담을 더는 행위를 일컫는 말이다. deliberate ambiguity(의도적 모호성) 또는 strategic uncertainty(전략적 불확실성)라고도 한다. 국가 간의 외교관계에서 많이 쓰이는 전략이자 정책이다.[43]

최근 한국에선 사드THAAD, Terminal High Altitude Area Defense(고고도 미사일방어 체계)와 관련해 이 개념이 자주 거론되고 있다. 김보일은 "내 입장을 명확하게 밝히지 않음으로써 상대방이 명확하게 대처하지 못하게 함으로써 전략적 이득을 취하는 것, 이것이 '전략적 모호성'의 실리적 의미다"라며 다음과 같이 말한다.

"사드의 한국 내 배치를 미국도 강력히 원할 수 있다. 그러나 미국은 이 의도를 숨겨야 사드 배치에 따르는 비용 배분 문제에서 한국보다 유리한 위치를 점할 수 있다. 사정은 한국도 마찬가지다. 우리가 스스로 사드 배치를 원한다는 사실을 드러낼수록 더 많은 비용을 분담해야 한다. 더구나 사드 배치로 북한의 위협을 억지할 수 있지만 중국과의 외교마찰도 우려해야 하는 정부로서는 입장을 분명히 밝히기 힘들다. 미국도, 한국도 사드 배치에 대해서 애매하고 모호한 태도를 보일 수밖에 없는 이유가 여기에 있다."[44]

반면 『중앙일보』(2015년 5월 20일)는 사설에서 "지금까지 정부는 '전략적 모호성' 뒤에 숨어 미국의 요청이 없었으니 협의가 없었고, 따라서 결정된 것도 없다는 '3 NO' 입장을 유지해왔다"라며 다음과 같이 주장한다.

"사드의 한국 배치에 반대하는 중국과의 관계를 고려한 고육책苦肉策으로 보이지만 대책 없이 결정을 미루는 무책임의 극치라는 지적이 많다. 사드 문제는 대북 억지의 효용성을 따져 우리가 주체적으로 판단하고 결정할 문제다. 미국이나 중국의 눈치를 보며 끌려다닐 문제가 아니다. 진짜 중요한 것은 그런 판단을 할 실력을 과연 이 정부가 갖추고 있느냐일 것이다."[45]

'주체적 결정'은 말은 멋있긴 하지만, 문제는 약육강식弱肉強食의 원리가 지배하는 국제사회에서 그게 가능하며 좋기만 하겠느냐는 의견도 있다. 『조선일보』 고문 김대중은 "지금 우리가 살 수 있고 할 수 있는 것은 잘 가려서 줄서고, 주변 정치에서 때로는 교활하리만치 기회주의적이고 임기응변적으로 대처하는 일이다. 그것이 '대한민국 살아남기'의 핵심이다"라고 말한다.[46] 판단은 각자의 몫이지만, 개인적 차원에서도 전략적 모호성을 처세술의 일환으로 택할 걸 사실상 강요하는 사회에선 그런 판단마저 쉽지 않은 일이다.

왜 케빈 켈리는 '디폴트의 승리'를 외쳤는가?

●
default

"그리스가 7월 5일 국제채권단이 제시한 구제금융 연장안 국민투표를 실시한다. 하지만 국제채권단은 그리스 구제금융 프로그램을 오는 30일 종료한다고 확인해, 그리스의 기술적 디폴트가 임박했다.……재정이 부족한 그리스 정부가 구제금융 없이 국제통화기금에 채무를 상환하기는 어려워 보이기 때문에, 사실상의 디폴트(채무 불이행) 가능성이 커졌다."[47]

이 기사가 말해주듯, default(디폴트)는 '채무 불이행'을 말한다. 법률 용어로는 'insolvency(지급불능)'라고 하며 이는 결국 'bankruptcy(파산)'로 이어진다. 채무를 이행할 능력이 있음에도 채무 불이행을 택하는 건 'strategic default(전략적 채무 불이행)'라고 한다. default는 '수행의 실패failure in performance'라는 뜻으로도 쓰이며, 또한 미리 정해져 있다는 의미의 presets이라는 뜻으로도 쓰인다. 『옥스퍼드영어사전』은 두 번째 뜻을 1960년대 중반부터 원래의 의미인 failure in performance의 변형으로 수록했다.[48]

컴퓨터 기술 분야에선 어떤 값이나 설정치 등이 프로그램 사용자에 의해 지정되지 않았을 때, 컴퓨터 프로그램은 미리 정해져 있는 값이나 설정치 등을 사용하게 되는데, 이를 디폴트라고 한다. failure in performance라고 하는 의미가 내장되어 있는 것으로 볼 수 있겠다. 디폴트 값default value은 프로그램에서 사용자가 값을 지정하지 않아도 컴퓨터 시스템 자체에서 저절로 주어지는 값이다. 따라서 엔지니어는 디폴트 값을 어떻게 설정하느냐에 따라 사용자의 행동에 영향을 줄 수 있다.

케빈 켈리Kevin Kelly, 1952~는 2009년 「디폴트의 승리 Triumph of the Default」라는 글에서 초기 설정 즉, 하드웨어나 소프트웨어 출하 시에 설정된 표준 상태나 동작으로, 프로그램 사용자가 그 값을 지정하지 않았을 때 컴퓨터 프로그램은 미리 설정된 디폴트 값을 사용하게 된다며 다음과 같이 말한다.

"디폴트 값을 설정하는 특권은 권력과 영향력을 행사하는 행동이다. 디폴트는 개인을 위해 선택을 대신해주는 도구일 뿐만 아니라 (사전에 그 값을 설정하는) 시스템 설계자에게 시스템을 조종하게 하는 도구이기도 하다. 이 선택들의 구조는 시스템 사용자의 문화에 큰 영향을 미칠 수 있다."[49]

우리는 우리가 사용하는 단어에 대해 어떤 '기본 가정'을 한다. 예컨대, '외과 의사'라고 하면 남자일 거라고 생각하는 식이다. 이런 기본 가정을 가리켜 default assumption이라고 한다.[50] default는 일상적인 대화에선 이런 식으로 쓰이기도 한다. Ms. is intended as a default form of address for women, regardless of marital status(Ms.는 결혼 여부에 관계없이 여성을 부를 때에 쓰는 일반적인 호칭이다).[51]

familiarity
gerontophobia
gerontocracy
generational warfare
intoxication
toxic parents
parentification
sharenting
bubble
financialization

가족 · 세대 · 인생

왜 전체주의자들은 혁명의 이름으로 가족을 파괴하는가?

○
familiarity

familiar(익숙한)와 familiarity (익숙함)는 가족family을 의미하는 '파밀리아familia'에서 유래했다. 이와 관련, 미국 경영컨설턴트 샐리 호그세드Sally Hogshead 는 『세상을 설득하는 매혹의 법칙Fascinate: Your 7 Triggers to Persuasion and Captivation』(2010)에서 "가족은 단순히 감정적인 유대 그 이상을 의미하는 것으로 '익숙함'의 표상이다"라며 다음과 같이 말한다.

"뇌과학적으로도 우리는 특정 대상에 익숙해지면 마음속에서 그 대상에 대한 유형짓기를 시작한다. 우리가 대상을 인식하면 우리는 그것에 의존할 뿐만 아니라 유형화된 인식에 기반해 선호하게 된다. 뇌는 이런 유형들을 우리가 보고 듣고 경험하는 모든 것의 지도를 그리는 데 사용한다. 그리고 이를 이용하여 앞으로의 일을 예측한다."[1]

혁명을 신앙으로 삼은 극단 세력이 '가족 파괴'를 저지르는 것은 기존의 익숙함을 깨기 위한 것일까? 1799년, 자코뱅의 공포정치를 처음으로 기록한 영국 역사가 존 아돌푸스John Adolphus, 1768~1845는 『프랑스혁명의 자전적 회고록Biographical

Memoirs of the French Revolution』(1799)에서 "형이 동생을 고발하고 아버지가 자식을 고발하고, 아이가 부모를 고발한다"고 했다.

소련 독재자 이오시프 스탈린Iosif Stalin, 1879~1953은 부모를 배신한 아이들을 치하하고 보상하는 것을 넘어, 성자의 반열에 올렸다. 부모가 자기 아이들을 무서워하게 되면 가족생활은 상당히 어려워지는데, 그것이 바로 스탈린주의자들이 원하는 결과였다. 조지 오웰George Orwell, 1903~1950은 그러한 가족 간 배신이 전체주의적인 사상의 특징이라고 했다.

마오쩌둥毛澤東, 1893~1976도 중국의 전통적인 대가족이 사회통합의 원천으로 작동한다는 판단 하에 가족을 깨는 작업에 착수했고, 가족 중에 공산당 강령에 벗어나는 말이나 행동을 하는 사람은 무조건 고발하라고 아이들에게 주입했다. 이와 관련, 미국 사회학자 볼프람 에버하르트Wolfram Eberhard, 1909~1989는 『중국사A History of China』(1969)에서 "혁명을 일으키는 가장 좋은 방법은 어쩌면 계급 간 대립을 촉발하는 것보다, 세대 간 대립을 촉발하는 것일지도 모른다"라고 했다.[2]

많은 사상가가 "Familiarity breeds contempt(너무 친해지면 얕본다)"라는 속담이 시사하는 속세의 상식 또는 진리에 대해 한마디씩 했다. 이 속담을 긍정한 영국 작가 윌리엄 해즐릿William Hazlitt, 1778~1830은 "Though familiarity may not breed contempt, it takes off the edge of admiration(친밀이 경멸을 낳진 않을지라도 숭배는 멀어지게 만든다)"이라고 했다. 또 프랑스 철학자 드니 디드로Denis Diderot, 1713~1784는 "Distance is a great promoter of admiration!(멀리 떨어져 있을 때에만 숭배할 수 있다!)"이라고 했고, "No man can be a hero to his valet(곁에서 시중 드는 하인에게 영웅일 수 있는 사람

은 없다)"라는 속담도 있다. 반면 영국 정치가 윈스턴 처칠 Winston Churchill, 1874~1965은 이 속담을 반박하겠다는 듯, "Without a certain amount of familiarity, you will never breed anything(어느 정도의 친밀이 없으면 그 어떤 것도 키울 수 없다)"이라고 했다.

프랑스 작가 앙투안 리바롤Antoine Rivarol, 1753~1801은 "Familiarity is the root of the closest friendships, as well as the intensest hatreds(친밀은 진한 우정뿐만 아니라 격렬한 증오의 뿌리다)"라고 했다. 위다Ouida라는 가명을 쓴 영국 소설가 마리아 루이즈 라메Maria Louise Ramé, 1839~1908는 친밀의 두 얼굴에 대해 이렇게 말했다. "Familiarity is a magician that is cruel to beauty but kind to ugliness(친밀은 아름다움엔 잔인하지만 추함엔 친절한 마술사다)." [3]

왜 미국 텔레비전엔 아예
노인이 존재하지 않는가?

●
gerontophobia

gerontophobia(노인혐오증)는
그리스어로 'old man(노인)'을 뜻하는 geron과 'fear(공포)'
를 뜻하는 phobos의 합성어다. 늙는다는 것은 죽음에 점점
더 가까워져 간다는 의미이므로, 우리 인간의 죽음에 대한 공
포와 거부감이 노인에 대한 차별과 혐오로 이어진다는 분석이
있다.[4]

늙는 것에 대한 공포는 gerascophobia라고 한다. 그리
스어로 'I am ageing(나는 늙고 있다)'과 'fear(공포)'를 뜻하는
phobos의 합성어다. 빈곤과 고독을 동시에 경험하게 되면 젊
고 건강한 사람이라도 gerascophobia에 빠질 수 있다.[5] 죽음
에 대한 공포는 thanatophobia 또는 death anxiety라고 하
며, 시체屍體 또는 죽어가는 사람에 대한 공포는 necrophobia
라고 한다.[6]

gerontophobia는 상업적 목적에 의해서도 부추겨진다.
"전화 거는 사람들 가운데 나이 든 목소리를 골라내라." 미국
시카고 ABC 라디오 방송사의 프로그램 디렉터가 스태프에게
내린 지시다. 방송국의 청취자 타깃이 25~54세의 연령층이라

는 게 이유였다. 즉 54세 이상 되는 전화 참여자가 방송을 타는 것을 원치 않는다는 것이다. 근본적으로 노인들의 목소리는 광고주들이 붙잡아두고 싶어 하는 젊은 청취자들을 쫓아버린다는 발상이다.[7]

M. G. 페리M. G. Perry는 어린이용 영화가 노인혐오증 gerontophobia을 불러오고 있다는 것을 발견했다. 그는 디즈니 영화에 나오는 늙은 악녀를 대표적 사례로 들면서 "미국 사회는 젊음을 숭배하고 늙음을 탄식하고 있다"고 주장한다. 다른 연구 결과에 따르면, 미국 텔레비전에서 노인의 이미지는 긍정적이거나 부정적이지 않았다. 아예 노인이 존재하지 않았다.[8]

물론 노인이 아예 존재하지 않는다는 건 과장된 주장이지만, 그만큼 노인이 대중매체에서 차별을 받고 있다는 걸로 이해하면 되겠다. 전미全美은퇴자협회는 노인에 대한 상업적인 압력이 부정적인 고정관념을 조장하고 있다며, "요즘 의사들은 당신에게 죽음을 선고하지 않는 반면 마케터들이 죽음을 고하고 있다"는 캠페인을 전개하기 시작했다.[9] 극과 극은 통하는 걸까? gerontophobia는 때로 gerontocracy(노인 지배 사회)와 공존하기도 하니 말이다.

'노인을 위한, 노인에 의한, 노인의 정치'로 가는가?

●
gerontocracy

2015년 1월 23일 사우디아라비아의 압둘라 빈 압둘아지즈Abdullah Bin Abdul-Aziz, 1924~2015 국왕이 90세로 타계했다. 그의 뒤를 이어 7대 국왕 자리에 오르는 살만 빈 압둘아지즈Salman Bin Abdul-Aziz, 1936~ 왕세제王世弟는 80세로, 숨진 압둘라 국왕의 배다른 동생이다. 압둘라 국왕도 이복형 파드 빈 압둘아지즈Fahd Bin Abdul-Aziz, 1923~2005에게서 왕위를 물려받았다. 이렇듯 장자長子가 아닌 형제끼리 세습이 이루어지다 보니 gerontocracy라 불릴 정도로 '국왕 고령화' 현상이 심해졌다.[10]

gerontocracy(제론토크라시)는 그리스어로 'old man(노인)'을 뜻하는 geron과 'rule(지배)'을 뜻하는 cracy의 합성어다. '노인 지배 사회' 또는 '노인 정치'를 비판적으로 가리키는 말이다. 권력 상층부가 노인들에 의해 구성되는 경향은 공산주의 국가, 종교적인 신정국가 등에서 두드러진다.[11]

오늘날엔 일반적인 국가에서도 고령화로 인해 제론토크라시가 나타난다. 김회승은 "일찌감치 고령화가 진행된 나라들은 대부분 '노인 정치'의 명암을 경험했다"라며 다음과 같이 말한다. "노인 지배 사회는 보수화되고 성장성과 역동성은 떨어진다. 노령층은 과대 대표되고 청년층의 발언권은 위축된다. 반면, 노인들의 실질적인 삶의 질은 노인 정책보다는 분배 구조에 더 큰 영향을 받는다. 우리나라 베이비붐 세대는 이제 막 60대에 진입했다. 노령연금과 정년 연장, 국민연금 등 노인 정책 이슈가 하나둘 불거지는 이유다. 제론토크라시의 시작이다." [12]

2015년 5월 2일 공무원연금을 개혁하려던 여야가 국민연금 소득 대체율을 40퍼센트대 중반에서 50퍼센트로 올리자고 합의한 것을 계기로 정치권이 '포퓰리즘의 함정'에 빠졌다는 비판이 제기되었다. 이에 대해 조의준은 "이번의 여야 합의는 연금을 매개로 한 '실버 민주주의'의 신호탄이란 분석도 나오고 있다"라며 다음과 같이 말했다.

"지난달 29일 보궐선거가 치러진 인천 서구 강화을의 경우 고령자가 많은 강화군의 투표율은 50.3%였지만 젊은 층이 많은 인천 서구의 투표율은 29.3%였다. 그만큼 정치권이 노령층의 눈치를 볼 수밖에 없고, 점점 연금과 노인복지 문제가 정치적 이슈가 되고 있는 추세다. 실제 노인老人 대국이라는 일본에서는 연금 등 사회보장 급여 지출은 GDP(국내총생산) 대비 23%에 달하지만, 출산·보육 등 가족 지원 예산은 1% 안팎에 불과하다." [13]

그래서 고려대학교 교수 김동원은 일본 정치를 "노인을 위한, 노인에 의한, 노인의 정치"로 규정한다. 김영욱은 여야 합의를 일본을 흉내내는 '표票퓰리즘'으로 규정하면서 "40대 중반 이상의 공무원들은 거의 손해 보지 않는 합의안을 개혁이라고 말할 수 있을까"라는 의문을 제기했다. 그는 "앞으로 공무원이 될 젊은이가 가장 큰 손해를 보도록 해놓았다. 그래놓고 개혁이니 대타협이라고 말하는 건 이상하다. 오히려 힘 없는 사람에게 몽땅 덤터기 씌운 비겁함일 수도 있다"라며 다음과 같이 말했다.

"내년부터 시행될 정년 연장도 마찬가지다. 한창 일할 나이에 정년을 맞아야 하는 기성세대의 축 처진 어깨는 물론 안타깝다. 그래서 딜레마다. 그렇더라도 한창 일할 나이에 집에서 눈칫밥을 먹어야 하는 아들 세대의 처지가 더 고려돼야 한다. 그게 나라의 미래에 더 바람직하기 때문이다. 그런데도 정년 연장은 통과됐다. 청년과 노년층의 일자리 자체가 다르다고 했다. 정년을 연장해도 청년 일자리는 줄지 않을 거라면서. 하지만 결과는 어떤가. 벌써부터 청년 실업은 심화되고 있고, 청년층의 신규 채용은 줄어들고 있다."[14]

이상언은 "할아버지 세대인 여야 대표가 지난 2일 합의한 공무원연금 개혁안의 부당함은 자명하다"라며 이렇게 말했다. "당사자인 공무원이 반발하지 않는 것, 공무원을 비롯한 노동자의 권익을 대변하는 것처럼 행동하는 정치인들이 문제 삼지 않는 것만 봐도 결코 개혁이 아님을 알 수 있다.……젊은 이들에게는 더욱 불행하게도 그들은 할아버지·아버지 세대가 지금 얼마나 나쁜 음모를 꾸미고 있는지를 잘 모른다."[15]

그것이 과연 '나쁜 음모'에 대해선 논쟁이 있어 단언할 수 있는 문제는 아니지만, 노인층과 청년층의 투표율 격차가 정치에 미치는 영향이 매우 크다는 건 부인하기 어렵다. 청년층의 대대적인 각성, 아니 발상의 전환이 필요한 건 아닐까? 물론 청년층은 생존을 위해 각자도생各自圖生하느라 정치에 신경을 쓸 겨를이 없겠지만, 청년층의 정치세력화를 아예 직업으로 삼는 청년이 많이 나와야 하는 건 아닌지 모르겠다.

젊은이들은 노년층의 인질극에 사로잡혀 있는가?

●
generational warfare

유럽 전역에선 고령 인구를 자신들이 부양해야 한다는 데 큰 부담을 느낀 젊은 근로자들이 이른바 '세대 정의generational justice' 구현을 위한 조직을 만들고 있다. 2003년 프랑스 파리에서 젊은이 3만 명이 거리로 뛰쳐나와 부모 세대에 제공되는 보조금이 지나치게 많다며 시위를 벌인 이래로 수많은 세대 갈등이 벌어졌고, 이젠 '세대 전쟁generational warfare'이라는 말까지 나오고 있다.[16]

프랑스 소르본대학 교수 베르나르 스피츠Bernard Spitz는 『세대 간의 전쟁』(2009)에서 "다수 선진국의 젊은이들은 노년층의 인질극에 사로잡혀 있다. 이제 상황이 믿을 수 없을 정도로 급변하여 노년층은 자녀들에게 외상을 지고 살게 되었다"며 다음과 같이 말한다.

"프랑스 젊은이들 그리고 아마도 서울의 젊은이들에게 예정된 미래는 간단히 말해서 역사상 가장 규모가 큰 무장 강도 행위이다. 이는 자신을 희생하기는 했지만 책임은 지지 않은 과거 수 세대가 젊은이들에게 하는 약탈 행위이다.……사회가 청년층을 외면한 채 발전하고 청년층은 이를 운명이라

generational interdependence

생각하고 받아들이는 듯한 분위기가 조성될 때 문제는 심각해진다." [17]

미국 역시 다를 게 없다. 미국 보스턴대학 경제학 교수 로런스 코틀리코프Laurence J. Kotlikoff, 1951~는 1984년 '세대 회계generational accounting'를 제안했는데, 이는 정부 정책이 노인층, 중년층, 청년층, 미래 세대에 각각 얼마만큼의 부담을 안겨줄 것인지를 측정하기 위해 만든 것이다. [18]

코틀리코프는 『다가올 세대의 거대한 폭풍The Coming Generational Storm』(2004)에서 세대 회계의 필요성에 대해 이렇게 말한다. "우리 어른들이 빠른 시일 안에 아주 큰 희생을 감내하지 않는다면, 우리의 아이들은 현재 직면하고 있는 것보다 두 배나 더 높은 순세율net tax rates을 일생에 걸쳐 부담하게 될 것이다." [19]

코틀리코프는 『세대 충돌The Clash of Generations: Saving Ourselves, Our Kids, and Our Economy』(2012)에선 더 격한 어조로 미국의 젊은이들이 기성세대에 의해 착취당하고 있으며, 이를 감추기 위해 행정부는 물론 공화당과 민주당이 똑같이 거짓말을 한다고 단언한다.

"각 세대는 자신들이 부담해야 할 세금의 상당 부분을 미래 세대에게 떠넘기고 있다. 매년 아니 수십 년 동안 젊은이들로부터 돈을 빨아내 노인들에게 거금을 안겨주면서, 미국 행정부는 사실상 거대한 폰지 사기Ponzi scheme(피라미드 사기) 행각을 벌여왔다." [20]

코틀리코프는 "거대한 인구집단인 미국의 베이비부머가 은퇴할 때가 되면 국가재정이 파탄날 것"이라고 경고하면서 지금이라도 당장 세금을 더 거두거나 노후연금을 축소하는 등

'세대 간 형평성intergenerational equity'을 회복해야 한다고 주장한다.

'세대 간 형평성'은 미국 경제학자 제임스 토빈James Tobin, 1918~2002이 1974년에 제시한 개념으로 경제뿐만 아니라 환경 분야에서도 '지속가능한 개발sustainable development'을 말할 때 쓰이는 개념이다. '세대 형평성을 지지하는 미국인Americans for Generational Equity'이란 단체는 부유한 고령층이 자녀 세대의 장래를 볼모로 잡고 그들의 삶을 빈곤으로 몰아넣고 있다고 비판한다.

그런데 이런 주장은 대부분 보수 쪽에서 나오고 있다. 미국 진보 진영의 경제 평론가들은 '세대 간 상호의존generational interdependence'을 강조하며, 진보 단체들 역시 상호 이해와 협력을 통한 타협의 길을 찾아 세대 간 형평성을 모색해야 한다고 주장한다.[21]

그러나 이 문제는 진보-보수로 편 가르기를 할 사안은 아닌 것 같다. 고령화사회에선 보수와 진보를 막론하고 정치권은 투표율이 높은 노인층을 염두에 둔 정략으로 흐르는 경향이 농후하기 때문에 더욱 그렇다. 특히 한국은 이미 2011년을 기준으로 65세 노인을 위한 1인당 복지 지출은 아동복지 지출의 40배가 넘으며, 국민연금과 건강보험, 기초연금이 지금과 같은 형태로 유지된다면 2050년대 이후 한국의 미래 세대는 기성세대의 노후를 위해 그들 소득의 최고 3분이 1까지 내야 하는 상황이 벌어진다.[22]

이와 관련, 박종훈은 『지상최대의 경제 사기극, 세대 전쟁』(2013)에서 "지금 세계 곳곳에서는 세대 전쟁의 거친 소용돌이가 일어나고 있다"라며 '지금 대한민국은 세대 전쟁 전야'라고 주장한다. "문제는 이 세대 전쟁을 넘어설 수 있는 시간이 5년도 채 남지 않았다는 점이다. 2010년대 후반이 되면 고령화가 더욱 진전되어 상황은 걷잡을 수 없이 악화될 것이다. 더구나 재정적자가 더 크게 불어나 세대 간 화합을 위한 경제정책의 재원을 마련하기란 거의 불가능에 가까워질 수도 있다. 지금 당장 세대 전쟁을 끝내고 우리 모두의 미래를 위한 합리적 균형을 찾지 못하면, 우리는 일본이 겪었던 장기불황보다 더욱 심각한 위기에 빠질지도 모른다."[23]

부모 세대가 자녀 세대의 복지까지 염려한다는 이른바 '세대 간 이타성integerational altruism'에 기대를 걸어야 할까? 문제는 그런 이타성이 발휘될 수 있는 조건을 형성해주는 일일 게다. 온 사회, 특히 정치가 증오로 들끓으면 투표에서 세대 전쟁이 나타날 것이고, 그 와중에 세대 간 이타성은 자취를 감추고 오직 가족 단위의 이타성만 발휘될 게 아닌가 말이다.

왜 "미국인들은 술에 취한 채로 태어나는 것 같다"고 하나?

○
intoxication

intoxicate는 "취하게 하다, 도취(흥분)시키다"라는 뜻이다. 독화살을 가리키는 그리스어 toxikon에서 비롯된 말이다. 세월이 흐르면서 toxicon은 화살과 관계없이 독poison을 뜻하게 되었고, 바로 여기서 toxic(독의, 유독한, 중독성의)란 말이 나오게 되었다. toxic의 동사형인 intoxicate는 '중독시키다'는 뜻으로 쓰였는데, 이는 오늘날 의학 용어에서만 살아남았고, 비유적으로 이와 같은 뜻을 갖게 된 것이다.

intoxicant는 "취하게 하는 (것), 마취제, 알코올음료", "He is intoxicated with victory(by success, from wine)"는 "그는 승리(성공, 술)에 취해 있다"라는 뜻이다. Nothing intoxicates some people like a sip of authority(권력의 맛을 보면 누구나 거기에 취한다).[24]

Americans are born drunk; they have a sort of permanent intoxication from within, a sort of invisible champagne(미국인들은 술에 취한 채로 태어나는 것 같다. 그들은 일종의 내면의 취함 상태에 빠져 있다. 눈에 보이지 않는 샴페인을

마신 것처럼 말이다). 영국 작가 길버트 K. 체스터턴Gilbert K.
Chesterton, 1874~1936의 말이다.

데이비드 브룩스David Brooks는 『보보스는 파라다이스에
산다』(2004)에서 이 말을 긍정적으로 해석하면서 미국인 예찬
론의 근거로 활용한다. 그는 "풍요의 땅에서 사람들은 열정적
으로 일하며 미친 듯이 삶을 쪼개 산다. 사탕이 온 사방에 널
려 있기 때문이다. 여기저기서 사탕들이 '한번 맛보세요. 맛
보세요. 맛보세요' 하고 유혹한다"라며 다음과 같이 말한다.

"이런 곳에서 사람들은 영원한 동기부여의 무아지경에
빠진다. 잠자는 시간을 제외하고는 하루 종일 광고나 이미지,
메시지, 세련됨, 발전, 경이로움에 관한 이야기들을 듣는다.
평범한 사람들이 이런 멋진 가능성을 완전히 포기하려면, 상
당한 의지가 필요할 것이다. 거부하기보다는 열심히 오랜 시
간 일해서 모든 사탕을 움켜쥐는 것이 더 쉽다. 그런 기회를
거부하고 경쟁 무대에서 내려와 그냥 현재의 상태에 만족하면
서 사는 게 오히려 더 힘든 일이다. 더 나은 미래에 대한 꿈들
이 머릿속에서 춤을 춘다."[25]

toxic chemicals는 '유독 화학물질', toxic fumes는 '유
독 연기', toxic gases는 '유독 가스', toxic substances는 '유
독 물질', a toxic drug는 '독약', a toxic state는 '중독 증상',
to dispose of toxic waste는 '유독 폐기물을 처리하다'라는
뜻이다. Many pesticides are highly toxic(많은 살충제가 독성
이 아주 강하다). The factory has been sending out toxic
waste(그 공장은 독성 있는 폐기물을 배출해오고 있다).[26]

왜 고학력 부모일수록 자녀를
더 못살게 구는가?

●
toxic parents

toxic은 비유적인 의미로도 쓰인다. 예컨대, toxic asset은 '부실 자산'이다. 차현진은 중앙은행의 도덕적 해이moral hazard와 관련, 이렇게 말한다. "미국, 영국, EU, 일본 등 많은 나라에서는 중앙은행들이 최종대부자 기능을 수행할 때 더이상 우량자산을 고집하지 않는다. 부실자산toxic asset을 매입할 뿐만 아니라 대출할 때도 시장금리보다 훨씬 낮은 금리를 적용하기도 한다."[27]

toxic leader(독성 리더)는 오만하고 위선적이고 부하들을 괴롭히는 등 매우 파괴적인 행태로 조직을 망치는 리더를 말한다. toxic boss, little Hitler, manager from hell, boss from hell이라고도 한다. toxic employee(독성 직원)도 있는데, 이들은 자신의 이익을 위해 비윤리적이고 불법적인 일도 서슴지 않는다. 독성 직원들이 많은 작업장을 toxic workplace라고 한다.[28]

피터 프로스트Peter J. Frost와 샌드라 로빈슨Sandra Robinson은 『하버드 비즈니스 리뷰』(1999년 7~8월호)에 발표한 「문제 상황 해결자: 조직의 영웅이자 희생자The Toxic Handler:

Organizational Hero—and Casualty」라는 논문에서 toxic leader와 그 외의 다른 사람들 사이를 중재해주는 인물을 설명하기 위해 toxic handler(문제 상황 해결자)라는 용어를 만들어냈다. 이에 대해 하버드 의대 교수 에드워드 할로웰Edward Hallowell 은 다음과 같이 말한다.

"문제 상황 해결자들이 행하는 모든 선한 일들을 생각하면 하늘이 내려준 존재라고 말하고 싶지만, 이들이 하는 행동은 남에게 도움이 되는 만큼 자기 자신이나 가까운 주변 사람들에게는 많은 고통을 야기할 수 있다. 이들은 다른 사람들을 구해주지만, 정작 자신은 혼자만의 독특한 내적 문제와 씨름하는 경우가 많다."[29]

심지어 toxic parents라는 말까지 나왔다. 독친毒親, 즉 자녀 인생에 독이 되는 부모를 가리키는 말이다. 미국 심리치료 전문가 수전 포워드Susan Forward가 유행시킨 말이다. 포워드는 『독이 되는 부모가 되지 마라Toxic Parents: Overcoming Their Hurtful Legacy and Reclaiming Your Life』(2002)에서 "아이의 삶을 계속 좌지우지하려고 들면서 끊임없이 아이들에게 군림하려는 부모들도 많다. 이런 부모들은 아이들에게 절대적으로 해를 끼친다"라며 다음과 같이 말한다.

"아이들에게 해를 끼치는 부모들을 적절하게 표현하려고 고심하다가 문득 한 단어가 생각났다. 바로 '독'이라는 단어였다. 부모로부터 받은 마음의 상처는 유독성 화학물질과 같이 천천히 그리고 깊숙하게 침투해 아이가 자란 후에도 계속 고통을 주고, 그 아이가 부모가 되면 자신의 아이에게 다시 상처를 입힌다."[30]

2014년 11월 『조선일보』는 '독친' 연재 기사를 통해 한국의 독친 현상이 매우 심각한 수준임을 고발했다. 이 기사는 독친의 주요 유형으로 ① 어릴 때부터 부모들이 짠 인생 스케줄에 따라 아이의 일거수일투족이 간섭 당한다, ② 부모가 성공·실패 경험을 통해 아이가 결정해야 할 일을 통제함으로써 아이는 커서도 스스로 결정하지 못한다, ③ 자녀의 자유를 존중하는 척하면서 아이 인생 주요 길목에선 부모의 생각을 주입하는 '이중구속二重拘束, double bind'이 심하다 등을 들었다.[31]

통계청 조사 결과 2011년 기준 월 700만 원 이상을 버는 가구의 사교육 참여율은 85.3퍼센트(월 44만 원), 월 소득 300~400만 원 가구는 76.8퍼센트(월 24만 원)였다. 월 소득 100만 원 미만 가구도 35.3퍼센트가 월 6만 3,000원의 사교육비를 투자하고 있었다. 영남대학교 총장을 지낸 우동기 대구교육감은 "고학력 부모일수록 자신의 성공 경험에 집착해 자녀에게 '너도 할 수 있다'며 채찍질하고, 이런 '교육 독친毒親'에 억눌린 아이들은 집에서 거짓으로 '착한 아이' 연기를 하는 경우가 많다"라고 말했다.[32]

여성가족부 산하 한국청소년상담복지개발원에는 부모와의 갈등 때문에 사이버 상담을 신청한 건수가 2014년 한 해만 5,600여 건에 달했다. 개발원의 양미진 상담실장은 "고학력 부모일수록 자녀에 대한 기대 수준이 높고, 자녀에 대한 분노 표출이 즉각적인 경향이 있다"라며 "독친은 아이들에게 '생애 초기 스트레스early life stress'를 줌으로써 '청소년 화병火病'을 유발하고, 이는 아이들의 성격 형성에도 아주 나쁜 영향을 미친다"라고 말했다.[33]

고학력 부모일수록 자녀를 더 못살게 구는 건 분명한 것 같은데, 문제는 그것이 과연 나쁘기만 하겠느냐는 게 아닐까?

사회 전체가 학벌 위주로 서열화된 상황에서 좋은 성격이나 인격보다는 더 높은 서열에 속하는 게 세상을 살아가는 데에 더 도움이 된다고 보기 때문이 아닐까? 그렇다면 toxic society라는 말이 나올 법하다.

왜 자녀가 부모가 되고
부모가 자녀가 되는가?

parentification

아이를 키우는 양육養育이나 육
아育兒를 parenting이라고 한다. 조기교육 등으로 대변되는
과잉양육hyper-parenting은 아이를 수동적으로 만든다. 경쟁의
심화가 낳은 현상이지만, 오히려 자율성이나 창조성과는 정반
대 방향으로 흘러가 경쟁력을 떨어뜨리기 쉽다. 아이들 주위
를 빙빙 돌면서 모든 것에서 아이를 보호하려는 '헬리콥터 양
육helicopter parenting'이 그 대표적 예다.[34]

이와 반대되는 양육법이 '느긋한 양육slow parenting'이다.
'방목 양육free range parenting', '단순한 양육simplicity parenting'
이라고도 하는 이 양육법은 이른바 '과잉 모성intensive
mothering'을 넘어서 부모들은 기본적 역할만 하면서 아이들이
혼자 놀고 공부하면서 살아가는 방법을 스스로 터득하도록 내
버려두는 방식이다.[35]

사회적 운동으로까지 발전한 이 양육법을 지지하는 미국
소아과 의사 캐시 매저리Kathy Masarie는 이렇게 말한다. "과잉
모성의 문화에서 중요시하는 것과 우리에게 진짜로 중요한 것
은 다릅니다. 아이들을 사랑하고, 아이들을 안전하게 해주십

시오. 아이들을 있는 그대로 받아들이세요. 그리고 아이들의 삶에 간섭하지 마세요."[36]

미국 임상심리학자 도나 위크Donna Wick는 막 부모가 된 사람들에게 '반영적 양육reflective parenting' 방식을 계발할 수 있도록 돕고 있다. 이는 내용적인 측면에서 mindsight(마인드사이트)와 유사하다. 마인드사이트는 내면에서 일어나는 작용을 스스로 탐색하는 일종의 주의집중 상태로, 미국 UCLA 정신의학자 대니얼 시겔Daniel J. Siegel, 1957~이 만든 말이다. 시겔은 부모가 지각 가능한 기본적인 신호들을 통해 자녀의 마음을 보는 능력을 키울 수 있다고 말한다. 부모와 아이들은 모두 눈 맞춤, 표정, 어조, 몸짓, 반응, 시간과 강도라는 비언어적 메시지를 통해 언어보다 직접적으로 내적 과정을 드러낸다는 것이다.[37]

parentification(부모화)은 부모와 자식의 관계가 완전히 역전되어 자녀가 부모가 되고 부모가 자녀가 되는 걸 말한다. 이에 대해 독일 심리치료 전문가 뵈르벨 바르데츠키Bärbel Wardetzki는 『너에게 닿기를 소망한다: 따귀 맞은 영혼들을 위한 관계의 심리학』(2009)에서 "부모화는 아이에 대한 정신적 착취"라며 다음과 같이 말한다.

"보호받아야 할 아이가 오히려 부모를 보호해야 하는 처지에 놓인다. 그 결과 아이는 더이상 자신에게 무엇이 필요한지 느끼지 못하고 어머니나 아버지에게 무엇이 좋은지에 대해서만 생각하게 된다. 아이는 부모의 욕구와 요구로부터 자신을 분리시키지 못하고 설사 그렇게 하더라도 심한 죄책감을 느낀다. 이때 부모의 질병은 자녀의 독립적인 발달을 왜곡시키고 저해한다. 아이는 어머니의 우울증이나 아버지의 술주정이 모두 자기 탓이라고 여겨 차라리 모든 걸 양보하고 상황의 요구에 자신을 맞추는 쪽을 택한다. 이렇게 어린 시절을 보낸 사람들은 성인이 되어서도 똑같은 패턴으로 관계를 맺을 가능성이 크다."[38]

　　미국 법률가 클래런스 대로Clarence Darrow, 1857~1938는 "The first half of our lives is ruined by our parents and the second half by our children(우리 인생의 절반은 부모에 의해, 나머지 절반은 자식에 의해 망가진다)"이라고 했다. 이 말에 동의할 수 없다 하더라도, 부모-자식 관계가 참 쉽지 않은 건 분명한 것 같다.

왜 자녀의 사진을 자꾸
블로그와 SNS에 올리는가?

●
sharenting

아이의 일거수일투족을 사진으로 찍어 블로그와 SNS 등에 올리는 방식으로 육아 과정을 공유하는 부모가 많다. 이런 부모를 가리켜 sharents(셰어런츠)라고 한다. share와 parents의 합성어다. 그런 행위는 sharenting 또는 oversharenting이라고 한다. 『월스트리트 저널』이 2012년에 만든 말로 2013년부터 미국과 영국 등에서 사회적 이슈로 등장했다.

2013년 한 조사에 따르면 영국 어린이의 3분의 1 이상은 첫 번째 치아가 나기도 전에 부모가 이용하는 소셜 미디어에 등장하는 것으로 밝혀졌다. 영국 일간지 『가디언』(2013년 5월 18일)은 「셰어런팅 찬반론The pros and cons of Sharenting」이라는 기사에서 셰어런팅으로 아이들이 가장 큰 피해를 입고 있다고 지적했다. 이미 노출된 정보는 개개인이 통제하기 쉽지 않은데 아이들이 자신의 의지와 무관하게 공개된 정보들로 인해 수년 뒤 곤란한 일을 겪을 수도 있다는 것이다.[39]

한국에도 극성스러운 셰어런츠가 많다. 이들은 블로그를 비롯해 페이스북 등 SNS에 아이의 생년월일, 병원 진료기록,

Don't take up a man's time talking about the smartness of your children

아이가 사용하는 유아용품, 아이의 일상생활 사진까지 자녀의 프라이버시와 관련된 내용들을 과시하듯이 공격적으로 올려 놓는다. 하지만 "남의 아이라도 아이는 귀엽지만 아이가 아침에 밥 잘 먹고 저녁에 황금 똥을 눈 이야기까지 알고 싶지" 않다는 사람도 많이 늘고 있다.[40]

sharenting은 부모의 지위parenthood를 관심 받기 위한 경쟁으로 변질시키는 현상으로 여러 사회 문제를 낳고 있다. digital kidnapping, 즉 sharenting으로 올라온 남의 아이의 사진을 자기 아이의 사진인 양 과시하는 사람들도 생겨났고, sharenting이 치밀하고 계획적인 범행에 이용되는 사례도 많이 나타났다.

sharenting은 온라인에서 또는 온라인을 이용해 아이들을 대상으로 성범죄를 저지르는 online predator(온라인 프레데터)에게 표적이 되기 쉬운데, online predator는 sharenting에서 얻은 정보를 '차일드 그루밍child grooming'을 저지르는 데에 이용하기도 한다.

차일드 그루밍은 폐쇄적인 상황에 놓이거나 정신적으로 미약한 미성년자들에게 의도적으로 접근해 친밀감을 쌓은 뒤 정신적으로 종속시켜 범죄 대상자로 삼는 걸 말한다. 어른의 어린이에 대한 성애pedophilia를 가진 사람들의 행동적 특성이다. 그래서 일부 사이트들은 sharenting을 할 수 없게끔 하며, 범죄에 이용당하는 걸 우려하는 부모들은 블로그와 SNS상에서 아이를 감추는 hiderants(하이드런츠, hide+parents)로 바꾸고 있다.[41]

셰어런츠들이 귀담아 들으면 좋을 명언이 하나 있다. Don't take up a man's time talking about the smartness of your children; he wants to talk to you about the smartness of his children(남에게 자식 자랑을 삼가라. 그 사람도 자기 자식 자랑을 하려고 들 테니 말이다). 미국 작가 에드 하우 Ed Howe, 1853~1937의 말이다.

'거품'은 우리 인간의
영원한 속성인가?

●
bubble

bubble(거품)은 비유적으로 '과
열'이라는 뜻으로 많이 쓰인다. 1630년대 네덜란드에서 벌어
진 튤립 버블은 인류 역사상 손가락에 꼽히는 광기狂氣의 발산
으로 간주되어왔다. 귀족과 상인은 말할 것도 없고 빈곤층까
지 재산을 현금으로 바꾸어 튤립에 투자했지만, 2년여 만에 광
풍이 가라앉으면서 주식은 휴지 조각이 되어버렸기 때문이다.

1720년 영국에선 버블을 막으려는 '버블법Bubble Act'까
지 제정되었지만, 그 내용이 희한했다. 여러 사람이 돈을 모아
세운 합자회사Joint Stock Company가 탐욕과 버블을 부추기는 흉
기라고 보고 합자회사 설립을 금지한 것이다. 그게 어디 그렇
게 해서 될 일인가? 이 법은 1825년에 폐지되었고, 이후에도
버블은 인위적으로 막기가 매우 어렵다는 게 분명해졌다.

20세기 들어선 1915~1919년, 1925~1929년 두 차례의
세계적인 경제적 버블이 발생했으며, 그다음으로 유명한 버블
은 인터넷 버블이다. 1995년 8월 9일 넷스케이프의 기업 공개
는 인터넷 버블을 촉발시켰으며, 이후 4여 년간 '인터넷'이나
'com'이란 단어를 내비치기가 무섭게 주가가 하루아침에 수

십 배 폭등하는 이상 현상이 발생했다. 투자전문가 릭 베리가 "인터넷 주식의 광적인 매수에 비하면 17세기의 튤립 매수자들은 아무것도 아니다"라고 말할 정도였다.[42]

미국 온라인 진보운동 단체인 무브온MoveOn.org의 이사장인 엘리 패리저Eli Pariser, 1980~는 『생각 조종자들The Filter Bubble』(2011)에서 구글과 페이스북 등이 개인의 취향과 관심사는 물론 정치 성향까지 꼼꼼히 분석해 '맞춤형 정보'를 제공함에 따라 개인의 생각이 제한되는 현상을 가리켜 '필터 버블 filter bubble'이라고 했다. 필터 버블에 의해 사람들은 점점 편협한 정보의 울타리에 갇히게 된다는 것이다.[43]

패리저는 "새로운 세대의 인터넷 필터가 당신이 좋아하는 것을 살펴본다. 당신이 실제로 무슨 일을 했는지, 당신과 같은 사람이 무엇을 좋아하는지 살펴보고 추론한다. 예측 엔진들은 끊임없이 당신이 누구인지, 이제 무엇을 하려고 하고 또 할 것인지에 대한 이론을 만들어내고 다듬는다. 이를 통해 우리 각각에 대한 유일한 정보의 바다를 만든다. 우리가 온라인에서 정보와 아이디어를 맞닥뜨리는 방법 자체를 근본적으로 변화시키는 이런 현상을 나는 '필터 버블filter bubble'이라고 부르고자 한다"라며 다음과 같이 말한다.

"어느 순간 세상을 보는 방법이 통째로 바뀌어 다시 정해질 때 세렌디피티가 종종 작동한다.……코페르니쿠스나 아인슈타인, 파스퇴르와 같은 과학자들은 자신들이 무엇을 탐구하고 있는지 모른다. 가장 큰 진전은 종종 우리가 전혀 예상하지 못한 것에서 생긴다.……필터 버블에서 무작위적 아이디어는 적을 수밖에 없다. 개별화 필터와 같이 정량화된 시스템에서, 완전히 관련 없는 것에서 유용한 행운을 우연히 만나거나 무작위적인 자극을 받을 가능성은 거의 없다."[44]

『에센셜리즘: 본질에 집중하는 힘Essentialism: The Disciplined Pursuit of Less』(2014)의 저자인 그레그 매커운Greg McKeown은 '바쁨의 버블'이라는 개념을 제시한다. 그는 "현대 사회는 '바쁨'에 지나친 가치를 부여합니다. 저는 최근에 한 여성을 만났습니다. 요즘 어떻게 지내느냐고 묻자 그녀는 활짝 웃으면서 '요즘 너무 바빠 죽겠어요'라고 대답했습니다. 마치 바쁘다는 걸 자랑하는 것처럼 보였습니다. 이어 그녀는 '나는 2주 동안 매일 밤 4시간밖에 못 잤어요'라고 말했습니다. 그녀는 자신이 얼마나 중요한 사람인지가 바쁘다는 사실로 증명된다고 믿고 있습니다"라면서 다음과 같이 말한다.

"이것은 일종의 버블bubble입니다. 인터넷 버블과 부동산 버블이 터지면서 2000년과 2008년 경제를 망가뜨린 적이 있듯 오늘날에는 '바쁨의 버블'이 존재합니다.……모든 버블은 사람들이 실제보다 높은 가치로 어떤 대상에 대해 평가할 때 발생합니다. 그린스펀이 말한 비이성적 과열이죠. 하지만 모든 버블은 언젠가 터지고, 그동안 숨겨져 왔던 비용이 드러나게 됩니다. 많은 사람은 '그동안 의미 없는 것에 내 인생을 바쳤구나. 그동안 평생 힘들게 살았는데, 진정 행복한 게 아니었구나'라는 생각을 하게 됩니다."[45]

어떤 종류의 버블이건 버블은 우리 인간의 영원한 속성인지도 모르겠다. 과유불급過猶不及(정도가 지나친 것은 오히려 모자란 것만 못하다)이란 말이 자주 쓰인다는 것 자체가 그런 속성을 극복하기 어렵다는 걸 말해주는 게 아닐까?

왜 우리의 일상적 삶은
금융화되는가?

●
financialization

finance(금융)는 라틴어로 '끝'
을 뜻하는 finis에 프랑스어 명사어미 'ance'가 결합한 단어로
원래는 '일을 마무리짓다'는 뜻으로 쓰였다. 중세 유럽에서 전
쟁에 나간 기사들의 주 수입원은 전리품과 생포한 적의 몸값
이었는데, 이런 몸값을 '마무리 돈' 즉 finance라고 불렀다. 이
처럼 finance는 '몸값을 치르다', '빚을 갚아 일을 마무리짓
다' 등의 의미로 쓰이다가 '받아야 할 세금을 완불 받고 국가
의 수익과 지출을 맞춘다'라는 뜻으로 보편화되었고 오늘날엔
'금융'을 뜻하는 어휘로 발전했다.[46]

finance는 한 단계 더 발전했는데, 그건 바로 financiali-
zation(금융화) 현상이다. 금융화는 재화와 서비스의 생산보
다 금융 거래(인수, 합병, 파생) 부문에 많이 투자하는 것을 뜻
한다. 2000년대에 미국에선 금융계의 수익이 제조업 부문의
수익보다 언제나 2~3배 많았으며, 영국의 금융계는 연 수익
20퍼센트라는 기록을 세우기도 했다. 금융계가 이렇게 구조
적인 우위에 서게 된 것은 1990년대 말의 금융 탈규제 덕분이
었다.[47]

미국 미주리대학 경제학자 마이클 허드슨Michael Hudson, 1939~은 금융화를 중세 유럽의 고리대금업과 약탈경제로 회귀하는 거라고 비판한다. 월스트리트의 투자전문가이자 경제학자인 나심 니컬러스 탈레브Nassim Nicholas Taleb, 1960~는 2007년과 2009년 사이에 일어난 세계적 경제위기는 금융화에 책임이 있다고 비판한다. 1987년부터 2006년까지 미국 연방준비제도이사회Federal Reserve Board 의장을 역임한 앨런 그린스펀Alan Greenspan, 1926~은 금융화는 세계화와 더불어 미국 자본주의와 미국인의 이익이라고 하는 유대 관계를 파괴했다고 비난한다. 미국 경제사가인 브루스 바틀릿Bruce R. Bartlett, 1951~은 금융화가 경제성장에 악영향을 미쳤으며 빈부격차를 심화했다고 말한다.[48]

이렇듯 욕을 먹는 금융화지만, 금융화는 어느덧 대중의 일상적 삶에까지 깊숙이 침투했다. 자신의 삶을 다양한 리스크의 관리로 인식하고, 이러한 리스크에 대처하기 위해 자신의 자산asset을 능동적으로 경영하는 '투자자 멘털리티investor mentality'가 만연한 세태를 가리켜 '일상생활의 금융화financialization of daily life'라고 한다.[49]

랜디 마틴Randy Martin은 『일상생활의 금융화Financialization of Daily Life』(2002)에서 금융이 단순히 이용 가능한 부의 서비스가 아니라 그 자체로 비즈니스와 생활 주기의 결합이자 자아 획득 수단이 되고 있다고 주장한다. 이와 관련, 박성일은 "금융은 곧 생활 방식이며 일상에 새로운 변동을 초래하는 핵심적인 기제"라며 다음과 같이 말한다.

"시장은 재화와 서비스가 거래되는 경제적 공간에만 머무는 것이 아니라 현대인이 거주하는 생활공간이 되었다. 불확실한 시장 안에 놓인 개인들은 자신의 미래나 가족의 행복이 경제적 기술을 스스로 얼마나 충실히 습득하고 실천하는가에 달려 있다고 확신한다. 물론 시장 자본주의하에서 돈은 가장 중요한 가치로 자리 잡았다. 하지만 현재의 자본주의 단계에서처럼 돈에 대한 거리낌 없는 욕망이 공공연히 표출되고 사회 구성원 전원이 그 기술을 학습하기 위해 시장의 최전선에 전면적으로 뛰어든 시기를 찾기란 쉽지 않다."[50]

'핀테크FinTech'의 대중화는 그런 흐름을 더욱 가속화할 것으로 보인다. 핀테크는 금융financial과 기술technology의 합성어로, 모바일 결제, 송금, 개인자산관리 등 금융과 관련된 기술 서비스나 상품을 통칭하는 말이다. 핀테크는 스마트폰, 인터넷을 통해 간편하게 금융 업무를 처리할 수 있도록 해주기 때문에 전 세계에 금융혁명을 몰고 올 것으로 예측되고 있지만, 그 혁명은 동시에 '일상생활의 금융화'를 심화하는 것을 의미하기도 하다.

건강 · 음식 · 라이프스타일

'채식주의자'와 '고기를 먹지 않는 사람'은 어떻게 다른가?

●
essentialism

우리는 일상적 삶에서 '본질적으로essentially'란 말을 즐겨 쓴다. 각자 쓰는 사람마다 그 의미 부여가 다르겠지만, 철학자들은 '본질essence'이란 단어를 두고 오랫동안 고민하면서 '본질주의essentialism'라는 개념에 대해 논쟁을 벌여왔다. 영국 비평가 테리 이글턴Terry Eagleton, 1943~은 본질주의는 영원히 계속되는 논쟁거리일 수 있다고 말한다.

"어떤 사람들은 군주제가 영국을 영국이 되게 만드는 본질적인 것이라고 주장하지만, 다른 사람들은 감히 이러한 환상에 대해 의구심을 가진다. 모든 종류의 사소한 논의들도 가능하다. 예를 들어, 바퀴, 안장, 손잡이 등이 없는 자전거가 여전히 자전거인가 아닌가, 혹은 오랫동안 판자 하나하나까지 완전히 새로 고쳐 만든 배가 여전히 처음의 그 배와 같은 것인가 아닌가를 의아해하는 것이 가능하다. 인간이 되기에 본질적인 것은 무엇이며 본질적이지 않은 것은 무엇인가라는 것은 낙태에 관한 논쟁에 적합할지도 모르며 심지어는 제국주의에 관한 논쟁에 적합할지도 모른다. 예를 들어, 만약 당신이 원주민들에게는 인간이 되는 데에 결정적이라고 생각되는 하나의 자질 혹은 여러 자질들이 없다고 생각한다면, 당신은 그 원주민들을 학살하는 것에 대해서 더 큰 행복감을 느낄지도 모른다."[1]

예일대학 심리학과 교수 폴 블룸Paul Bloom, 1963~은 『우리는 왜 빠져드는가?: 인간 행동의 숨겨진 비밀을 추적하는 쾌락의 심리학How Pleasure Works: The New Science of Why We Like What We Like』(2010)에서 본질주의를 거부하는 사람과 관련된 가벼운 예를 하나 제시한다.

"얼마 전에 나는 친구와 저녁 식사를 했다. 친구는 지나가는 말로 자기는 고기를 먹지 않는다고 했다. 그런데 나중에 내가 그를 채식주의자라고 하자 친구는 화를 냈다. '광적으로 집착하는 건 아니야. 그저 고기를 먹지 않는다는 것뿐이지.' 친구는 식습관을 우연한 속성으로 생각할 뿐 본질로 여기지 않은 것이다."[2]

하지만 미시간대학의 심리학자 수전 겔먼Susan Gelman은 『아동의 본질주의The Essential Child: Origins of Essentialism in Everyday Thought』(2003)라는 책에서, 아동은 매우 어렸을 때부터 본질주의적인 관점을 갖는다고 주장한다. 그는 이 책의 서두에서, 4~5세였을 때 어머니에게 남자아이와 여자아이가 어떻게 다르냐고 물었던 일화를 소개한다. 어머니는 "남자아이에게는 고추가 달렸고 여자아이에게는 없지"라고 말해 주었다. 겔먼은 믿기지 않는다는 표정으로 "그게 다예요?"라고 물었다. 남자와 여자는 옷 입는 것, 행동하는 것, 노는 것까지 천양지차이므로 흥미롭고 심오한 차이가 존재할 거라고 기대한 것이다. 겔먼은 이런 경험담을 통해 모든 아이는 본질주의자essentialist라는 주장을 이끌어낸다.[3]

정성훈은 이 주장의 의미에 대해 이렇게 말한다. "이는 그 전까지 학계를 주도하던 스위스의 발달심리학자 장 피아제 Jean Piaget의 이론을 반박하는 과감한 주장이었습니다. 피아제는 아동은 일정한 나이가 될 때까지는 보고, 만지고, 듣는 지각 자극만을 받아들이며, 이러한 속성이 달라지면 다른 개체로 생각한다는 주장을 내세웠습니다. 그러나 겔먼을 위시한 많은 아동심리학자들은, 부모들의 예상보다 훨씬 어린 나이부터 아이들이 본질에 대한 감각을 지니고 있음을 입증합니다."[4]

본질주의는 세상을 단순한 공식으로 축소시키는 결정론적 경향이 농후하며 상대주의적 유연성·융통성이 없다. 일단 "이게 본질이다" 하는 판단이 서면 목숨을 걸고 그걸 고수하려고 든다. 물론 본질주의의 좋은 점도 있다. 본질이 없는 것에 본질이 있다고 보는 건 비극을 낳을 수 있지만, 본질이 있는 것에서 본질을 찾아내 집중할 경우 타의 추종을 불허하는 경쟁력을 가질 수 있다. 어떤 주제의 본질에 집중하는 건 꼭 필요하거니와 바람직하지만, 단순화의 오류를 범할 가능성은 늘 경계해야 한다는 것이다. 결정론적 주장이 가진 명암을 생각하면 될 것이다.

왜 '의회'라는 단어에 '식이요법'이란 뜻도 있는가?

●
diet

Diet는 "(덴마크, 스웨덴, 일본 등의) 의회"를 뜻한다. 이 뜻의 단어와 식이요법食餌療法이라는 뜻의 diet는 전혀 무관한가? 그렇지 않다. 둘은 일맥상통一脈相通한다. diet는 원래 그리스어 diaita에서 나온 말로 "생활방식way of living"이란 뜻이다. Diet는 국민의 일상적 삶에 관한 문제를 다루는 곳이라는 의미에서 붙은 이름이고, diet는 국민 개개인의 건강한 삶을 지키기 위한 방법이라는 의미에서 붙은 이름인 것이다.[5]

따라서 diet는 daily(매일), day(하루), diary(일기)와 사촌 단어이며, diet control을 줄여서 dieting이라고 표현하거나, Diet-Coke처럼 다른 단어 앞에 붙여 사용하기도 한다. dieting을 돕는 영양사나 영양학자를 dietitian 또는 nutritionist라고 하는데, 이 분야의 최초 인물은 1724년 『건강과 장수를 위하여An Essay of Health and Long Life』를 쓴 영국 의사 조지 체이니George Cheyne, 1671~1743다.

dieting을 유행시킨 주인공은 영국 장의사undertaker 윌리엄 밴팅William Banting, 1796~1878이다. 그가 1863년에 발표한

An Essay of Health
and Long Life

「비만 퇴치법Letter on Corpulence: Addressed to the Public」이란 팸플릿은 자신의 다이어트 성공 비법을 담은 것인데, 이게 폭발적인 인기를 누리면서 "Do you bant?(너 다이어트 하니?)"라는 말까지 생겨났다. "매일 자기에게 필요한 만큼의 음식량을 정해 두고 먹으면 식비 절약과 성인병 예방을 동시에 해결할 수 있다"는 내용은 담은 이 팸플릿은 오늘날까지도 발행되고 있다.[6]

그런데 한국에선 diet라는 단어가 오용誤用되고 있다. 원래 뜻은 '하루에 섭취하는 음식량'이나 '식습관'인데, 한국과 일본에서는 '살 빼는 식사'로 오용되고 있는 것이다. 영어에서 'I'm on a diet'는 '저는 식사를 가려서 하는 중'으로 살 뺀다는 의미는 아니다. 그래서 임귀열은 "영어는 분명 영어인데 그 내용을 보면 엉뚱하게 쓰이는 것, 이게 '가짜 영어false friends, pseudo-English'"라며 그 예로 diet를 지적한다.[7]

살을 빼기 위한 다이어트도 있지만, 정반대로 체중을 늘리기 위한 다이어트도 있고, 현 상태를 그대로 유지하기 위한 다이어트도 있다. 물론 살을 빼기 위한 다이어트가 가장 많은데, 여기엔 저지방 식사low-fat diets, 저탄수화물 식사low-carbohydrate diets, 저열량 식사low-calorie diets, 초저열량 식사very low calorie diets 등 4가지 유형이 있다.[8]

digital diet(디지털 다이어트)는 우리 삶에서 디지털 테크놀로지가 차지하는 지배력을 줄이기 위해 애쓰는 것을 말한다. 영국 미래학자 리처드 왓슨Richard Watson은 『퓨처마인드Future Minds: How the Digital Age is Changing Our Minds, Why This Matters and What We Can Do About It』(2010)에서 이렇게 말한다. "사람들은 매일 엄청난 양의 정보를 접하면서 정보의 노예가

돼가고 있는데 뇌를 적절히 비우는 디지털 다이어트를 통해 갖가지 정보로 꽉 막힌 두뇌를 청소하고 창의적이고 폭넓은 사고를 갖게 될 것이다." 예컨대 가끔 이메일도 보지 말고 휴대전화도 꺼두는 등 '축복받은 단절blessedly disconnected' 상태를 즐기며 지루함이 주는 혜택을 누리라는 것이다.[9]

political diet라는 말도 나올 법하다. 국민의 일상적 삶에 관한 문제를 다루라고 만들어진 국회가 자기들만의 '밥그릇 싸움'에 미쳐 돌아간다면, 결국 이를 교정할 수 있는 슬로건은 "일상으로 돌아가라"가 아닐까? 이런 요청을 political diet로 부른다고 해서 큰일 날 것 같진 않다.

왜 미국에 홍역 환자가
다시 나타났는가?

●
vaccine

vaccine(백신, 우두종)은 '암소
cow'를 뜻한 라틴어 'vacca'에서 유래한 말이다. 우두법을 발
견한 영국 의사 에드워드 제너Edward Jenner, 1749~1823가 1796년
최초의 천연두 백신을 우두牛痘, cowpox에서 뽑아내는 데에 성
공했기 때문이다. 우두는 소에서 뽑은 면역 물질을 말한다.
vaccinate는 "~에 천연두 예방접종을 하다", vaccination은
"백신 접종"이라는 뜻이다.[10]

anti-vaxxer는 anti-vaccinationist(백신 접종 반대주의
자)를 비하해서 부르는 속어俗語다.[11] 이런 단어가 필요할 만큼
미국에선 백신 접종 반대 운동이 만만치 않은 규모를 형성하
고 있어 뜨거운 논란을 불러일으키고 있다. 이른바 anti-
vaxxer ideology(백신 접종 반대 이데올로기)를 갖고 있는 사람
이 많다는 이야기다.

2000년, 미국은 홍역measles의 종말을 선언했다. 1963년
백신이 개발되기 전까지 미국에서 해마다 300~400만 명을 감
염시켜 그중 400~500명의 목숨을 앗아가던 이 전염병이 완전
히 퇴치된 것이다. 그런데 2014년 말 캘리포니아주 애너하임

에 있는 디즈니랜드에서 첫 홍역 환자가 발병한 이후 2015년 2월 15일 현재 미국 17개 주에 걸쳐 120명 이상의 홍역 환자가 발생했다. 홍역 백신만 맞으면 홍역은 100퍼센트 예방이 가능한 질병인데, 왜 이런 일이 벌어진 걸까?

과학적으로 아무런 근거가 없지만 홍역 백신이 자폐증autism 등을 유발하는 부작용을 일으킬 수 있다는 주장이 그동안 미국 내에서 끊이지 않았고, 그래서 일부 부모들이 자녀를 보호한다는 명목 하에 홍역 백신을 접종시키지 않았기 때문이다(미국의 홍역 예방접종률은 91퍼센트다).

홍역이 확산하면서 사회 구성원 다수가 면역 시스템을 갖추는 92~94퍼센트의 '집단 면역herd immunity'이 필요하며, 이를 위해 홍역 백신 접종을 의무화해야 한다는 이야기가 흘러나오자 크리스 크리스티Chris Christie, 1962~ 뉴저지 주지사와 랜드 폴Rand Paul, 1963~ 상원의원 등 공화당 대권 주자들이 홍역 백신 접종은 부모들의 자유의지로 결정해야 할 사안이라고 주장하고 나섰다.

반대로 민주당 유력 대권 후보인 힐러리 클린턴Hillary Clinton, 1947~ 전 국무부 장관은 트위터를 통해 "지구는 둥글다. 홍역 백신이 안전하다는 것도 마찬가지로 진실"이라며 백신 접종을 옹호하고 나섰다. 홍역 백신 접종을 놓고 공화·민주 유력 대권 주자들이 정면충돌하는 양상을 빚으면서 홍역 백신이 정치 이슈로 비화된 것이다. 백신 접종은 100퍼센트 안전하다는 점을 강조하는 의학계는 개인의 자유를 최고 가치로 여기는 자유지상주의자liberitarian 표심을 확보하기 위한 정치적 포퓰리즘을 중단하라고 요구했지만, anti-vaxxer ideology는 여전히 건재하다.

백신 접종 반대운동의 기원은 영국 의학자 앤드루 웨이크
필드Andrew Wakefield, 1957~가 홍역 · 볼거리 · 풍진 혼합 백신
MMR이 자폐증을 일으킬 수 있다는 연구 결과를 세계적 의학 학
술지 『랜싯The Lancet』에 발표한 1998년으로 거슬러 올라간다.
오랜 논란 끝에 이 논문은 2008년 영국 일반의학위원회의 특
별조사에 의해 조작된 논문으로 밝혀졌다. 논문은 취소되었고,
웨이크필드의 의사 면허도 박탈되었다. 그럼에도 지지자들은
웨이크필드가 제약업계와 결탁한 정부 · 과학계에서 탄압받는
양심적 지식인이라며 그를 떠받들며 생각을 바꾸지 않았다.

그런 추종자 가운데 가장 유력한 인물은 미국 여배우 제
니 매카시Jenny McCarthy, 1972~다. 2007년 자신의 아들이 MMR
백신을 맞은 뒤 자폐증에 걸렸다고 공개한 뒤 그녀는 『Louder
than Words: A Mother's Journey in Healing Autism』
(2007), 『Mother Warriors: A Nation of Parents Healing
Autism Against All Odds』(2008) 등의 책을 출간하고 활발한
인터뷰와 방송 출연 등을 통해 예방접종 거부 운동의 투사가
되었다. 두 번째 책은 국내에서도 2011년 『예방접종이 자폐를
부른다』는 제목의 책으로 번역 출간되었다.[12]

왜 백신이 자폐증을 일으킬 수 있다는 주장은 거짓임에도
그렇게 광범위하게 퍼진 걸까? 펜실베니아대학 와튼스쿨 마
케팅학 교수인 조나 버거Jonah Berger는 『컨테이저스: 전략적
입소문Contagious: Why Things Catch On』(2013)에서 그 이유를 실
용적 가치와 인간의 이타심에서 찾는다.

"사람들은 거짓 소문을 퍼뜨리는 줄도 모르고 유용하다
고 생각했기 때문에 지인들에게 빨리 알렸다. 그들의 자녀가
해를 입을까봐 걱정이 앞섰던 것이다.……사람들이 이런 정

보를 공유하는 이유를 명심해야 한다. 이는 타인을 도와주려는 인간의 기본 심리에서 비롯된다. 다른 이들이 시행착오를 줄이고 더 나은 결정을 내릴 수만 있다면 잠시 내 할 일을 미뤄두고서라도 조언과 도움을 주게 된다."[13]

매카시의 맹렬한 활동은 미국 저널리즘의 스캔들로까지 비화되었다. 의학 등 전문지식이 필요한 분야에서 판단을 내리는 대신, 양쪽의 견해를 소개하는 미국 언론의 '기계적 객관주의'가 도마 위에 오른 것이다. 다트머스대학 교수 브렌던 나이한Brendan Nyhan은 『컬럼비아저널리즘리뷰』 기고문에서 "저명 언론사조차 허무맹랑한 매카시의 믿음을 '세상에는 이런 사람도 있고, 저런 사람도 있다'는 식으로 안이하게 대처하고 있다"라고 꼬집었다. 이와 관련, 서수민은 다음과 같이 말한다.

"예방접종을 둘러싼 미국 언론의 관망적인 보도 양태는 현재까지도 이어지고 있다. 과학자들이 예방접종 관련 '논란'은 존재하지 않는다고 거듭 밝히는 상황에서도 '백신 논란, 정치 논란으로 불거져'라는 식의 보도가 여전히 계속되고 있다고 미디어 전문 라디오 프로그램 '온더미디어'가 최근 보도했다.……미접종 영유아들의 발병이 잇따르고 있다는 점에서 '잘못된 언론 보도는 호환마마보다 더 무섭다'는 것이 이번 사태의 교훈이다."[14]

언론에 '논란'은 밥과 다름없다. 논란이 있어야 장사가 된다. 그래서 결코 논란으로 볼 수 없거니와 논란으로 봐선 안 될 일도 논란이라며 크게, 지속적으로 보도하는 경향이 있다. 그런 경향은 상업주의적 탐욕과 더불어 판단과 책임을 회피하려는 보신주의에서 비롯되기도 한다. 그렇게 하지 말라는 비판이 언론에게 너무 큰 희생을 요구하는 걸까?

왜 땅콩은 멀쩡한 사람을
돌게 만드는가?

●
peanut syndrome

peanut(땅콩)은 생김새가 pea(완두)를 닮은 견과堅果, nut라고 해서 붙은 이름이다. 미국의 개척 시절엔 땅 속에서 나온다고 해서 ground-nut, ground-pea라고도 불렸으며, 영국에선 earth-nut이라고도 했다. 또 영국에선 동물원의 원숭이가 좋아한다고 해서 monkey-nut으로 불린 적도 있다. 그런데 peanut은 비유적으로 '하찮은 것, 푼돈, 시시한 사람'을 뜻한다. 남북전쟁 이전의 미국 남부에서 땅콩을 주로 가축 사료로 쓰고 배고픈 흑인 노예들이나 먹었기 때문이라고 한다. peanut gallery가 '(극장의) 제일 싼 자리, 최상층 맨 뒤의 좌석'을 뜻하는 것도 그런 의미의 연장선상에 있다고 볼 수 있겠다.[15]

땅콩을 그렇게 하찮게 봐도 괜찮은가? 반론이 만만치 않다. 미국 작가 채닝 폴록Channing Pollock, 1880~1946은 "No man in the world has more courage than the man who can stop after eating one peanut(땅콩 한 알을 먹은 뒤 멈출 수 있는 사람보다 용기 있는 사람은 없다)"이라고 했다. 또 미국 영화배우이자 감독인 오슨 웰스Orson Welles, 1915~1985는 "I hate television. I hate it as much as peanuts. But I can't stop eating peanuts(나는 텔레비전을 몹시 싫어한다. 땅콩만큼이나 몹시 싫어한다. 그럼에도 땅콩에 자꾸 손이 가는 건 어쩔 수 없다)"라고 했다.

누구든 공감할 수 있는 말이리라. 미국 심리학자 마틴 셀리그먼Martin Seligman은 그런 공감을 표현하기 위해 'salted-nut syndrome(짭짤한 땅콩 신드롬)'이란 말을 만들어냈다. 이는 곧 있을 식사의 식욕을 떨어뜨리는 지점을 넘어서까지 짭짤한 땅콩을 계속 먹어대는 것을 말한다. peanut syndrome이라고 해도 무방할 것 같다. 이와 관련, 로버트 프랭크Robert H. Frank는 『사치 열병: 과잉시대의 돈과 행복』(1999)에서 사치 열병을 자기통제의 문제와 연결하면서 다음과 같이 말한다.

"우리는 땅콩을 그만 먹어야 한다는 걸 안다. 그러나 언제나 그렇듯이, 그만 먹는 조치를 취하기 전에 몇 개의 땅콩을 더 집어먹기란 너무도 쉽다.……독특한 상품의 매력은 짭짤한 땅콩의 매력과 비슷하다. 둘 다, 그것을 좋아하는 사람들의 강력한 욕구에 불을 붙인다. 각각의 경우에 소비를 하지 않는 것이 더 나은 결과를 낳는다는 점은 명백할지 모르나 그 점을 아는 것만으로는 필요한 자제심을 불러내지 못한다."[16]

땅콩만 그렇게 사람을 사로잡는 게 아니다. 대부분의 견과nut가 다 그런 마력을 갖고 있는데, 2014년 12월 한국은 물론 전 세계를 떠들썩하게 만든 견과는 마카다미아macadamia였다. 이른바 '대한항공 땅콩 리턴 사건' 때문에 벌어진 일이다. 마카다미아라는 이름이 낯설어 언론이 그렇게 부른 것인데, 고소한 맛의 유혹으로 보자면 마카다미아가 땅콩보다 한 수 위다. 대한항공에서도 프레스티지 이상 좌석에서만 맛볼 수 있으며, 이코노미석은 일반 땅콩을 주는 게 그런 차이를 잘 말해준다 하겠다. 미국 언론들은 이 사건을 '너츠 사건Nuts Incident'으로 보도했다. 너츠nuts에는 '제정신이 아니다'라는 뜻도 있다.[17]

이 사건 이후 한국에선 마카다미아를 비롯한 견과류 판매가 크게 늘었다. 온라인 쇼핑몰 G마켓에 따르면, 이 사건이 알려진 12월 8일부터 9일까지 이틀간 마카다미아 관련 제품 판매가 전주 같은 기간(1~2일)보다 149퍼센트 증가했으며, 마카다미아를 비롯한 전체 견과류 매출도 같은 기간 대비 36퍼센트 정도 늘었다. 옥션에서도 8~9일 마카다미아 판매가 전주 대비 61퍼센트 늘었다. 온라인 쇼핑몰 관계자는 "겨울에 견과류 판매량이 갑자기 전주 대비 2배 이상 늘어나는 것은 이례적"이라고 말했다.[18]

2015년 6월 『한겨레』엔 「'땅콩'이 뭐길래…이번엔 미국 비행기 멈춰 세워」라는 기사가 실렸다. 한 남성 승객의 '땅콩 난동' 때문에 이탈리아 로마발 유나이티드항공 971편의 승객과 승무원 282명이 예정보다 하루 늦게 목적지인 미국 시카고에 도착했다는 이야기다. 문제의 남성은 이탈리아와 미국 국적의 제러마이아 매시스 시드(42)였다. 경찰은 시드가 이륙 직후 "땅콩 혹은 크래커"를 요구했다고 밝혔다. 승무원이 땅콩을 가져다주었으나 이후 그는 잇달아 "더 달라"고 요구했고, 상황은 점점 악화되었다. 결국 그의 '난동'에 기장은 북아일랜드 벨파스트공항 착륙을 결정했고, 그는 비행기 안전을 위협하고, 난동을 부린 혐의 등으로 체포되었다.[19]

땅콩이 멀쩡한 사람을 돌게 만들 수도 있다는 건 우리 인간에게 그만큼 취약한 점이 많다는 걸로 이해하는 게 옳지 않을까? "나는 결코 그렇지 않아!"라고 반론을 제기할 수도 있겠지만, 어떤 점이 취약한가 하는 점에서만 차이가 있을 뿐 누구에게나 약점은 있기 마련이다.

왜 '크레디트 크런치'는 전혀 해롭지 않은 말처럼 들리는가?

● **crunch**

crunch는 "우두둑 깨물다, 우지끈 부수다, 부서지는 소리", at one crunch는 '오도독 한 입 씹어서', the crunch of footsteps in the snow는 '눈을 밟는 저벅저벅 소리', when(if) it comes to the crunch(=when the crunch comes)는 "만일의 경우"란 뜻이다. crunch는 속어로 '계산 처리하다'는 뜻도 있는데, number cruncher는 "복잡한 계산을 하는 컴퓨터"라는 뜻으로 1966년부터 쓰인 말이다.

crunch는 '우두둑, 오도독, 우지끈' 등의 의성어 느낌을 살리는 용법으로도 쓰이는데, 그 대표적인 게 과자 이름과 복근 운동이다. 땅콩 등을 넣은 초콜릿을 크런치라고 부르는 건 땅콩을 오도독 씹는 느낌을 강조한 것이고, 윗몸일으키기와 비슷해 보이지만 상체를 바닥에서 완전히 들어 올리지 않는다는 차이점이 있는 크런치(복근 운동)는 뼈가 움직이는 소리가 날 정도로 상체의 강력한 수축을 강조하기 위한 것으로 볼 수 있겠다.

crunchiness는 '아삭아삭함, 바삭바삭함'이다. crispness (바삭바삭함, 상쾌함, 곱슬곱슬함)도 비슷한 뜻을 가진 단어지만,

crispness는 crunchiness에 비해 쉽게 잘 부서지는 느낌을 준다는 점에서 차이가 있다. 즉, crunchiness는 아삭아삭하긴 하지만 씹는 느낌을 오래준다는 것이다. 그 느낌을 과자의 포인트로 만들어 성공한 대표적 브랜드가 바로 1928년에 나온 네슬레 크런치Nestlé Crunch다. 1937년에 나와 지금까지 사용되는 광고 슬로건은 "Munch Now. Munch Some Later"다. munch는 '우적우적(아작아작) 먹다'는 뜻이다.[20]

crunch는 비유적으로 '위기, 급소, 긴요한 점'이라는 뜻으로도 쓰이는데, 이 용법을 유행시킨 사람은 영국 수상 윈스턴 처칠Winston Churchill, 1874~1965이다. 그는 1939년 스페인 사태에 대해 언급하면서 "European crunch(유럽의 위기)"에 대해 말했다. 오늘날 crunch는 economic crunch(경제적 위기), energy crunch(에너지 위기) 등과 같이 '위기'란 뜻으로 자주 쓰인다. crunch point(크런치 포인트)는 결정적인 순간에 바른 선택을 할 수 있도록 돕는 분명한 근거점을 말한다.[21]

2009년 미국에선 공식적인 실업률이 이전 10년의 2배인 약 10퍼센트에 다다랐다. 실제 실업률은 그보다 2배 이상이었으며, 결국 미국 경제는 공식적인 불황에 들어갔다. 이럴 때에 일어나는 것이 이른바 'credit crunch(신용 경색)'다. 전반적으로 소비자들의 신용이 좋지 않을 때는 대출 기준이 강화되고 돈을 빌려주는 측은 현금을 움켜쥐고 있게 된다.[22]

이와 관련, 미국 사회학자 로리 에시그Laurie Essig는 『유혹하는 플라스틱: 신용카드와 성형수술의 달콤한 거짓말American Plastic: Boob Jobs, Credit Cards, and the Quest for Perfection』(2010)에서 "불황이건 공황이건, 그것이 신용 경색credit crunch으로 인해 시작되었다는 데에는 모든 사람들의 의견이 일치했다"라며 다음과 같이 말한다.

"'크레딧 크런치'라는 용어는 전혀 해롭지 않은 말처럼 들리기도 한다. 무슨 초콜릿 과자 이름 같기도 하다. 하지만 실제로 그것은 수백만 명의 직업과 평생 저축, 집, 더 나은 삶에 대한 꿈을 앗아간 거대한 경제 붕괴를 가리킨다. 신용 경색은 은행업에 대한 규제 완화의 결과였다. 플라스틱 수술비를 제일 손쉬운 플라스틱 머니로 지불하게 한 것도 이런 규제 완화책 가운데 하나였다. 경제 불황이 닥치자 가장 곤란에 처한 사람들은 빚이 많은 사람들이었다."[23]

그렇다. credit crunch라고 하면 우선 당장 Nestlé Crunch나 그 밖의 다른 크런치 과자들이 떠오르니 어찌 그 심각성을 제대로 느낄 수 있겠는가. credit crunch에 빠진 사람은 패가망신은 물론 심지어 죽음으로까지 내몰리기도 하는데, 그런 상황을 오도독 소리가 나는 달콤한 초콜릿 과자를 가리키는 단어로 부른다는 건 좀 이상하지 않은가?

4,000만 아메리칸 들소는 어디로 갔는가?

buffalo

아메리칸 들소를 가리키는 버펄로buffalo는 과학적으로 올바른 이름은 아니다. American bison이라고 하는 게 맞다. buffalo는 아시아와 아프리카에 산다. 그런데 미국에선 bison(1774년부터 사용)이라는 단어 이전에 1625년경부터 buffalo라는 단어가 사용되어 오늘날까지도 많은 사람이 buffalo라고 하니 우리도 그냥 따를 수밖에 없을 것 같다. bison은 '소와 같은 동물'을 뜻하는 그리스어에서 나온 것이고, buffalo는 프랑스 모피 상인들이 쓴 '황소'라는 뜻의 bœuf라는 단어에서 나온 말이다.[24]

유럽인들이 처음 도착했을 때 북아메리카엔 4,000만 마리의 버펄로가 있었는데, 1830년대부터 고기와 가죽을 목적으로 하는 상업적 사냥이 시작되면서 1850년엔 2,000만 마리, 1865년엔 1,500만 마리로 줄었다. 남북전쟁(1861~1865)의 종전은 버펄로에겐 재앙이었다. 백인들이 인디언들의 양식인 버펄로를 제거함으로써 인디언 정책을 학살에서 굴복시키는 쪽으로 방향을 전환했기 때문이다.[25]

버펄로가 급감하자 인디언들은 생존을 위해 미국 정부의

식량에 의존하게 되었고, 끝내는 대평원Great Plains을 백인들에게 내주고 좁은 보호구역에서 연명하는 길을 걷게 된다. 그와 동시에 인간이 키우는 육우의 시대가 도래했다. 이에 때맞춰 1875년 뉴욕의 젊은 발명가 존 베이츠John I. Bates는 대형 팬에 의해 냉각된 공기를 순환시키는 방식으로 냉동실에 쇠고기를 보관하는 실험에 성공했다. 그해 영국에 10마리의 쇠고기를 보냈는데, 신선한 상태로 도착했다. 이후 육우 수출은 미국의 성장산업으로 비약적인 발전을 하게 된다.[26]

이제 버펄로는 순수 혈통은 찾기 어렵고 잡종의 형태로 수십만 마리가 사육되고 있다. 이 분야의 대표적인 목장주는 CNN 창설자인 테드 터너Ted Turner다. 그가 서부와 남부에 소유한 목장들의 총면적은 8,100제곱킬로미터로 한국의 전라북도(8,061제곱킬로미터) 크기다. 그는 이 목장들에서 잡종 버펄로 5만 마리를 키우면서, 이 고기를 사용하는 레스토랑 체인 테즈 몬태나 그릴Ted's Montana Grill을 운영하고 있다.

버펄로를 대량 학살했을망정 유럽의 백인 이주민들은 버펄로를 아메리카의 상징으로 여겨 지역이나 스포츠 팀의 기旗, 문장紋章, 로고, 마스코트 등으로 사용했다. 특히 버펄로가 많이 살던 대평원에 속한 캔자스, 오클라호마, 와이오밍 등은 버펄로를 주의 상징 동물로 여기며, 와이오밍은 버펄로를 주기州旗로 삼고 있다.[27]

버펄로를 지명으로 삼은 곳 가운데 가장 유명한 도시는 뉴욕주의 버펄로다. 버펄로의 인구는 26만 명(2010년 기준)으로 뉴욕주에선 뉴욕시 다음으로 많다. 버펄로시의 별명은 'The Nickel City'인데, 이는 1913년부터 1938년까지 유통된 5센트짜리 동전nickel에서 유래한 것이다. 이 동전엔 버펄로가 새겨져 buffalo nickel로 불렸다. 버펄로시의 다른 별명은 'City of Light(빛의 도시)'인데, 이는 20세기 초 버펄로시가 인접한 나이아가라폭포의 수력을 이용해 발전을 했기 때문에 붙은 이름이다.

버펄로시는 인근에 있는 버펄로강Buffalo Creek을 따서 지은 이름인데, Buffalo Creek는 옛날 이 지역에 버펄로가 많이 살았기 때문에 붙여진 이름이다. 이 지역을 드나들던 프랑스 모피 상인이 그 강을 보고 'Beau Fleuve(Beautiful River)'라고 한 데서 비롯된 이름이라는 설도 있다.[28] 매콤한 바비큐 소스barbecue source로 만든 닭 요리를 가리키는 'Buffalo wing'은 이 요리가 1964년 버펄로시에서 처음 생겨났기 때문에 붙은 이름이다.[29]

버펄로 윙은 소스를 입혀 튀겨낸 닭의 날개 부위인데, 다양한 종류의 소스가 사용되지만, 기본적인 버펄로 소스는 고추 소스, 흰 식초, 버터, 소금, 마늘 5종류만을 사용한다. 미국 남부에서는 이를 핫 윙hot wings이라고 부르며, 요리법에 따라 지역적 특색을 보인다. 버펄로 지역 주민들은 이 음식을 '버펄로 윙'이라고 부르지 않고 '치킨 윙chicken wings' 또는 그냥 '윙wings'이라고 부른다.[30] 국내에선 2014년 11월 패스트푸드 전문점 KFC가 매콤한 맛을 콘셉트로 한 새로운 치킨 스낵 '윙초이스'를 출시했다.

왜 사람들은 빈티지에
열광하는가?

●
vintage

vintage는 라틴어인 vinum
(=wine)과 demere(=take off)가 합쳐진 말로, 풍작의 해에 만들어진 명품 연호가 붙은 정선된 와인을 가리키는 말이다. 즉, 특정 해에 생산된 특정 와인을 지칭하는 단어인바, 와인 애호가들은 1982년이 '금세기 최고의 빈티지'라는 식으로 말한다. 2년 또는 그 이상에 걸친 해에 생산된 와인을 섞어 만든 일반적인 와인은 nonvintage wine이라고 하지만, vintage wine이라고 해서 특정 해에 만든 와인이 100퍼센트라는 뜻은 아니다. 그 기준은 나라마다 다른데, 유럽 · 미국 · 호주권에선 85퍼센트 이상, 칠레와 남아프리카공화국에선 75퍼센트 이상이면 vintage wine이라고 한다.

블라인드 테스트를 해보면 전문가들도 감별해내지 못한다는 이유로, vintage wine의 명성은 과장된 것이라는 지적도 있다. 하지만 명품이라는 게 어디 과학적일 필요가 있겠는가. vintage라는 말을 와인을 넘어서 다른 제품에도 'high-quality(고품질)'의 뜻으로 널리 사용하고 있는 것이 그런 현실을 잘 말해준다.

Vintage clothing, vintage dress 등은 '알아주는 의류'의 뜻으로 통하고, 결혼 예물 업체들은 'vintage rings', 'vintage wedding dresses' 같은 용어로 언어적 치장을 한다. 임귀열은 "오늘날의 사람들은 오래되고 평판 좋은 것이라면 시계, 핸드백, 가구, 책, 오디오, 자동차, 옷, 악기 등을 가리지 않고 vintage란 단어를 사용한다. 그러나 vintage wine처럼 그 연도를 언급해줘야 정확한 표현이 된다"라며 다음과 같이 말한다.

" 'My car is vintage 2001.' 'He has a car of vintage 1911.' 'My computer is vintage 1989.' 'This WWII item is vintage 1942.'처럼 말이다. 사실 vintage fashion, vintage look이 '헌 옷 패션' 그 이상도 이하도 아님에도 불구하고 현대의 fashion업계에서 유행어buzzword처럼 남용되고 있다. 게다가 vintage 문화가 일본을 통해 유입되면서 본래의 vintage 개념과도 다르게 쓰이곤 한다. 영어 단어가 그들만의 용어로 퇴색된 것이다."[31]

엘리자베스 L. 클라인Elizabeth L. Cline은 『나는 왜 패스트 패션에 열광했는가: 어느 쇼퍼홀릭의 무분별한 쇼핑 탈출기』(2012)에서 "헌옷의 가치가 떨어짐에 따라 직물 등급 분류업체는 폐기물 흐름에 소량으로 들어오는 잘 관리된 빈티지 의류에 의존하게 되었다.……수요가 증가함에 따라 빈티지는 점점 더 구하기 어렵고 비싸지고 있다"라며 다음과 같이 말한다.

"직물 등급 분류업체는 그들이 처리하는 다른 옷의 가치하락을 메우기 위해 빈티지 의류 가격을 올리고 있다. 빈티지 의류는 디자이너 의류처럼 부자들의 오락거리가 될 위험에 처해 있다. 평균적인 소비자는 잘 만들어진 중고 옷을 가지기가 점점 더 힘들어지고 있기 때문이다.……빈티지의 매력은 향수와 희귀함이지만, 의류산업 전성기 시절의 물건을 소유하는 것이 매력적인 또 다른 이유는 요즘에는 더이상 옛날처럼 옷을 만들지 않기 때문이다. 체인점의 대량 패션이 판을 치기 전에 만들어진 옷들은 만듦새가 더 훌륭하고 독특해 보이며, 많은 경우에 실제로 그렇다."[32]

　빈티지의 인기를 높여준 복고 열풍과 관련, 사이먼 레이놀즈Simon Reynolds는 『레트로 마니아: 과거에 중독된 대중문화 Retromania: Pop Culture's Addiction to Its Own Past』(2011)에서 "롱테일 이론의 흥미로운 함의는, 뉴미디어 환경 덕분에 힘의 균형이 최신 문화에 불리하고 과거에 유리한 쪽으로도 기울었다는 점이다"라고 말한다. "롱테일의 핵심 명제는 인터넷이 '물리적 공간의 압제'를 타도했다는 것이다.……상품 진열 공간이 온라인화하거나 가상화하면, 팔리지도 않는 옛 상품을 폐기해 신품 진열 공간을 마련할 필요도 전혀 없어진다."[33]

　빈티지는 인테리어 분야에선 어제 지었지만 마치 몇 십년은 된 듯 오래된 느낌을 자아내는 디자인 양식을 뜻한다. 서울 홍대 앞에서는 일본식 목조 건물 느낌의 이자카야(술 종류와 그에 따른 간단한 요리를 제공하는 일본 음식점)나 우리나라의 1970~1980년대식 분위기를 풍기는 카페나 술집 등을 자주 볼 수 있는데 이런 디자인을 홍대 앞에서 처음 주도한 이는 '디자인 그룹 피플'의 김석 대표다. 그는 "빈티지 디자인 기법이 아무리 발달한다고 해도 실제 세월의 손때가 묻은 자재의 힘을 따라갈 수 없다"며 "'진짜' 빈티지 자재와 소품에 새것을 섞어 오래된 것에 어울리도록 하는 것이 자연스럽다"라고 말했다.[34]

일본 작가 다니자키 준이치로谷崎潤一郞, 1886~1965는 "The older we get the more we seem to think that everything was better in the past(나이가 먹을수록 과거가 더 좋았다고 생각하는 경향이 있다)"라고 했지만, 미래 못지않게 과거에 애틋한 느낌을 갖는 건 나이를 초월한 우리 인간의 영원한 속성이 아닐까?

왜 옷을 바꿔 입는
사람이 많은가?
●
clothing swap

swap horses in midstream은
"중요한 순간에 지도자를 바꾸다"라는 뜻이다. 미국 제16대
대통령 에이브러햄 링컨Abraham Lincoln, 1809~1865은 남북전쟁
(1861~1865) 중에 치러진 1864년의 대선에서 시종일관 "강을
건너는 중에는 말을 갈아탈 수 없다It is best not to swap horses
while crossing the river"라고 주장함으로써 재선에 성공했다. 이
말이 유명해져 말을 갈아타는 게 지도자를 바꾼다는 의미로까
지 쓰이게 되었고, 아예 속담이나 격언 비슷한 위치로까지 격
상되었다. Don't change(swap) horses in mid-stream=
Never swap horses crossing a stream(강을 건널 땐 말을 갈아
타지 마라. 중도에 말을 갈아타지 마라. 중요한 순간엔 지도자를 바꾸
는 게 아니다). 이 속담처럼 이 표현은 늘 부정형으로 쓰인다.[35]

이 용법이 잘 말해주듯이, swap는 '교환하다, 바꾸다'는
뜻으로 많이 쓰이는 말이다. 경제 분야에선 기업의 M&A 과정
에서 인수기업이 자사 주식을 대가로 피인수기업 주식을 취득
하는 것을 스와핑swapping이라고 한다. 미국의 세법에서는 인
수기업 주식을 갖고 피인수기업 주식을 인수할 경우 피인수기

It is best not to swap horses while
crossing the river

업 주주들은 인수 거래 당시에는 과세 대상에서 제외되는데 이를 비과세 주식교환Tax-Free Exchange에 의한 기업 인수라고 한다. 국내 상법에서는 주식이 자사의 자본금으로 전환될 수 없기 때문에 사실상 스와핑이 인정되지 않고 있다.[36]

오랫동안 스와핑의 대표적인 품목은 책이었다. 읽은 책을 다른 사람과 교환하는 걸 book swapping 또는 book exchange라고 한다. 많은 유스호스텔youth hostels은 여행객들이 보던 책을 교환해볼 수 있는 서고를 마련해놓고 있으며, 많은 대학이 학생들의 비용 절감을 위해 온라인 책 교환 프로그램을 운영하고 있다.[37]

swap meet는 '(특히 미국) 중고품 시장, (소장품 등의) 교환 모임', a swap meet for collectors of Star Trek memorabilia는 '스타 트렉 기념품 수집가의 교환 모임'이란 뜻이다. 바꾸는 걸 좋아하는 사람들은 다른 사람과 옷, 신발, 액세서리 등을 바꿔 입는 것도 즐기는데, 이를 swishing이라고도 한다. 파티를 열어 그런 교환을 하는 걸 swishing party, 이런 파티를 주관하는 사람을 swishing host라고 한다. 자선이나 기부의 목적으로 행사를 열기도 한다.[38]

미국에선 옷 바꿔 입기clothing swap 행사가 전국적으로 자주 열리는데, 가장 성공적인 행사로는 400명이 넘는 사람들이 참여했던 보스턴의 '스와프홀릭The Swapholics'을 들 수 있다. 이에 대해 『USA투데이』는 2010년 4월 26일 이렇게 말했다. "본인과 아이들과 남편을 위해 새로운 옷을 마련하려는 여성들이 쇼핑 대신 옷을 바꿔 입는 경우가 점점 더 늘어나고 있다. 친구들이 집에 모여 쓸 만한 보물(과 잡담)을 교환하거나 온라인 교환 사이트나 행사를 통해 만난 낯선 사람들끼리 옷을 바꿔 입는다."[39]

이 기사는 여성들이 오늘날 쇼핑 환경에서 거의 느낄 수
없는 인간관계와 사회적 이익 때문에 옷 바꿔 입기에 끌리고
있다고 말했다. 하긴 그렇다. 누군가와 옷을 바꿔 입었을 때,
내가 입은 옷의 전 주인에 대해 그 어떤 정서적 유대감을 어찌
갖지 않을 수 있으랴.

교환의 최후 성역에
도전하고 싶었던 걸까?

●
partner swapping

교환이나 바꾸기의 최후 성역에
도전하고 싶었던 걸까? 서구사회에선 1950년대부터 부부 맞
교환 성행위가 등장했는데, 이걸 스와핑swapping이라고 한다.
wife swapping 또는 partner swapping을 줄인 말이다. 스
와핑은 원래는 일정 기간 배우자를 바꾸어 사는 것을 의미하
는데, 엄밀하게 말하자면 지금 문제가 되는 건 스윙잉swinging
이다. 스윙잉은 마치 원숭이들이 이 나뭇가지에서 저 나뭇가
지로 옮겨 다니듯, 이 침대에서 저 침대로 돌아다니는 별난 사
람들을 야유하는 뜻으로 쓰이기 시작했다.

스윙잉은 오랜 역사를 자랑하지만, 미국에서 20세기 스
윙잉은 제2차 세계대전 기간 강한 인적 결속력을 가진 공군
조종사 가족들 사이에서 시작되었다. 전사했거나 해외 주둔을
하는 조종사의 아내를 미국에 있는 조종사들이 돌보는 가운데
그런 문화가 생겨났다는 것이다. 스윙잉은 6·25전쟁 후엔 군
을 넘어 교외 지역으로 파급되었으며, 1960년대에 피임약과
성병 치료제의 발달과 더불어 만개한 '성 혁명sexual revolution'
을 거치면서 널리 확산되었다.

미국에선 스윙잉을 하는 사람을 swinger라고 하며, swinger들이 모이는 swinger club이 많이 있다. 킨제이연구소의 2005년 조사에 따르면, swinger는 북미 지역 부부의 2~4퍼센트로 총 400만 명에 이르는 것으로 밝혀졌다. 2011년 기준으로 약 1,500만 명의 미국인이 정기적으로 스윙잉을 한다는 주장도 있다. 스윙잉을 혐오하는 사람들은 '말세'라며 개탄하지만, swinger들은 스윙잉을 '라이프스타일' 또는 '대안적 라이프스타일alternative lifestyle'일 뿐이라고 주장하며, 스윙잉의 가장 좋은 점으로 성적 만족과 더불어 배우자를 속일 필요가 없다는 점을 든다.[40]

한국에선 스와핑이라는 말이 쓰이고 있는데, 2000년대 들어 스와핑이 유행하면서 텔레비전 아침 프로그램에서까지 상세히 다룰 정도가 되었다. 2003년 10월 16일 MBC의 〈아주 특별한 아침〉은 방송 서두에 남성 진행자가 "오늘은 신선한 뉴스를 전달하게 되었다"고 밝힌 가운데 스와핑 관련 보도를 3개 코너에 걸쳐 30여 분간 방송하기도 했다.[41]

스와핑을 촉진한 건 단연 인터넷이다. 2005년 3월 부산 강서경찰서는 인터넷에 음란사이트를 개설해 스와핑을 주선한 유 모 씨를 정보통신망 이용 촉진 및 정보보호 등에 관한 법률 위반 혐의로 구속했는데, 유 모 씨는 경찰에서 "광고도 하지 않았는데 입소문을 통해 가입한 회원이 5,000명을 넘었고 회원들이 자발적으로 1,000여 건의 나체 사진과 스와핑 동영상을 올렸습니다"라고 진술했다. 1년간 이루어진 성관계만 400여 건이었으며, 3년 전에도 6,000명의 '스와핑' 행위가 적발된 바 있었다.

이와 관련, 『세계일보』 사설은 "스와핑이 성매매와는 다

르고 부부간 합의하에 이뤄진 행위라는 이유로 아무런 법적
제재도 받지 않는다고 하니 이게 도대체 무슨 소린가"라면서
다음과 같이 주장했다.

"가정의 화목이 배우자에 대한 순결의무 이행에서 출발
함은 삼척동자도 알 일인데, 미풍양속을 해치고 전통적인 가
족관마저 무너뜨리는 성도착증을 개인의 사생활로 치부해 보
호할 수는 없는 일이다. 따라서 법률 체계가 미비하다면 이를
정비해 처벌함으로써 '스와핑'이 독버섯처럼 번지는 것을 막
아야 한다. 특히 여성들은 남편의 강요에 의해 끌려가는 경우
가 많다고 하는데, 그렇다면 이는 인권 차원에서도 방치할 수
는 없지 않은가."

반면 네티즌들은 "나는 스와핑한 사람들에게 돌을 던지
고 싶지만 그들이 스와핑했다는 이유만으로 형사처벌 된다면
사법당국을 향해 또다시 돌을 던지겠다"는 의견이 우세했다.
도덕의 문제일 뿐 법의 문제는 아니라는 것이다.[42]

이제 스와핑은 스마트폰 채팅 애플리케이션을 통해 손쉽
게 이루어지는 지경에 이르렀다. 2015년 5월 서울지방경찰청
광역수사대는 신 모(41) 씨와 김 모(27·여) 부부 등 9명을 구속
하고 18명을 불구속 입건했는데, 이들 중 신 씨 부부 등 21명
은 채팅앱 '즐톡' 등을 통해 만나 적게는 4명, 많게는 8명이 서
울 강남 등지의 모텔에 모여 필로폰을 투약하고 상대를 바꿔
가며 성관계를 한 혐의였다.[43]

인류 역사상 새로운 매체가 출현할 때마다 그 매체의 성
장에 결정적인 역할을 한 것도 늘 '섹스'와 '음란'이었다. 인간
의 억누르기 어려운 본능과 호기심 때문이다. 인터넷·모바일
음란도 그런 관점에서 볼 수도 있겠지만, 인터넷·모바일은

이전의 모든 매체와는 다르다는 주장도 있다. "원래 그런 법이야" 하고 가볍게 넘어가선 안 될 정도로 그 접근성 · 영향력 · 파괴력이 이전의 매체들과는 차원을 달리 한다는 것이다. 심각하게 토론해볼 주제라 하겠다.

왜 '평온을 비는 기도'가 인기를 누리는가?

◉
serenity

serene은 "고요한, 평화로운, 조용한, 침착한"이란 뜻이다. 2013년 7월 1일 한국 여자 골프 선수 박인비가 제68회 유에스여자오픈에서 우승함으로써 메이저 대회 3연승의 '괴력'을 발휘하자, 『월스트리트저널』은 박인비를 가리켜 '평온의 골프여왕Golf's Queen of Serene'이라고 했다.[44] 골프 전문매체 『골프다이제스트』는 "어떤 상황에도 흔들리지 않는 한결같은 퍼트로 자신이 '심장 멎은 사람' 같다는 걸 증명했다"라고 말했다.[45]

serene은 이탈리아어 sereno에서, sereno는 'bright, clear'란 뜻을 가진 라틴어 serenus에서 나온 말이다. serene은 serenade(세레나데)와 같은 족보를 갖고 있다. 세레나데는 오늘날 '저녁 음악'이라는 뜻으로 쓰이지만, 어원상으론 '저녁'과 아무런 관계가 없다.[46]

serene의 명사형인 serenity는 "(하늘·기후 등의) 고요함, 맑음, 화창함, 청명, (마음·생활의) 평온, 평정, 침착"을 뜻한다. "Serenity Prayer(평온을 비는 기도)"는 미국 신학자이자 정치학자인 라인홀드 니부어Reinhold Niebuhr, 1892~1971의 유명한 기도문이다. 그 내용은 다음과 같다.

God, grant me the serenity to accept the things I cannot change, the courage to change the things I can change, and the wisdom to know the difference(신이시여, 제가 바꿀 수 없는 것을 받아들일 수 있는 평온함을, 제가 바꿀 수 있는 것들을 바꾸는 용기를, 그리고 그 둘의 차이를 알 수 있는 지혜를 제게 주시옵소서).

이 기도문은 교회에서 주최하는 벼룩시장의 머그잔, 포스터, 손뜨개 모자에 자주 새겨지며, 알코올 중독자 모임에서 곧잘 낭송되기도 한다. 이 기도문이 인기를 누리는 이유에 대해 미국 경제학자 토드 부크홀츠Todd G. Buchholz는 다음과 같이 말한다.

"인간은 무력한 상태에서 태어나지만 아기에게서 볼 수 있듯 곧 통제광이 된다. 그리고 남은 인생에서 통제 권력을 취할지 놓을지를 결정하며 보낸다. 우리는 통제력을 취사선택해야 할 때 신중한 결정을 내릴 수 있는 사람을 두고 적응력이 뛰어나다고 말한다."[47]

이 기도문과 관련, 필 로젠츠바이크Phil Rosenzweig는 『올바른 결정은 어떻게 하는가: 모두를 살리는 선택의 비밀Left Brain, Right Stuff: How Leaders Make Winning Decisions』(2014)에서 다음과 같이 말한다.

"우리가 바꿀 수 없는 것을 변화시키려고 애써봐야 좌절하게 되고 스트레스만 쌓일 뿐이다. 반대로 우리의 힘으로 바꿀 수 있는 것을 변화시키지 않는다면 체념과 무력감에 빠지게 된다. 이 차이를 안다는 것은 지혜롭다는 증거다. 통제력을 발휘할 방법이 없을 경우 최선의 접근법은 냉철하고 객관적인 판단이다. 보편적인 편향을 알아차리고 사전에 피하는 것이 현명한 대처법이다. 하지만 우리가 무언가 할 수 있을 때, 즉 우리가 결과에 영향을 미칠 수 있을 때 긍정적인 사고는 매우 유용하다."[48]

보수와 진보의 차이는 바꿀 수 있느냐 없느냐 하는 걸 평가하는 차이에서 비롯되는 게 아닐까? 보수는 바꿀 수도 있는 것을 바꿀 수 없다고 생각하기 십상이고, 진보는 바꾸기 어려운 것을 바꿀 수 있다고 확신하기 십상이다. '평온을 비는 기도'는 그 간극을 줄여나가는 데에 어떤 도움이 될 수 있을까?

스포츠 · 게임 · 여가

왜 테니스 경기에서
0점을 '러브'라고 할까?

●
love

love엔 "0점, 무득점"이란 뜻도 있다. 테니스 경기에서만 쓰는 말이다. 우선 테니스의 점수 체계부터 살펴보자. 한 경기match는 3 또는 5세트set, 한 세트는 게임game들, 게임들은 점수로 이루어진다. 한 세트에선 상대가 5게임을 얻기 전에 먼저 6게임을 얻어내는 쪽이 승리한다. 양쪽 모두 5게임을 따내 5대 5를 이루었을 때는 먼저 7게임을 따내는 쪽이 그 세트의 승자가 되며, 다시 6대 6으로 동률이 되었을 경우에는 타이브레이크tie-break로 세트의 승자를 가린다. 타이브레이크는 먼저 7점을 따내야 하며, 6대 6으로 동률이 되었을 경우에는 상대와의 점수 차가 2점이 날 때까지 계속한다.

게임에선 0점을 러브love, 1점을 피프틴fifteen, 2점을 서티thirty, 3점을 포티forty라고 하며, 4점을 먼저 얻어내는 쪽이 이긴다. 양쪽 모두 3점을 같이 얻으면 듀스deuce가 되며, 듀스 이후에 1점을 득점하면 어드밴티지advantage라 부른다. 어드밴티지에서 다시 같은 선수가 연속으로 1점을 더 얻으면 그 게임의 승자가 되고, 반대의 경우 다시 듀스가 된다. 주심은 경기

종료 시 "게임, 세트, 매치Game, set, match"라고 말한 후 승리한 선수 또는 팀의 이름을 부른 뒤, 최종 점수를 읽는 것으로 경기 종료를 선언한다. 이때 점수는 "6-2, 6-4, 6-0, 7-5"와 같이 항상 승자의 점수를 먼저 읽는다.[1]

1점을 피프틴fifteen, 2점을 서티thirty, 3점을 포티forty라고 부르게 된 데엔 경기장에서 사용되던 시계 자판을 기준으로 했기 때문이라는 설이 유력하다. 그래서 처음엔 시계 자판에 따라 15, 30, 45였으나, '듀스' 개념이 도입되면서 상한선인 60 이내에서 끝내야 할 필요성 때문에 45를 40으로 바꾸게 되었다는 것이다.

그런데 왜 하필 0점을 '러브'라고 했을까? 테니스의 원조 국가인 영국에 이어 테니스를 발전시킨 프랑스에서 테니스 경기의 점수판에 쓰인 0은 달걀처럼 보여 '달걀'이라 불렸다. 달걀은 프랑스어로 l'oeuf. 테니스 경기가 미국에 수입되었을 때 미국인들은 프랑스의 모든 방식을 따라서 했던바, l'oeuf가 love로 변한 것이다. 그리고 미국의 힘 덕분에 이게 세계 표준이 되었다는 이야기다.[2]

조승연은 또 다른 설을 제시한다. "0점으로 지고 있는 사람은 이기든 지든 상관하지 않고 단지 테니스를 사랑하는 마음 자체만으로 경기에 임한다고 믿었기 때문이다. 또 아마추어는 0점을 받아도 된다는 의미가 담겨 있기도 하다."[3] 제3의 설은 게임이 시작되기 전, 즉 두 선수의 점수가 0-0일 경우엔 아직 서로 사랑하는 마음이 있다는 데서 유래되었다는 것이다.[4] 이 세 번째 설이 가장 흥미롭다. 미움과 증오는 평등의 붕괴에서부터 시작되는 것이니까 말이다.

왜 '볼파크 피겨'가
'대강의 어림'이란 뜻이 되었나?

ballpark figure

미국인들에게 야구는 국민 스포츠와 같아서 야구와 관련된 수많은 표현이 미국인들의 일상 언어에 파고들었고, 이는 다른 영어권 국가들로 수출되었다. 이 점을 이해한다면, a ballpark figure가 "대강의 어림"을 뜻하는 건 당연한 일인지도 모르겠다.

1968년 『시애틀타임스The Seattle Times』에 최초로 등장한 ballpark figure는 미국 야구장ball park에서 관중의 수를 대략 추산하던 관행에서 비롯된 말이다. 구단주는 늘 관중이 많은 것처럼 보이길 원했기 때문에 팔린 표의 수를 공개하질 않았다. 그래서 언론이나 관중은 대략 추산할 수밖에 없었다. in(within) the (right) ball park는 "(질·양 정도가) 허용 범위인, 대체로 타당한, 대체로 맞는", in the ball park of $100은 "약 100달러의"란 뜻이다.

Can anyone give me a ballpark figure on what this is worth off-hand(즉석에서 이것의 가치를 대략 제시해줄 수 있는 사람이 있나요)? Can you give me a ballpark figure on the repair costs(수리비가 대충 얼마입니까)? He said the government will have a ballpark figure after it completes getting applications from victims at the end of June(그는 정부가 6월 말까지 피해자 신고 접수를 완료하고 나면 대강의 규모를 파악할 수 있을 것이라고 말했다). The spoiled boy gave his parents a ballpark figure for how much his birthday presents should cost(그 버릇없는 소년은 부모에게 자신의 생일에 받아야 할 선물의 액수를 대강 제시했다).[5]

ballpark figure와 비슷한 말로는 back-of-the-envelope calculation, order-of-magnitude estimate 등이 있다. back-of-the-envelope는 "간단히 계산한, 힘들이지 않고 생각해낸, 대강 정리한"이란 뜻이다. 봉투 뒷장에 메모하거나 계산을 하는 데서 유래된 말이다. order of magnitude는 '자릿수, 어떤 수치數値에서 그 10배까지의 범위'란 뜻이다.

Do some back-of-the-envelope calculations before all the facts come in(모든 자료가 다 들어오기 전에 어림 계산을 해봐). We have a kind of back-of-the-envelope idea, but no hard scientific facts(우리에게는 대강 정리한 추측 같은 것은 있으나, 엄밀한 과학적 사실은 파악하고 있지 않다).[6]

The actual measurement is two orders of magnitude greater than we expected(실제 측정 결과는 우리가 예상했던 것보다 두 자릿수[100배]가 컸다). Their estate is larger than ours by two orders of magnitude(그들의 토지는 우리 것에 비해 두 자리만큼 크다[100배나 된다]). The problem is of the same order of magnitude for all concerned(그 문제는 관련된 모든 사람에게 똑같다).[7]

승마의 '캔터'와
영국의 '캔터베리'는 무슨 관계인가?

●
canter

canter(캔터)는 승마 또는 경마 용어로, 말이 워밍업 등을 위해 시속 16~27킬로미터로 가볍게 천천히 달리는 것을 말한다. 경주마의 보조는 빠른 걸음부터 갤럽gallop, 캔터canter, 트롯trot, 앰블amble, 워크walk의 순으로 나뉜다. lope는 canter의 변형으로 canter보다 조금 느린 시속 13~19킬로미터의 속도다.[8]

캔터는 캔터베리Canterbury에서 나온 말이다. 캔터베리는 잉글랜드 켄트Kent주의 도시로 영국 국교國敎 총본산의 소재지다. 순례자들이 캔터베리에 있는 토머스 베켓Thomas Becket, 1118~1170의 무덤을 참배할 때의 속도라는 뜻에서 나온 말이다. 주로 여름에 참배를 한 순례자들은 따뜻한 햇볕을 즐기면서 말을 천천히 몰았다고 한다. 처음엔 canterbury gallop이었으나, 17세기에 canterbury, 18세기에 canter로 줄었다.

베켓은 1162년부터 헨리 2세Henry II의 왕명에 저항했다가 살해당한 1170년까지 캔터베리 대주교를 지낸 성직자로, 로마 교황 알렉산더 3세Pope Alexander III, 1100~1181에 의해 성인이자 순교자Saint and Martyr로 인정되었다.[9]

We trotted for a while,
then began to canter and
finally galloped at full speed

'영국 문학의 아버지'로 불리는 제프리 초서Geoffrey Chaucer, 1343~1400의 『캔터베리 이야기The Canterbury Tales』(1386)는 런던 템스 강변의 타바드 여관에서 출발한 순례자들이 자신의 이야기를 들려주면서 캔터베리를 향해 가는 이야기다. 영국 문학사를 공부하는 학생들은 대개 세기 초의 역사 이야기에 진력을 내지만, 『캔터베리 이야기』가 나오면 귀를 쫑긋 세우며 재미를 느낀다고 한다.[10]

널리 인정을 받진 못하고 있지만, 1782년에 사망한 영국 기수equestrian 리처드 베린저Richard Berenger는 『승마술의 역사와 기술The History and Art of Horsemanship』이라는 책에서 전혀 다른 설을 제기했다. 그는 차분한 성질을 가진 것으로 알려진, 거세된 수말gelding을 가리키는 라틴어 cantherius가 canter의 어원이라고 주장했다.[11]

win at(in) a canter는 "(경주에서 말이) 낙승樂勝하다"라는 뜻이다. 경주에서 결승점을 통과한 말이 canter의 느린 속도로 여유를 부리는 데서 유래한 말이다. a preliminary canter는 "(말의) 구보 연습, (일반적) 연습"을 뜻한다. We trotted for a while, then began to canter and finally galloped at full speed(우리는 잠시 속보로 걷다가, 구보로 달리고, 마지막에는 전속력으로 질주했다).[12]

긴장에 짓눌리면
무슨 일이 일어나는가?

●
choke

choke는 "숨이 막히다, 질식시키다, 목을 조르다, (감정에 겨워 목이나 목소리가) 메다, 잠기다, 메이게(잠기게) 하다, (통로·공간 등을) 막다(채우다), (긴장하거나 해서) 망치다(실패하다)"라는 뜻이다. choke point는 '교통 병목 지점, 애로, 요충', choke on the rice는 '밥이 목에 메다', choke down a yawn은 '하품을 참다', choke back one's passion은 '격정을 억누르다', choke down one's rage는 '분노를 꾹 참다', choke off opposition은 '반대를 억압하다', choke down tears는 '눈물을 머금다', choke with emotion은 '감정이 북받쳐 목이 메다', enough to choke a horse는 '방대하게, 방대한 양'이란 뜻이다.

He was choking on a piece of toast(그는 토스트 한 조각이 목에 걸려 숨을 쉬지 못하고 있었다). She almost choked to death in the thick fumes(그녀는 짙은 연기에 거의 질식해 죽을 뻔했다). He may have been choked or poisoned(그는 목이 졸렸거나 독살되었을 수 있다). His voice was choking with rage(그는 격분해서 목소리가 제대로 나오지 않았다). The pond

160

was choked with rotten leaves(그 연못에는 썩은 나뭇잎이 잔뜩 차 있었다). The roads are choked up with traffic(도로마다 차량들로 꽉 막혀 있다).[13]

We certainly most not stop eating for fear of choking(질식의 두려움 때문에 밥을 안 먹을 수는 없다). 중국 공산당 기관지 『런민일보人民日報』가 민주화를 요구한 1989년 톈안먼天安門 사태와 관련 자유 시장 개혁은 계속되어야 한다며 내세운 주장이다.[14]

레슬링이나 이종격투기에서 목 조르기를 choking(초킹)이라고 하는데, 이는 미국에서 이른바 '익스트림 스포츠 extreme sports'의 한 장르로 인기를 누리고 있다. 초킹 동영상을 찍기 위해 젊은이들은 기절할 때까지 서로의 목을 조르며, 그러다 목숨을 잃는 일이 발생하기도 한다.[15]

choke situation(초크 상황)은 야구경기 중 숨이 막힐 듯 긴장이 고조된 상황으로, 초킹 상황choking situation이라고도 한다. 중대 상황에서 좋은 능력을 보이는 클러치 히터clutch hitter와는 반대로 스스로 긴장에 짓눌려 자멸하는 선수를 가리켜 초크 히터choke hitter라고 한다. 마이크 스태들러Mike Stadler는 "초킹 상황을 일으키는 순간적인 과실은 어쩌다가 한 번 일어나지만, 가장 최악의 순간에 발생하기도 한다. 즉 경기 후반부나 시즌 후반부 심지어 월드시리즈 막판에 초킹이 일어난다"라고 말한다.[16]

일부 스포츠 선수들은 초킹 증상을 완화시켜주는 약물을 복용하기도 한다. 예컨대, 베타 차단제를 복용하면 손 떨림이 줄고 목소리가 떨리지 않으며 불안을 겉으로 드러낼 가능성이 줄어든다. 양궁이나 권총사격 같은 스포츠에서는 스트레스가

심한 경쟁 상황에서 이런 약물을 통해 이득을 얻을 수 있기 때
문에 베타 차단제 사용이 금지되어 있지만, 음악계에서는 허
용되고 있다.[17] 직업적으로 늘 많은 대중을 상대해야 하는 정
치인이 일반인들에 비해 비교적 뻔뻔한 것은 초킹에서 벗어나
기 위한 자구책인지도 모르겠다.

미국 대학생들이 가장 좋아하는 음주 게임은 무엇인가?

●
beer pong

beer pong(비어퐁)은 맥주**beer**와 탁구**ping pong**의 합성어로 탁구대 가장자리 양쪽에 맥주가 담긴 컵을 올려놓은 뒤 상대편 컵에 탁구공을 던져 들어가면 상대가 술을 마시는 벌칙 게임이다. 1950년대에 미국 다트머스대학**Dartmouth College**에서 시작된 것으로 추정되는 비어퐁은 미국 대학가에서 선풍적인 인기를 끌었다. 일명 베이루트**Beirut**라고 하는데 그런 별명이 생긴 이유는 아무도 모른다. 다만 레바논 내전이 치열하던 때에 붙은 별명이라는 설만 있을 뿐이다.[18]

술은 먹기 싫지만 술에 취한 분위기는 좋은 걸까? 그래서 게임의 형식을 빌려 술을 마시려는 걸까? 비어퐁은 오늘날 미국 대학생들이 가장 좋아하는 음주 게임으로 등극했으며, 전 세계로 퍼져 나가 적잖은 인기를 누리고 있다.

미국 아마존닷컴**Amazon.com**의 최고경영자**CEO** 제프 베저스**Jeff Bezos, 1964~**는 프린스턴대학 컴퓨터공학과 재학 시절 조용히 학교만 다녀 대학 시절의 친구들에게 강한 인상을 심어 주진 못했다. 친구들이 기억하는 것이라곤 베저스가 비어퐁을

좋아했다는 사실 뿐이다.[19]

2004년 페이스북 초창기에 창업자인 마크 저커버그Mark E. Zuckerberg, 1984~와 그 친구들은 전국 베이루트 토너먼트 대회 개최를 시도했다. 각 학교 대표팀은 1만 달러 상금을 걸고 최종 결승을 뉴욕에서 벌이기로 했다. 수천 명의 학생이 10달러씩 내고 이 경기에 참가 등록을 했지만, 각 학교에서 쏟아져 들어오는 갖가지 불만 때문에 결국 취소되고 말았다.[20]

2007년 노스웨스턴대학 졸업생 애디 라이트와 마이크 존슨은 맥주컵을 올려놓을 세모꼴의 고무 매트를 개발·판매했으며, 덴버대학에 다니는 벤과 제시 형제는 5만 달러를 모아 비어퐁 전용 게임대 제작업체인 'BJ's 비어퐁'을 설립했다. 버드와이저 맥주 생산업체인 앤호이저 부시Anheuser-Busch 관계자는 비어퐁과 유사한 '버드퐁' 게임을 개발해 홍보에 적극 활용하고 있다고 밝혔다.[21]

2012년 10월 9일 영국의 『데일리메일』을 비롯해 몇몇 외신은 캐나다 출신의 팝스타 저스틴 비버Justin D. Bieber, 1994~가 4개월 전인 6월에 미국 앨라배마Alabama에서 친구들과 함께 술 마시기 게임의 일종인 '비어퐁'을 즐기는 사진을 공개해 논란을 빚었다. 당시 만 18세였던 저스틴 비버는 미국에서 음주가 허용되지 않았기 때문이다.[22]

2015년 5월 중국 대표 맥주 브랜드인 칭다오Tsingtao가 후원한, 서울월드컵경기장에서 열린 '청춘페스티벌 2015'에선 경품을 제공하기 위한 게임 중 하나로 비어퐁이 등장했다. 이렇듯, 국내에선 주류 마케팅의 일환으로 비어퐁이 이용되는 가운데 적잖은 인기를 누리고 있다.

쿠폰은 어떻게
스포츠가 되었는가?

●
coupon

coupon은 중세기 프랑스어 colpon에서 나온 말로, colp-(=cut off)라는 어근에 명사형 어미 -on을 붙인 것으로 잘라서 쓰는 것을 말한다. 쿠폰은 외래어로 우리의 언어생활에서도 확실히 뿌리 내린 단어지만, 미국에선 종종 그 발음, 즉 '쿠판'과 '큐판'을 놓고 열띤 논쟁이 벌어진다. 발음기호를 대신해 coo-pon 혹은 q-pon으로 적기도 하는데 첫 번째 음절의 발음은 다를지라도 두 번째 음절 -pon의 발음은 '-판'으로 똑같다. 이에 대해 임귀열은 다음과 같이 말한다.

"1만 명 미국인들의 이 발음을 조사한 결과 '쿠판'이 67%이고 '큐판'은 30%, 나머지는 양쪽을 번갈아 발음하는 것으로 나왔다. 적어도 미국에서는 '쿠판'이 절대적으로 우세하며 이 발음은 프랑스 어원의 발음과 일맥상통한다. French와 English를 병용하는 캐나다 지역에서는 거의 대부분 '쿠판'으로 한다. 아마도 이 단어의 어원이 프랑스어이고, 영어화된 발음도 어원에 충실해야 좋다는 믿음 때문이라고 한다. 이들 2가지 발음을 놓고 서로 신경을 자극하는 일도 벌어진다. 즉 멀쩡하게 대화를 하다가 상대의 기분을 상하게 하기 위해서to annoy him 일부러 싫어하는 발음을 하는 식이다. Manager가 평소 '쿠판'으로 발음한다면 그 앞에서 '큐-판'으로 발성하면 상대는 귀에 거슬린다며 신경질을 낸다."[23]

최초의 쿠폰은 미국 코카콜라사가 1888년 판촉을 위해 내놓은 것인데, 이는 대박을 터트려 코카콜라의 지명도를 높이는 데에 크게 기여했다. 1894년에서 1913년까지 미국인 9명 중 1명꼴로 코카콜라 한 잔을 무료로 마실 수 있는 쿠폰을 받았으며, 그 총량은 850만 잔이었다. 기업들의 쿠폰 활용은 1920년대 말 대공황기에 급증했으며, 1965년경엔 미국 가정의 절반 정도가 신문이나 잡지 등에서 쿠폰을 오려내는 걸로 집계되었다. 미국 소비자들이 쿠폰을 활용해 절약한 액수는 2011년 46억 달러에 이르렀다.[24]

쿠폰을 알뜰하게 사용하는 건 가정주부들의 스포츠가 되었다. 극단을 치닫는 '익스트림 스포츠'에 빠져든 이도 많다. 물건이 필요하지 않지만 구매해 집 안에 쌓아놓는 증상을 가리키는 스탁파일링stockpiling을 하는 스탁파일러stockpiler들이 바로 그들이다. 이들의 광신적인 쿠폰 헌팅은 상상을 초월한다.

2010년 3월 8일 『월스트리트저널』은 「불경기가 쿠폰 활용을 새로운 익스트림 스포츠로 만들다Hard Times Turn Coupon Clipping Into the Newest Extreme Sport」라는 기사에서 "extreme couponers(극단적 쿠폰 활용자들)"라는 개념을 처음 제시했다. 이어 쿠폰을 활용해 누가 더 많은 공짜 쇼핑을 하는지를 겨루는 텔레비전 리얼리티 프로그램들이 제작되었다. 그런 행위를 가리켜 extreme couponing이라고 한다.[25]

이른바 '소셜 커머스social commerce 시대'가 열리면서 쿠폰은 단체 스포츠가 되었지만, 쿠폰을 스포츠로 즐기더라도 자신의 '개인 정보'에 대해선 주의해야 한다. 최희원은 "평상시 개인의 권리나 자유가 침해되는 경우를 못 견뎌 하면서 1만 원짜리 영화 티켓이나 주유소 티켓 한 장과 쉽게 개인 정보를 바꿔버린다"라며 다음과 같이 경고한다.

"개인 정보가 수십 가지 경로를 통해 유통되고 부메랑이 되어 갑자기 뒤통수를 칠 경우, 어떻게 감당하려고 하는가. 개인 정보에 대한 인식 제고가 필요하다.……개인 정보는 개인의 소중한 자유와 인격권이다. 그 소중한 권리를 1만 원짜리 주유권이나 영화 티켓 등 쿠폰과 맞바꾸면서 개인 정보 침해를 외쳐서는 곤란하다. 마구잡이로 개인 정보 파산을 선언한다면 그 대가와 책임은 본인 스스로 져야 한다."[26]

쿠폰의 스포츠화가 그런 프라이버시 의식을 무너뜨리고 있는 건 아닐까? 쿠폰을 단지 금전적 이익의 관점에서만 생각하면 결코 하지 않을 일도 돈을 써가면서 하는 스포츠의 관점에서 접근하다 보니 자신의 프라이버시까지 내다 파는 게 아니겠느냐는 것이다.

왜 소셜 커머스를 둘러싼 논란이 뜨거운가?

●
Groupon

미국 소셜 커머스social commerce 업체인 그루폰Groupon은 'group coupon(그룹의 쿠폰)'이란 뜻 이다. 일정 숫자 이상 구매자가 모이면 제품을 할인해서 파는 서비스를 뜻하는 social commerce라는 말은 야후가 2005년 11월에 처음 사용한 말로,[27] "이제 쇼핑은 더이상 혼자 하는 것 이 아니며, 함께하는 것이다"라는 말이 나오게 만들었다.[28]

번개모임 하듯 모여 할인 쇼핑을 한다는 속어로 '그루포 노믹스Grouponomics'라는 말이 탄생했으며, 심지어 '그루폰 불 안증'이라는 병까지 생겨났다. 이 병은 "새벽 1시에 그루폰에 새 쿠폰이 뜰까봐 초조해서 잠을 이룰 수 없는 증상"이다. 그 밖에도 기업이 지나치게 할인해주다 파산을 하는 '그루폰사 이드Grouponcide', 브랜드 애호도 없이 싸기만 하면 상품을 무조 건 사들이는 '그루폰 걸레', 미팅에서 만난 여성이 많은 돈을 쓸 만큼 예쁘지 않다는 뜻인 '그루폰 큐트', 할인상품만 찾아서 데이트를 즐기는 '그루폰 커플' 등 여러 신조어가 탄생했다.[29]

그루폰의 공동 창업자인 앤드루 메이슨Andrew Mason은 2003년 음악 전공으로 노스웨스턴대학을 졸업한 뒤 시카고

Get Your Groupon

KANGAROO

기업가 에릭 래프코프스키Eric Lefkofsky의 웹 디자이너로 일했다. 그는 이때의 인연으로 수년 후 래프코프스키에게서 100만 달러를 지원받아 The Point를 창업했다. The Point는 맬컴 글래드웰Malcolm Gladwell, 1963~의 베스트셀러 이름인 『The Tipping Point』에서 가져온 것이다.

The Point는 2008년 11월 그루폰을 출범시켰지만, 이때까지도 그루폰은 The Point의 부업 수준이었다. 연수익도 고작 5,000달러에 불과했다. 하지만 그루폰의 잠재력을 확신한 메이슨은 당시를 회상하며 다음과 같이 말했다.

"우리가 엄청난 수요를 건드렸다는 사실을 깨달았다. 사람들은 스키를 타러 가길, 유명 마사지를 받아보길, 예술교육기관에 가입하길, 모험을 떠나길 원했다. 하지만 그들을 떠밀어줄 무언가가 필요했다. 그루폰이 바로 그 역할을 해낸 것이다."[30]

처음에는 '겟 유어 그루폰Get Your Groupon'이란 이름을 사용했던 그루폰은 시카고에 이어 보스턴, 뉴욕으로 진출했으며, 2010년 10월 북미 150곳, 여타 지역 100곳, 전 세계 등록회원 3,500만 명을 기록했다. 2010년 매출액 9억 달러를 올렸으며, 2010년 11월 구글의 60억 달러 인수 제안을 거절할 정도로 승승장구했다. 그러나 2011년 들어 그루폰의 비즈니스 모델의 한계가 드러났다는 평가가 나오기 시작했다. 2011년 매출액은 30억 달러를 넘어섰지만, 적자를 냈다.[31] 무엇이 문제였을까?

그루폰의 첫 번째 거래는 그루폰이 입주한 사무실 빌딩의 1층에 있는 피자 가게와 반값 계약을 맺은 것이었다. 이용자는 주로 여성이었다. 작은 가게에 손님이 집중되어 혼란을 야기했으며, 얼마 지나지 않아 이 손님들은 단골이 안 되는 1회성 고객이라는 것이 드러났다. 이 비즈니스 모델은 상인들에게 매우 불리한 loansharking(고리대금업, 즉 사실상의 갈취)이라는 비판도 제기되었다. 파산 직전의 가게가 이용하면 효과를 볼 수 있었고, 헬스센터의 수개월간 회원권이라든가 장기 이용자 사업엔 가능성이 있었지만, 그루폰과 유사한 사이트가 전 세계적으로 500개, 미국에 100여 개가 등장하면서 경쟁력이 급격히 떨어졌다.[32]

그루폰에 타격을 입힌 결정타는 2011년 기업공개IPO였다. IPO로 7억 달러의 자금을 조달한 이후 회사는 오히려 실적이 나빠지고 주가는 곤두박질쳤다. 그 와중에도 그루폰은 기업들을 사들이고 본사를 호화롭게 꾸몄다. 2013년 2월 메이슨은 경영 실적 부진으로 CEO 자리에서 물러났다. 2013년 말 그루폰은 한국 토종 소셜 커머스인 티켓 몬스터를 2억 6,000만 달러에 인수했지만, 3개월 만에 그루폰코리아 청산 계획을 발표했다. 그루폰이 한국 진출 3년 만에 철수를 결정한 가운데, 남은 임직원 160여 명에 대한 고용승계가 없어 논란이 되었다. IPO 당시 20달러였던 그루폰의 주가는 2014년 9월 7달러 수준에 거래되었다.[33]

그루폰의 사업 방식은 사실상의 공동구매·공동판매인데, 여기에 소셜을 붙일 수 있는가? 이런 의문에 대해 소셜 커머스 업체들의 한결같은 답은 "우리들이 판매하는 딜이 SNS를 통해 전파되면서 사람들이 입소문으로 우리 사이트에 방문해서 구매를 하기 때문에 소셜 커머스라고 부르지 않을 이유가 없다"는 것이다. 이와 관련, 최광은 "하지만 국내 소셜 커머스 업체들은 SNS는 뒷전이고 상품(혹은 서비스)을 싼값에 판매하는 데만 관심을 두었다"라며 다음과 같이 말한다.

"사실 소셜 쇼핑에 참여하는 중소 상공인들은 막대한 손해를 감수하고 마케팅 차원에서 반값 할인에 동참한다. 이들은 온라인 광고를 집행하기에도 효과가 적고 다른 마땅한 마케팅 수단도 마련하지 못한 사람들이 대다수다. 한꺼번에 수천 명의 고객들이 몰려 문전성시를 이루면 자연스레 입소문이 나고 계속 찾는 손님이 많아질 것이라는 기대 때문에 소셜 쇼핑에 출혈을 감수하고 참여하는 것이다."

이어 최광은 "하지만 한 번 반값에 맛을 본 이용자들은 다른 반값을 찾지 이곳을 다시 찾지 않았다. 오히려 이들은 차별을 받았다거나 사람들이 몰려 예약이 제대로 되지 않았다는 불만을 늘어놓으며 가게의 평판을 떨어뜨리기 일쑤였다. 게다가 원래부터 이곳을 찾던 단골손님들은 북적대는 인파와 자신이 반값에서 소외당했다는 사실 때문에 배신감을 느끼고 발길을 돌렸다"라며 다음과 같이 말한다.

"결국 소셜 쇼핑에 매달리지 않고는 장사를 계속할 수 없게 된 업체들은 가격에 비해 터무니없는 서비스나 제품으로 고객들을 응대해야 했다. 중소 자영업자들에게 희망이었던 소셜 커머스가 이들을 배신하는 결과를 낳게 된 것이다. 하지만 국내 소셜 커머스 업체들은 참여하는 소상공인 채널을 늘리는 데 급급했지 이들에게 어떻게 해서 소셜을 통해 한 번 찾은 고객을 다시 찾게 만들고 기존 고객들을 안 떠나게 할 수 있는 노하우를 알려주지 않았다. 참여 기업들의 스토리를 만들어 이용자들을 감동시키고 이들이 기꺼이 제값을 주더라도 다시 찾을 수 있도록 하는 노력도 하지 않았다."[34]

'소셜'의 오남용이 비단 소셜 커머스에만 국한된 건 아니지만, 지속 가능성을 위해서도 '커머스'보다는 '소셜'에 방점을 두는 소셜 커머스의 갱생이 필요한 것 같다. 업체들과 공존공영共存共榮해야지 사실상의 갈취를 일삼는 모델이 어찌 지속 가능할 수 있겠는가 말이다.

왜 심리학자와 커뮤니케이션 학자들은 '터퍼웨어'에 주목하나?

○
Tupperware Parties

"미국에서 탄생한 무독성 밀폐 용기 업체 '터퍼웨어Tupperware'가 한국지사 대표를 처음으로 내부 발탁했다. 주인공은 1996년 말단 사원으로 입사해 영업 전반을 이끌어온 김종성 대표(48)다. 김 대표는 (2015년 4월) 13일 '2020년까지 터퍼웨어가 진출한 100여 개국 중 톱10 안에 들겠다'고 밝혔다. 터퍼웨어는 가정을 방문해 제품 사용법을 직접 시연하는 판매방식인 '홈파티'를 통해 판매한다. 국내 판매원 1만 7,000여 명의 대다수는 주부다. 이들은 제품 외에도 냉장고 정리법이나 레시피 등을 알려주며 고객과 유대관계를 돈독하게 쌓는다. 김 대표는 '2002, 2003년 현장을 쫓아다니며 홈파티를 지켜본 게 도움이 됐다'고 말했다."[35]

이 기사가 말해주듯, 터퍼웨어는 홈파티로 유명하다. 1938년 미국 발명가이자 사업가인 얼 터퍼Earl S. Tupper, 1907~1983가 창업한 터퍼웨어는 처음에 소매상을 통해 판매를 했으나, 제품의 사용법과 장점을 알지 못했던 소비자들에게 외면을 당했다. 한 가정용품 회사의 주부 판매원 브라우니 와이즈Brownie Wise, 1913~1992가 고객의 가정에서 티 파티를 열어서 주부들에게 제품을 홍보하고 소개하는 영업 전략으로 엄청난 판매 실적을 올리자, 터퍼는 1951년 그녀를 영업 부사장으로 영입해 터퍼웨어 파티Tupperware Parties라는 새로운 판매 방식을 도입했다. 와이즈는 큰 성공을 거두어 대중매체에 자주 등장함으로써 유명인사가 되었고, 1954년 여성으로선 최초로 『비즈니스위크』의 표지 인물이 되기도 했다.[36]

파티를 마케팅에 이용하는 이른바 파티 플랜 마케팅party plan marketing의 효시로 꼽히는 터퍼웨어 파티는 많은 학자, 특히 심리학자와 커뮤니케이션 학자의 연구 대상이 되었다. 터퍼웨어 파티를 정밀 분석한 미국 애리조나대학 심리학자 로버트 치알디니Robert Cialdini, 1945~는 『설득의 심리학』(2009)에서 "타파웨어 홈파티는 다양한 설득의 무기들이 총동원되는 설득의 한마당이라 할 수 있다"라며 가장 중요한 3가지를 꼽는다.

"(1) 상호성의 원칙: 파티가 시작되면 참석자들은 먼저 간단한 게임을 통해 상품을 하나씩 받는다. 상품을 받지 못한 사람들은 터퍼웨어 선물 꾸러미에서 선물을 선택할 수 있어, 결국 제품 구매를 시작하기 전에 참석자 전원이 어떤 식으로든 선물을 하나씩 받는다. (2) 입장 정립과 일관성의 원칙: 참석자들은 자신의 구매해서 현재 사용하는 터퍼웨어 제품의 품질이나 장점 등을 공개적으로 발표해야 한다. (3) 사회적 증거의 원칙: 일단 누군가 구매를 시작하면, 참석자들은 자신과 비슷한 이웃 사람이 구매하는 제품이므로 틀림없이 좋은 제품일 거라는 확신을 갖는다."[37]

그런 설득의 무기들과 더불어 터퍼웨어 홈파티의 진짜 위력은 호감의 원칙을 이용한 특별한 전략에서 나온다. 홈파티의 가장 중요한 인물은 파티 주최자인데, 주최자는 친구들을 자기 집으로 불러 모아 터퍼웨어 제품을 소개하고, 판매되는 제품에 대해 일정 부분 수수료를 챙긴다. 구매자들은 그런 사실을 잘 알지만, 중요한 건 주최자와 구매자가 친구 관계라는 점이다.

치알디니는 "파티 참석자들은 친구가 제공하는 편안하고 따뜻한 환대를 즐기면서 왠지 친구의 호의에 보답해야 할 듯한 부담감을 느낀다. 소비자 연구 단체들도 터퍼웨어 홈파티의 위력이 파티 주최자와 손님들 사이의 사회적 관계에 있다고 본다"며 다음과 같이 말한다.

"제품 자체가 마음에 들어서가 아니라 친구와의 인간관계를 고려해 제품을 구매하는 경우가 두 배나 많다는 것이다. 이런 판매방식은 놀라운 결과로 이어졌다. 최근 조사에 따르면 터퍼웨어의 하루 매출이 250만 달러를 넘어섰다. 또한 터퍼웨어의 성공은 미국보다 가족이나 친구 사이의 유대관계를 훨씬 중요하게 생각하는 유럽, 라틴아메리카, 아시아 등지로 크게 확대되었다. 결과적으로 현재 터퍼웨어의 총매출 중 북아메리카의 비중은 겨우 4분의 1 정도를 차지하고 있을 뿐이다."[38]

실제로 터퍼웨어가 가장 많이 팔리는 세계 1위 시장은 그런 유대관계가 강한 인도네시아다. 25만 명의 판매원이 있는 인도네시아의 터퍼웨어 매출액은 2014년 2억 달러를 넘어섰다(터퍼웨어 전체 매출액은 2010년 기준으로 23억 달러).[39]

미국 뉴욕대학 저널리즘 교수 애덤 페넨버그Adam L. Pennenberg는 『바이럴 루프Viral Loop』(2009)에서 터퍼웨어 홈파티의 성공 비결을 소비자를 마케터로 만든 '바이럴 네트워크viral network'에서 찾았다. 바이럴은 virus(바이러스)라는 단어에 형용사형 -al을 붙인 것으로, 바이러스와 같은 현상이라는 뜻이다. 한 사람이 옆 사람에게 어떤 정보를 이야기했는데, 그 사람이 또 다른 사람한테 말을 해서 전염병이 퍼지듯이 전파되는 현상을 '바이럴 현상'이라고 한다.[40]

페넨버그는 "소셜 네트워킹을 통해 형성된 구매자 집단과 파티의 숫자가 기하급수적으로 늘어났고 판매원 수도 바이러스처럼 늘어갔다. 파티의 수가 늘어날수록 구매자뿐 아니라 판매원도 늘어났으며 그들이 또 더 많은 구매자를 낳았다. 타파웨어가 많이 팔리면 팔릴수록 터퍼웨어 제품을 팔고 싶어하는 사람도 많아졌다"라며 다음과 같이 말한다.

"이 바이럴 마케팅 계획은 신체 건강하고 사교적인 주부들의 파트타임 노동력을 완벽하게 활용한 것이었다. 판매원은 수당을 벌었고, 파티 주선자는 여왕벌 역할을 즐겼으며, 참석자들은 파티에서 게임을 하고 선물 가방을 받고 남편과 자식, 이웃에 대한 뒷담화를 하면서 자기 그룹 중 누군가가 사업을 계속할 수 있도록 돕고 있다는 뿌듯함마저 느끼게 되었다. 게다가 파티 참석자들은 파티가 끝날 때쯤이면 이미 모두가 인정한 터퍼웨어 제품을 집으로 가져갈 수 있었다. 누이 좋고 매부 좋은 일이었다."[41]

터퍼웨어는 여성, 특히 가정주부들에게 어떤 영향을 미쳤는가? 페미니스트들은 이걸 두고 논쟁을 벌이기도 했다. 주부들의 가정 종속화를 심화시켰다는 비판론도 있지만, 할 일이 없는 주부들에게 일자리와 더불어 자긍심을 갖게 해주었다고 긍정하는 목소리도 높다.[42] 주부들의 사회 참여가 갈수록 왕성해져가고 있는 한국의 터퍼웨어 시장이 과연 '세계 톱 10'으로 성장할지 지켜볼 일이다.

한국인은 '휴식에 대한 죄책감'을 갖고 있는가?

●
leisure

The end of labor is to gain leisure(노동의 목적은 여가를 얻는 것이다). 그리스 철학자 아리스토텔레스Aristoteles, B.C.384~B.C.322의 말이다. He does not seem to me to be a free man who does not sometimes do nothing(때때로 아무 일도 하지 않는 휴식을 취하지 않는 사람은 자유로운 사람이 아니다). 고대 로마 철학자 키케로Cicero, B.C.106~B.C.43의 말이다.

이와 같은 명언들에 따르자면, 한국인은 노동의 목적도 모르거니와 자유로운 사람도 아닌 것 같다. 2015년 6월 통계청이 발표한 '2014년 생활시간조사 결과'에 따르면, 10세 이상 한국인이 잠자리에 드는 시각은 평일 밤 11시 24분, 토요일 밤 11시 29분, 일요일 밤 11시 15분으로 조사되었다. 10세 이상 국민의 59.4퍼센트는 "평소 시간이 부족하다"고 대답했고, 81.3퍼센트는 "일상이 피곤하다"고 대답했다. 특히 30대는 35.1퍼센트가 '매우 피곤하다', 55.2퍼센트가 '조금 피곤하다'고 대답해 모두 90.3퍼센트가 피곤함을 느끼는 것으로 조사되었다.[43]

피곤에 찌든 한국인! 그만큼 해야 할 일이 많아서이기도 하겠지만, 'leisure guilt(휴식에 대한 죄책감)'라고 하는 한국 특유의 문화도 적잖이 작용한 것 같다. "Leisure is a beautiful garment, but it will not do for constant wear(여가는 아름다운 옷이지만, 평상복으론 적합지 않다)"라는 생각 때문일까? 'leisure guilt'란 말을 만든 미국 심리학자 레이먼드 포렌 Raymond Folen은 다음과 같이 말한다.

"과도하게 일하는 사람들 중 대다수는 늘 걱정 속에 파묻혀 산다. 그래서 일주일 동안 쉴 수 있는 기회가 생긴다 해도 선뜻 휴가를 떠나지 못한다. 사실상 다른 활동들보다 일에 훨씬 더 많은 가치를 두기 때문에 일하지 않는다는 생각만으로도 죄책감을 갖는 것이다."[44]

반면 돈이 많은 사람들은 '과시적 여가conspicuous leisure'를 즐긴다. 화려한 여가를 즐기는 것이 자신의 신분을 과시할 수 있는 기회가 되기 때문이다. 여가를 '시간의 비생산적 소비non productive consumption of time'로 정의한 미국 경제학자 소스타인 베블런Thorstein Veblen, 1857~1929은 1899년에 출간한 『유한계급의 이론The Theory of the Leisure Class』에서 그 유명한 '과시적 소비conspicuous consumption'라는 개념을 제시했는데, 과시적 소비는 과시적 여가의 한 유형이다.[45] 베블런은 "지출이 한 개인의 '명성'을 떨치는 데 공헌하기 위해서는 일반적으로 '쓸데없는 물건'에 쓰여져야 하고, 쓸데없는 데에 돈을 쓴다는 사실 자체가 바로 명성의 원인이 된다"라고 했다.[46]

weisure(웨저)는 미국 사회학자 달턴 콘리Dalton Conley, 1969~가 work와 lesiure를 합쳐 만든 말로, 집중해서 일하는 것도 아니고, 한가하게 여유를 즐기는 것도 아닌 어중간한 상태를 말한다. 콘리는 사람들이 휴대전화를 보유하고, 그 결과 시도 때도 없이 부하 직원의 휴대전화로 전화를 걸어대는 직장 상사들 때문에 웨저 현상이 야기된 것이라고 주장한다.[47]

이젠 '휴식에 대한 죄책감'보다는 시도 때도 없이 사람의 일상에 개입할 수 있게 만든 디지털 혁명이야말로 여가를 방해하는 최대의 주범이 아닐까?

왜 "졸면 정말 죽는다"는
말이 나오는가?

●
sleep debt

"낮에 잠을 잔다고 해서 일을 덜 하리라고 생각하지 말아야 하오. 그런 생각이야말로 상상이라고는 모르는 아둔함의 극치이지. 무슨 일이든 이틀, 그러니까 최소한 하루 반나절이면 충분히 해결할 수 있다고 나는 굳게 믿소."[48]

매일 오후 낮잠 자는 습관을 갖고 있던 영국 수상 윈스턴 처칠Winston Churchill, 1874~1965이 한 말이다. 『게으름을 떳떳하게 즐기는 법How to Be Idle』(2005)의 저자인 톰 호지킨슨Tom Hodgkinson, 1968~은 한 걸음 더 나아가 잠이야말로 '인생을 살며 누리는 가장 중요한 기쁨 가운데 하나'이자 '슬픔을 이기게 해주는 좋은 친구'이며 '창의적 생산성의 원천'이라며 "덜 일하고 더 많이 자라!"고 외친다.[49]

그러나 아무나 그런 '잠의 사치'를 누릴 수 있는 건 아니다. 낸시 제프리Nancy Jeffrey는 『월스트리트저널』(1999년 4월 2일)에 쓴 「수면은 성공한 기업가들의 새로운 지위적 상징이다Sleep Is the New Status Symbol for Successful Entrepreneurs」라는 글에서 다음과 같이 말한다.

"잠은 스트레스에 지쳐 있는 미국에서는 매우 희소한 상품이며, 이제는 새로운 지위적 상징이 되었다. 한때 긴 시간의 숙면은 나약한 실패자의 상징으로 치부되었으나—1980년대만 하더라도 성공한 사람들 사이에서는 '잠이라는 건 바보들의 것이다'라는 말과 더불어 '패배자들이나 점심을 먹는다'라는 말이 유행하기도 했다—지금은 창의적인 경영자들에게는 재충전을 위해 꼭 필요한 수단으로 그 가치를 인정받고 있다." [50]

한국은 어떤가? 2015년 로열 필립스 글로벌임상연구소가 '세계 수면의 날(3월 13일)'을 맞아 한국인 500명을 비롯해 총 10개국 8,000여 명을 대상으로 실시한 수면 관련 설문조사 결과를 담은 '수면에 대한 세계의 시각'에 따르면, 한국은 응답자의 43퍼센트가 일에 대한 걱정이 수면을 방해한다고 답해 조사 대상 10개국 중 가장 높았다. 다음은 브라질(33퍼센트), 중국(31퍼센트)이 차지했다. [51]

건강보험심사평가원에 따르면 불면증으로 병원을 찾은 환자는 2009년 30만 5,029명에서 2014년 48만 7,202명으로 5년 새 약 18만 2,000명이 늘어났다. 수면 호르몬인 멜라토닌은 어두울 때 뇌 시상하부에서 분비되는데, 스마트폰, 인터넷, 텔레비전 등이 내뿜는 '빛 공해'가 이 호르몬의 분비를 방해하기 때문인 것으로 분석되었다. [52]

한국이 유독 심하긴 하지만, 전 세계적으로 잠이 위기에 처한 건 분명하다. 미국 컬럼비아대학 교수 조너선 크레리 Jonathan Crary는 『24/7 잠의 종말24/7: Late Capitalism and the Ends of Sleep』(2013)에서 그런 현실을 고발한다. '24/7'은 매일 24시간 1주일 내내 쉬지 않고 가동되는 신자유주의하의 지금 자본주의체제를 가리킨다. 그는 "노동과 관련하여 24/7은 잠시도

쉬지 않고 무한히 일한다는 관념을 그럴듯한 것, 심지어 정상적인 것으로 만든다"라고 비판한다.[53]

"졸면 정말 죽는다"는 말은 이제 농담이 아니다. 수면의학 권위자인 미국 수면의학자 윌리엄 디멘트William C. Dement는 『수면의 약속The Promise of Sleep: A Pioneer in Sleep Medicine Explores the Vital Connection Between Health, Happiness, and a Good Night's Sleep』(2000)에서 '수면 빚sleep debt'의 위험성을 경고했다. sleep deficit라고도 하는 sleep debt는 수면 부족으로 인해 나타나는 누적적 효과를 뜻하는 개념이다.

디멘트에 따르면 수면 부족의 축적은 반드시 갚아야 한다는 점에서 금전적인 빚과 같아 수면 부족으로 인한 졸음은 많은 대형사고의 원인이 된다. 그는 "졸음에 대한 무지를 '국가 비상 사태'로 본다"며 "졸음은 경쟁력을 갉아먹는다. 집중력 저하, 의사 결정의 지연과 오류, 무관심, 동기 상실과 같은 문제가 발생한다"라고 했다.[54]

찰스 체이슬러Charles Czeisler는 2006년 『하버드 비즈니스 리뷰』에 쓴 「수면 부족: 성과의 살해범Sleep Deficit: The Performance Killer」이라는 논문에서 수면 부족을 알코올 과다 섭취에 비유했다. 한 주 동안 하루 4~5시간의 수면만을 취하면 혈중 알코올 농도 0.1퍼센트에 해당하는 정도의 무기력함을 나타내 보인다는 것이다.[55]

women sleep the way to the top이라는 말이 있다. 이 말을 어떻게 해석해야 할까? 아리아나 허핑턴Ariana Huffington, 1950~은 이렇게 말한다. "이 말이 과거에는 '여성은 잠자리를 수단으로 정상에 오른다'라고 해석되었지만 이제는 다른 뜻으로, 즉 '충분히 수면을 취해야 정상에 오른다'로 재해석되어야 한다."[56]

　　대입 수험생들 사이에 떠도는 '4당 5락', 즉 4시간을 자면 원하는 대학에 합격하고, 5시간을 자면 불합격한다는 속설이 말해주듯이, 한국은 여전히 잠을 줄이는 게 경쟁력으로 통하는 사회다. "졸면 정말 죽는다"는 경고를 사회적 캠페인으로 삼을 필요가 있지 않을까?

management
micromanagement
customer-centric
CSV
marketing myopia
trickle down effect
quantitative easing
coin clipping
sequester
PAYGO

경영과 경제

왜 말의 고삐를 놓치지 않는 게 '경영'이 되었는가?

●
management

경영자를 뜻하는 매니저**manager**
의 어원은 라틴어의 manus(손)다. 이 manus는 다시 프랑스
어의 menage(살림), 이탈리아어의 menege(말 조련)로 발전
해, 경영자란 프랑스어적 의미로는 '살림을 관리하는 사람',
이탈리아어적 의미로는 '말을 조련하는 사람'의 뜻을 담고 있
다.[1] 손-말-경영의 상호 관계를 확실히 이해하기 위해선 전
쟁이 많았던 중세기 유럽으로 거슬러 올라갈 필요가 있다. 당
시 전쟁이 나면 평민은 보병, 귀족은 기마병으로 소집되었는
데, 귀족은 전쟁에 대비해 말을 자유자재로 다룰 수 있는 기술
을 연마해두어야 했다.

조승연은 "고삐를 손에 쥐면 자기보다 몸집이 큰 말을 자
유자재로 다스릴 수 있었기 때문에 라틴어 '손'을 뜻하는
'mano'에서 '말을 다룬다'는 'manage'가 나왔다. 자신을 꼭
붙들어 타인에게 풀어진 모습을 보이지 않는다는 'manner'
와 같은 어원이다"라며 다음과 같이 말한다.

"말을 훈련시키고, 재우고, 치료하고, 관리하는 마구간은
'말에게 고삐를 씌우는 곳'이라고 해서 불어로 'menagerie'

라고 했다. 한 집안의 가장도 귀족 집안에서 마구간 관리하듯 식솔이나 가족을 교육하고, 먹이고, 재우고, 치료해서 일을 시켜야 한다는 의미에서 manage는 '가장으로서 가정을 돌보다'라는 의미로 발전했다. 자본주의가 정착되면서 기업의 사장도 귀족 가문에서 말을 돌본 것처럼 직원들을 한편으로는 보살피고, 한편으론 고삐를 잡아 통제한다는 뜻에서 management가 '경영'이라는 뜻으로 발전했다. 하지만 최초의 의미도 남아 있어서 'Can you manage?'처럼 숙어로 쓰일 때는 '고삐를 놓치지 않을 자신 있느냐?' 즉 '이 일을 할 역량이 되느냐?'로 원래 의미가 나타난다."[2]

필 로젠츠바이크Phil Rosenzweig는 manage의 어원이 '손'이라는 사실에 주목하면서 이렇게 말한다. "어떤 일을 완수하기 위해 말 그대로든 비유적으로든 손을 빌려준다고 하는 경우라면 경영을 하고 있는 것이다. 또한 manage는 '다루다'라는 의미를 가진 또 다른 영어 단어 manipulate와 뿌리가 같은 사촌지간이다. 경영자들은 주식투자자들처럼 자신이 영향을 미칠 수 없는 선택만 하지는 않는다. 경영자들은 로또 번호를 맞히거나 주사위를 던지는 것과 같은 내기를 하지도 않는다. 경영의 본질은 통제력을 발휘하고 다양한 일에 영향력을 행사하는 것이다."[3]

self-management(자기경영)는 management의 최초 의미에 충실한 개념이다. 1990년대 이후 자기계발 담론을 지칭하는 용어로 자기계발을 대신해 널리 쓰이게 된 것으로, 자기관리란 용어로 불리기도 한다. 예컨대, 구본형은 『그대, 스스로를 고용하라』(2001)에서 "기업을 경영하는 사람만이 경영자가 아니다"라며 다음과 같이 말한다.

"경영은 어디에나 필요한 것이다. 정치인에게도 의사에게도 변호사에게도 경영은 필요하다. 나는 심지어 작가와 화가에게도 경영이 필요하다고 생각한다.……직장인에게 경영은 필요할까? 시키는 일만 하고 주어진 일을 관성적으로 처리하는 직장인에게는 경영이 필요 없다. 그들의 삶은 다른 사람에게 달려 있다.……직장인을 대신할 수 있는 새로운 개념은, 자신을 개인 사업자로 생각하는 것이다."[4]

어느 분야에 종사하건 자신을 경영자로 간주하는 건 경쟁에서 이기는 데에 큰 도움이 되겠지만, 그로 인해 삶이 매우 피곤해질 수 있다는 게 문제일 것 같다. 미국 기업가이자 환경보호 운동가인 폴 호켄Paul Hawken, 1946~은 『자연 자본주의Natural Capitalism: Creating the Next Industrial Revolution』(1999)에서 "훌륭한 경영이란 문제를 흥미롭게 보이게 함으로써, 모든 사람들로 하여금 건설적인 해결책을 도출하여 문제해결에 참여하고 싶어 안달이 나도록 만드는 기술이다"라고 말한다.[5] 그런 경영이 가능할지는 의문이지만, 그게 경영의 이상이라는 데엔 이의가 있을 것 같지 않다.

취업 준비생들이 가장 싫어하는
경영 스타일은 무엇인가?

●
micromanagement

micro-management(마이크로

관리)는 상급자가 하급자의 행동을 간섭·감시하는 것을 주요

행태로 삼는 관리 스타일을 뜻한다. micromanagement로 쓰

기도 한다. micromanagement를 즐겨 하는 micromanager

는 권한 위양을 거부하면서 하급자가 규정에 따른 권한을 행

사하는 것마저 자신에게 미리 상의하지 않고 결정을 내리면

분개한다. 그래서 micromanagement는 '자율성과 창의성의

적'으로 간주된다. micromanager는 자신의 그런 행위가 갖

는 부정적 측면을 전혀 인식하지 못하며, 자신의 관리 스타일

을 '구조화된structured', '조직화된organized', '완벽주의적

perfectionistic' 등과 같은 말로 정당화하는 경향이 있다.[6]

영국 조직 이론가 린다 그래튼Lynda Gratton이 2025년에

기업을 이끌 Y세대를 통찰하기 위해 MBA 학생들을 대상으

로 실시한 연구에서 학생들이 부정적인 의미로 가장 자주 사

용한 단어는 '마이크로 경영'이었다. 인터뷰에 참가한 20여

명은 자신의 행동을 일일이 감시하면서 시시콜콜 지시하고 과

도하게 감독하는 경영자는 절대로 원하지 않는다고 거듭 밝혔

다. 그래튼은 "하지만 여기에는 모순이 있다"라며 다음과 같
이 말한다.

"MBA 학생들이 가장 긍정적인 의미로 자주 사용한 단어
는 '피드백'이었다. 학생들은 피드백을 갈망했으며 '사람들이
자신을 어떻게 생각하는지' 더 많이 들을 수 있기를 원했다.
그들은 상사, 동료, 그리고 일 관계로 만난 모든 사람으로부터
피드백을 받고 싶어 했다. 대중에게 보여줄 목적으로 자신의
이미지를 쌓아나갈 필요성이 점점 늘어나는 세상에서는 다른
사람의 평가가 결정적인 역할을 한다."[7]

일부 고용주들은 마음에 안 드는 직원을 해고하기 위해
마이크로 관리 수법을 쓰기도 한다. 사소한 일에 질릴 정도로
간섭함으로써 스스로 알아서 퇴사하게끔 몰아가는 수법이다.
그런 수법을 가리켜 '추정 해고constructive discharge'라고 한다.
미국에서는 constructive termination, 영국에선 construc-
tive dismissal이라고도 한다.[8]

하급자에게 사소한 일까지 일일이 지시해야 직성이 풀리
는 micromanager를 control freak(통제광)라고 한다. 반대로
control freak의 관리 행태를 micromanagement라고 볼 수
도 있다. 역사적으로 유명한 통제광으로는 영국 빅토리아 여왕
Queen Alexandrina Victoria, 1819~1901, 웰링턴 공Duke of Wellington이
라고도 하는 아서 웰즐리Arthur Wellesley, 1769~1852 장군이 꼽힌
다. 1815년 워털루 전투에서 나폴레옹 군대를 격파한 웰링턴
은 그 승리를 들어 자신의 통제광 스타일이 옳다고 주장하기
도 했다.[9]

현대의 대표적인 통제광은 단연 스티브 잡스Steve Jobs,
1955~2011다. 잡스는 2005년 스탠퍼드대학 졸업식 축사에서

다른 사람의 거창한 의견이 자신의 마음속에서 들려오는 진실한 소리와 직관을 몰아내지 않도록 주의를 기울여야 한다고 조언했지만, 그는 직원들이 자신의 의견을 내세우지 말고 명령에 따를 것을 요구했다. 그는 모든 광고를 감독하고 승인하는 일부터 시작해, 극비인 외부 회의에 참석할 임직원을 결정하는 일에 이르기까지 사소한 것 하나까지 직접 꼼꼼히 챙기는 '마이크로 매니저micromanager'였다.[10]

통제욕과 완벽주의에 사로잡힌 잡스는 하드웨어, 소프트웨어, 콘텐츠, 마케팅에 이르기까지 제품의 모든 측면을 통합해야 한다고 생각했다. 그래서 하드웨어와 소프트웨어가 통합된 엔드투엔드end-to-end 방식을 선호했고, 그렇기 때문에 다른 제품과 호환이 되지 않는 제품들을 만들었다.[11] 그런데 엔드투엔드 방식이 가진 문제점은 사용자들을 기쁘게 하고자 하는 열망 때문에 사용자들에게 권한을 주지 않는다는 것이다. 작가 마이크 데이지Mike Daisey는 『뉴욕타임스』 기고문에서 "애플 제품의 사용자들은 자기 뜻대로 프로그램을 설치할 수 없고, 애플이 통제하는 애플의 서버로부터 다운로드를 받아야 한다"며 모든 프로그램은 "애플의 통제와 검열을 받는다"라고 썼다.[12]

또 조너선 지트레인Jonathan Zittrain은 「왜 나는 아이패드를 사지 않으려고 하는가」라는 글에서 이렇게 말했다. "매우 사려 깊고 멋진 디자인이다. 하지만 또한 사용자에 대한 명백한 멸시가 포함되어 있다. 아이들에게 아이패드를 사주는 것은, 이 세상이 자신의 것이며 스스로가 분해해 재조립해야 할 대상임을 깨닫게 해주는 방법이 될 수 없다. 그보다는 배터리를 바꿔 끼우는 단순한 일조차 전문가에게 맡겨야 한다고 일

깨워주는 수단이 된다."

반면 잡스는 통합적인 접근법을 정의正義의 문제로 간주했다. "우리가 이런 것들을 하는 이유는 통제광이라서가 아닙니다. 훌륭한 제품을 만들고 싶어서, 사용자들을 배려해서, 남들처럼 쓰레기 같은 제품을 내놓기보다는 사용자 경험 전반에 대해 책임을 지고 싶어서 그러는 겁니다." [13] 엔드투엔드 방식에 대한 비판은 사회학적인 반면, 잡스의 반론은 종교적이다. 과연 소비자들은 어떤 걸 더 원할까.

왜 모든 CEO는
CCO가 되어야 하는가?

●
customer-centric

"To be Earth's most customer-centric company where people can find and discover anything they want to buy online(고객이 사고 싶어 하는 물건을 어떤 것이든 온라인으로 찾아 구매할 수 있도록 세상의 가장 고객 중심적인 회사가 되는 것)." 세계 최대 인터넷 종합 쇼핑몰인 아마존Amazon의 미션이라고 한다.[14]

그러나 이 미션은 사실상 하나마나한 말이다. 이 지구상의 어떤 기업이건 'customer-centric company'가 되지 않겠다는 기업은 없을 테니 말이다. 기업이 고객 중심적이어야할 이유는 분명하다. 미국 J.C. Penny 백화점 창업주인 제임스 캐시 페니James Cash Penney, Jr., 1875~1971의 말이 그 이유를 잘 설명해준다. "Courteous treatment will make a customer a walking advertisement(정중한 응대를 하면 고객은 걸어다니는 광고가 되어준다)."[15]

어디 그뿐인가. 고객 중심적인 기업은 고객에게서 입소문 보복을 당할 수도 있다. 미국의 마케팅 전문가 피터 블랙쇼 Peter Blackshaw가 잘 지적했듯이, "Satisfied customers tell

Satisfied customers tell
three friends,
angry customers tell 3,000

three friends, angry customers tell 3,000(만족한 고객은 친구 3명에게, 성난 고객은 3,000명에게 이야기한다)".[16]

그래서 기업들은 '고객 만족 지수customer satisfaction ratings'와 같은 것을 개발해 고객을 만족시키기 위해 최선을 다한다. 브랜드 충성도brand loyalty를 높이고 입소문word of mouth 효과까지 얻기 위해선 '만족'만으론 부족하다며 '고객 기쁨 customer delight'이라는 용어까지 나왔다.[17]

요즘 유행하는 말로 하자면, 고객은 '갑甲'인 셈인데, customer라는 단어가 '관세청'을 뜻하는 custom에서 나온 것은 우연이 아닌 것 같다. 18세기 프랑스에서 세금을 걷는 사람을 customer라고 했는데, 이들의 권력과 위세는 하늘을 찌를 정도로 막강했다. 자본주의가 본격화되면서 customer는 고객이라는 의미로 사용되기 시작했는데, 이 어원이 말해주듯 고객은 '갑질'을 하기 위해 태어난 사람으로 이해할 수도 있겠다.[18]

customer가 consumer(소비자)와 다른 점은 이렇게 표현할 수 있다. "A customer purchases good; a consumer uses them(고객은 물건을 사지만, 소비자는 물건을 사용한다)." customer가 consumer일 수도 있지만, 기업 간 거래나 선물을 위해 상품을 구매하는 경우엔 customer는 consumer가 아니다.[19]

세계적인 기업 CEO 인터뷰를 보면 예외 없이 '고객 중심'이 강조된다. 예컨대, 포토샵Photoshop과 일러스트레이터 Illustrator 등으로 유명한 미국 소프트웨어 업체 어도비Adobe Systems CEO 산타누 나라옌Shantanu Narayen, 1963~은 자신을 CCO라고 부른다. 즉, 'Chief Customer Officer(최고 고객 담당 임원)'라는 것이다. 그는 다음과 같이 말한다.

"모든 CEO는 CCO가 되어야 합니다. 고객이 무슨 생각을 하고, 어떻게 일하고, 일하면서 뭐가 불편할지 늘 생각합니다. 이를 제대로 알아야지, 제대로 된 변화가 가능하고, 변화가 성공으로 이어졌을 때 '혁신한다'는 소리를 들을 수 있습니다."[20]

기업의 고객 중심주의는 '소비자 맞춤형 서비스customization'로 진화했다. 예컨대, 디지털 시장에선 신문에 따라 개인이 원하는 소식을 전해주는 커스터마이징customizing을 할 수도 있다. 특히 사물인터넷 시대에는 소비자 개개인의 특성에 맞추는 '초맞춤형서비스hyper customization'로 진화할 것으로 전망된다.[21]

스탠 데이비스Stan Davis는 『완벽한 미래Future Perfect』(1987)에서 기업이 개인 고객의 맞춤형 주문에 대량생산에 가까운 효율성으로 대응하는 제품과 서비스를 생산하는 미래의 세상을 묘사하면서 '대량 맞춤mass customization'이라는 개념을 제시했다. mass와 customization은 상호 모순되는 개념이지만, 데이비스는 "급격한 변화가 일어나는 시기에 모순적인 상황은 존재하지 않는다"라고 말한다.[22]

customization은 인류학에서는 다른 문화를 받아들여 자기 지역의 실정에 맞게 변형하는 것을 가리키는 개념으로 쓰이고 있다. 조너선 하비어 인다Jonathan Xavier Inda와 레나토 로살도Renato Rosaldo는 『세계화의 인류학The Anthropology of Globalization: A Reader』(2007)에서 세계화의 과정 속에서도 각국은 customization을 능동적으로 해내고 있다고 주장했다. 한국은 customization을 성공적으로 해낸 대표적인 나라로 꼽힌다.[23]

왜 일부 대기업들은 '사회 공헌팀'을 '공유 가치 창출팀'으로 전환했나?

●
CSV

2014년 에스케이텔레콤SKT은 기존 사회 책임 경영팀을 공유 가치 창출팀으로 전환했으며, 지속 성장 추진팀과 사회 공헌팀을 함께 운영하던 아모레퍼시픽은 사회 공헌팀을 공유 가치 창출팀으로 전환했다. 다른 대기업들도 비슷한 조치를 취했는데, 이 기업들은 공유 가치 창출을 사회 책임 경영의 진화된 개념으로 받아들이고 있다. 예컨대, 김정수 SKT 공유 가치 창출팀 실장은 "사회 책임 경영이 회사의 명성을 높이는 차원이라면, 이제는 공유 가치 창출을 통해 실질적인 경제·사회적 가치를 높일 필요성이 있다"라고 전환 이유를 설명했다.[24]

공유 가치 창출, 즉 CSVCreating Shared Value는 기업이 일방적으로 사회에 기여하는 기존 CSRCorporate Social Responsibility(기업의 사회적 책임)과 달리 회사의 경영 활동이 소비자에게도 도움이 되는 쌍방향적 활동을 뜻한다. 2006년 미국 하버드대학의 마이클 포터Michael E. Porter 교수와 컨설팅 회사인 FSG의 창업자인 마크 크레이머Mark R. Kramer가 처음 소개한 개념이다.

2013년 7월 2일 서울 중구 대한상공회의소에서 열린 공유 가치 창출 포럼 창립 총회에서 기조 강연을 한 서울대학교 교수 조동성은 "공유 가치 창출이야말로 2013년을 사는 우리가 원하는 자본주의"라며 "기업 중심의 자본주의 3.0, 사회 중심의 자본주의 4.0을 넘어 CSV가 자본주의 5.0을 만들어낼 것"이라고 말했다. 그는 "CSV는 이익을 기반으로 하고, 거기에 일자리 창출과 환경보호, 사회문화 창달 등을 추가한 기준으로 평가하게 된다"라며 "기업 입장에선 당장은 손해를 보는 것 같지만 장기적으로는 이익을 얻고, 사회적으로도 공헌할 수 있는 것이 바로 공유 가치 창출"이라고 말했다.

   조동성은 1933년 국내 최초의 진통 소염제인 안티푸라민을 개발해 국민 건강에 기여하고 회사도 성장한 유한양행을 대표적인 사례로 꼽았다. 이날 총회에선 공유 가치 창출의 사례로 온라인 교육 서비스를 통해 교육 기회의 차별을 줄인 공부의 신, 경쟁사보다 절반 이하 가격으로 보청기를 판매하는 딜라이트Delight, SNS(소셜네트워킹서비스) 댓글 서비스를 개발해 악성 댓글을 줄인 시지온Cizion 등의 소셜 벤처도 소개되었다.[25]

   2015년 4월 딜로이트 컨설팅 대표 송기홍은 "CSR의 확대에도 대부분의 노력이 폐해를 줄이는 것과 일방적 기부 활동에 국한되어 있어 진정성과 지속 가능성에 대한 의문이 제기되고 있다. 최근 일부 선도 기업을 중심으로 CSR의 한계를 극복하기 위해 본연의 가치 창출 활동과 사회적 공헌을 일체화시킨 '공유 가치 창출CSV, Creating Shared Value'이라는 개념이 시도되어 주목을 받고 있다"라며 다음과 같이 말했다.

   "사업과 무관한 영역에서 사회 공헌을 하는 것이 아니라, 원료 조달, 생산, 물류, 판매 프로세스에 사회적 가치를 창출할 수 있는 활동을 내재화시킴으로써 이윤과 사회적 가치 창출을 동시에 하도록 하는 것이다.……부의 편중과 기업의 비도덕적 행위에 대한 공공의 분노와 감시가 고조된 오늘날 기업이 사회적 공헌을 확대하면서 동시에 이윤도 극대화할 수 있다는 것은 매우 참신하면서 귀가 솔깃한 제안이 아닐 수 없다. 두 마리 토끼를 모두 잡는 창의적인 CSV 기회의 발굴은 단기 성과주의의 극복과 사회 전체를 염두에 둔 장기적 관점의 상생 방안을 찾는 노력을 통해서만 얻어질 수 있다."[26]

그러나 CSV가 사회적 책임 회피 수단이 아니냐는 의심의 눈초리도 있다. 2014년 10월 14일 국회의원회관에서 '사회 책임과 공유 가치 창출의 혼동'을 주제로 열린 토론회에서 발표자로 나선 오스트리아 비엔나대학 교수 마르틴 노이라이터 Martin Neureiter는 "사회 책임 경영은 전반적인 경영의 플랫폼이다. 그 위에서 구매 · 연구개발 · 제품생산 · 의사결정 등이 이뤄지는 것이다. 반면 공유 가치 창출은 지역사회 등 일부 이해관계자와의 관계에서 가치를 창출하는 문제"라고 말했다.

이와 관련, 한겨레경제연구소 선임연구원 양은영은 "국내 대기업들이 비즈니스와 사회적 가치 창출을 연계한 공유 가치 창출CSV 경영을 강화하고 있다. 하지만 상위 개념인 사회 책임 경영CSR과의 관계 설정 등에서 적잖은 오해와 혼선을 빚고 있다. 자칫 기업의 본질적인 사회적 책임을 왜곡하거나 회피하는 수단이 될 수 있다는 우려가 커지고 있다"라며 다음과 같이 말했다.

"기업이 경영 과정에서 고려해야 할 기본적인 환경 · 사회적인 문제들을 해결하지 않은 채 외부 이해관계자와의 가치 창출을 더 우선시할 수 있기 때문이다. 나아가 '착한 일을 하면서 돈을 번다'는 긍정적인 이미지로 기업의 다른 문제들을 가릴 수도 있다. 특히 사회 책임 경영을 사회 공헌쯤으로 이해하는 기업들이 여전히 많은 우리 현실에서, 사회적 가치 실현을 내세워 이윤을 추구하는 새로운 수단이 될 수 있다는 우려가 높은 이유다."[27]

　　사실 마크 크레이머Mark R. Kramer는 "CSR과 CSV의 주요 차이는 전자가 '책임'에 관한 것인 반면, 후자는 '가치 창출'에 관한 것이다"라고 밝힘으로써 이윤 추구라는 목적을 부인하지 않았다. 토머스 베쇼너Thomas Beschorner는 2013년 『경영윤리저널Business Ethics Journal Review』에 발표한 논문에서 CSV를 'one-trick pony approach'라고 규정하면서 기성 자본주의를 개량해보려는 자본주의 찬가에 지나지 않는다고 비판했다. one-trick pony는 한 가지 재능만을 갖고 있는 멍청한 사람을 가리키는 말인데, 베쇼너는 사람들이 속아 넘어가지 않을 것이라는 취지로 쓴 말이다. 그러나 베쇼너의 그런 부정적인 전망과는 달리 CSV는 큰 인기를 누리고 있는 게 현실이다.[28]

왜 지금 돈을 벌어다주는 사업을
퇴물로 만들어야 하는가?
●
marketing myopia

myopia(근시)는 그리스어로
'shut(닫다)'을 뜻하는 myein과 'eye(눈)'를 뜻하는 ops의 합
성어로, 미국에선 near-sightedness, 영국에선 short-
sightedness라고도 한다. 근시近視의 반대인 원시遠視는
hyperopia라고 한다. hyperopia는 미국에선 far-
sightedness, 영국에선 long-sightedness라고도 한다.[29]

marketing myopia는 시장을 좁게 보고 그것에만 치중
하는 '근시안적 마케팅'을 말한다. 1960년 하버드 경영대학원
교수 시어도어 레빗Theodore Levitt, 1925~2006이 『하버드 비즈니
스 리뷰』에 발표한 개념으로, 철저한 소비자 지향적 마케팅 모
델이다. 즉, 기업은 제품보다는 소비자의 욕구에 집중해야 한
다는 것이다.

레빗은 철도산업 쇠퇴의 예를 들며 기업은 지속적 성장을
위해 시장을 광범위하게 설정해야 한다고 주장했다. 철도를
운영하던 기업은 자신을 항공, 자동차 등을 염두에 두고 운송
기업이라 생각하지 않고 오직 철도만을 생각하는 바람에 쇠퇴
했다는 것이다. 그는 미국의 자동차산업도 철도의 전철을 밟

고 있다고 경고했다.[30]

레빗의 메시지는 단호하다. 모든 산업은 살아남으려면 "지금 돈을 벌어다주는 사업을 퇴물로 만들 궁리를 해야 한다"는 것이다.[31] 그러나 그게 어디 말처럼 쉬운 일이겠는가. 그래서 많은 기업이 지금 돈을 벌어다주는 사업에 대한 미련을 버리지 못한 나머지 역사의 뒤안길로 사라지고 말았다. 그런 기업 중 대표로 꼽히는 게 바로 2011년 1월 경영 위기로 법원에 파산 보호 신청을 한 코닥이다. 1889년 설립되어 세계 최고 기업이라는 명성을 누렸을 뿐만 아니라 1975년 디지털카메라를 가장 먼저 개발해놓고도 코닥은 기존 필름 산업에 집중하다 무너지고 말았다.

신세계 부회장 정용진은 2013년 10월 경기도 하남 유니온스퀘어 착공식에서 "국민소득 증가로 가족 단위 외출이 늘어나는 만큼 앞으로 유통업의 경쟁 상대는 테마파크나 야구장이 될 것"이라며 "백화점은 쇼핑과 함께 체험과 엔터테인먼트가 어우러진 생활·문화공간을 만드는 데 주력해야 한다"라고 말했다. 신세계의 이런 전략은 '쇼핑 공간의 테마파크화'로 구체적 모습을 드러내고 있다.[32]

미국 UCLA 경제학자 리처드 롤Richard Roll은 1986년에 발표한 「기업 인수의 교만 가설The Hubris Hypothesis of Corporate Takeovers」이란 논문에서 유행처럼 번지는 기업 인수 합병의 동력은 CEO와 고위 임원들의 지나친 자신감이라고 주장했다. CEO들은 그렇지 않다는 사실을 보여주는 증거가 아무리 많아도, 자신들이 헐값에 인수했다고 착각한다는 것이다.

그런 교만의 유형 중 하나가 disaster myopia다. 이는 경제가 잘 나갈 때 개인이나 기업이 아주 나쁜 일이 일어날 수 있다는 생각을 하지 못하는 '근시안적 재난 불감증'을 말한다. 미국 펜실베이니아대학 와튼스쿨의 경영학자 잭 구텐태그 Jack M. Guttentag와 리처드 헤링Richard J. Herring은 1996년에 발표한 「국제 은행업계의 근시안적 재난 불감증Disaster Myopia in International Banking」이라는 논문에서 깊은 수렁으로 빠지는 미국의 경기 침체나 국가부도 사태처럼 돈을 빌려간 기관들이 동시에 빚을 갚을 수 없게 만드는 체계적 충격의 확률을 은행들이 과소평가한다고 지적했다.[33]

아랫목에 군불을 때면
윗목도 따뜻해지는가?

●

trickle down effect

trickle은 '(액체가) 조금씩 흐르 다, 새다'는 뜻이다. Rain trickled down the window(비가 창문을 타고 흘러내렸다). Tears trickled down her cheeks(눈 물이 방울져 그녀의 볼을 흘러내렸다). The audience trickled in(청중이 조금씩 들어왔다). The information trickled out(그 정보는 조금씩 누설되었다).[34]

trickle down effect는 '낙수효과落水效果'로 부유층의 투 자·소비 증대가 저소득층의 소득 증대로까지 영향을 미쳐 전 체 국가적인 경기부양 효과로 나타나는 현상을 가리키는 말이 다. 그래서 '적하효과滴下效果' 또는 '선성장 후분배론先成長後分配論' 이라고도 한다. 대기업과 부유층의 소득이 증대되면 더 많은 투자가 이루어져 경기가 부양되고, 전체 GDP가 증가하면 저 소득층에게도 혜택이 돌아가 소득 양극화가 해소된다는 논리 다. 이 이론은 국부國富의 증대에 초점이 맞추어진 것으로 분배 보다는 성장을, 형평성보다는 효율성에 우선을 둔 주장이다.[35]

영국에선 1979년에서 1990년까지 총리를 지낸 마거릿 대처Margaret H. Thatcher, 1925~2013에 의해 낙수효과 이론이 공

격적으로 실천되었다. 이와 관련, 영국 노동운동가 오언 존스
Owen Jones는 다음과 같이 말한다.

"대처주의자들은 낙수효과, 즉 최고위층에 쌓인 부가 점
점 아래로 떨어진다고 주장하는데 이런 현상은 결코 일어나지
않았다. 그래서 대처리즘Thatcherism은 실패한 경제정책 대신
희생자들을 공격했다. 희생자들이 고통을 겪고 있다면, 그건
희생당한 개인 자신의 잘못이라는 것이다."[36]

미국의 대표적인 낙수효과 예찬론자인 하버드대학 교수
그레고리 맨큐Gregory N. Mankiw, 1958~는 2014년 7월 『뉴욕타임
스』에 기고한 글에서 상속 예찬론을 폈다. 그는 부의 세습을
합리적 경제 행위로 옹호하는 데 그치지 않고, "상속한 자본의
축적이 우리의 생산성과 임금, 그리고 삶의 질을 높여준다"라
고 주장했다. 이에 대해 프린스턴대학 교수 폴 크루그먼Paul
Krugman, 1953~은 자본 보유량이 증가하면 임금 상승 형태로 노
동자에게 돌아가는 낙수효과를 강조하기 이전에, 경제학자라
면 그에 상응하는 기회비용을 설명해야 한다고 반박했다. 그
는 상속되지 않은 재산은 모두 없어져버리거나 낭비되는 것으
로 가정한 맨큐의 오류를 지적하면서 "만약 상속 재산을 세금
으로 환수해 사회보험 등 공적 재원으로 썼다면 어땠을까?"라
고 반문했다.[37]

낙수효과 예찬론자들은 실업 문제를 어떻게 보는가? 미
국 서던메소디스트대학Southern Methodist University 경제학자 라
비 바트라Ravi Batra는 사람들이 낮은 급료를 받아들이기만 한
다면 비자발적 실업이 생길 이유가 없다는 것이 적하주의자들
의 논리라며 다음과 같이 말한다.

"바꿔 말해 엔론에서 해고된 관리자는 언제든 맥도날드

에서 시간당 6달러를 받으며 일할 수 있다는 말이다. 그들은 그가 실업자가 될 필요가 없으며, 그런 기회를 잡지 않는 사람들은 자발적인 실업자라고 주장하는 것이다. 이런 경제학자들은 근로자들의 곤경을 동정하지 않는다. 적하주의 경제학 모델에서는 근로자들이 절대 해고되는 경우가 없기 때문이다. 만약 이것이 지독한 거짓말이 아니라면 도대체 뭐가 지독한 거짓말인가?"[38]

낙수효과는 도시 정책에도 도입되었다. 1980년대 중반 이후 유럽 전체에 적용된 신자유주의적 도시 정책은 낙후된 근린지역과 도시와 지방에 부를 재분배하는 것은 아무 소용이 없기 때문에 차라리 역동성이 뛰어난 '기업주의적' 성장 거점에 자원을 집중하는 것이 낫다고 결론을 내렸다. 여기서 낙수효과의 공간 버전이 나왔는데, 그것은 성장 거점에서 부가 흘러넘치면 모든 지역적·공간적·도시적 불평등도 언젠가 개선할 수 있다는 주장이다. 달리 말하자면, 도시를 개발업자와 투기적 금융업자 손에 넘겨주면 결국에는 모두에게 이익이 된다는 논리다.[39]

낙수효과를 선전하기 위한 슬로건은 한국식 표현으로 바꾸자면, "아랫목에 군불을 때면 윗목도 따뜻해진다"이지만, 결과는 그렇지 않더라는 것이 충분히 입증되었다. 그래서 미국에선 낙수효과 이론에 대한 반성으로 부자가 아닌 중산층을 키워야 한다는 '미들아웃 경제학middle-out economics', 중간을 포함한 밑을 강조하는 비슷한 개념으로 '분수효과fountain effect'니 '트리클업 효과trickle-up effect'니 하는 말이 쓰이고 있다.[40]

그런데 '트리클업 효과'의 원조는 미국 자동차왕 헨리 포드Henry Ford, 1864~1947다. 그는 1914년 노동 시간을 하루 9시간에서 8시간으로 줄이고 하루 최저 임금을 5달러로 인상하는 (당시 동종업체의 평균 임금은 2.34달러) 파격적인 조치를 취하면서 다음과 같이 말했다.

"우리가 임금을 올리면, 그만큼 소비가 늘어날 것이고, 그럼 가게 주인과 유통업자, 다른 분야의 제조업자나 노동자들이 더 잘 살게 될 것이다. 그런 잘 살게 된 효과가 결국 우리의 판매에도 반영될 것이다. 나라 전체의 임금이 올라가면 나라 전체가 번영한다."[41]

왜 부도난 카지노에 계속
칩을 공급하는가?

●

quantitative easing

　　　　　　　　몇 년 전부터 유행한 경제 용어
들 가운데 '양적완화量的緩和, Quantitative Easing'라는 게 있다. 이
게 도대체 무얼 의미하는 걸까? 재미교포로 영어 전문가인 임
귀열이 청소년부터 어른까지 경제 뉴스에 관심이 적은 보통
사람에게 경제 뉴스에서 양적완화라는 용어를 들으면 이해가
되는지 물었더니, 20여 명 중 정확히 아는 사람은 한 사람도
없었다고 한다. 그는 "번역translation과 해석interpretation에 문
제가 있음을 알 수 있다"라며 다음과 같이 말한다.

　　"양적완화는 전통적 통화정책이 약발이 없을 때 중앙은
행이 상업은행이나 사금융으로부터 재정 재산을 사들여 통화
기저나 이익을 줄여 나가는 것이고 은행 간 이자율 유지를 위
해 단기간 국채 등을 매입 방출을 하는 기존의 것과 대비된다.
금융당국이 단기보다는 장기 자산을 사들여 경제 활성화를 기
하는 것이고 단기 이자율이 초저금리이거나 zero에 가까우면
이자율 조정만으로 경기 진작의 효과가 적을 때 사용하며 이
를 통해 재정 자산 가격이 오르고 수익률은 내린다. 결국 양적
완화는 이자율을 낮추는 방법이 더이상 효과가 없을 때 돈줄

money supply을 풀어 경기 활성화를 기하는 마지막 수단이다. 그래서 서구권 경제 전문가들도 TV에 나와 해설을 할 때 일종 의 'money supply'(시중에 돈줄을 푸는 정책)라고 부연설명을 한다."[42]

양적완화는 중앙은행이 직접 돈을 풀어 자산을 매입하는 행위를 말하며, 구체적으로는 2007~2008년 글로벌 금융위기 이후 연 2.5퍼센트였던 미국의 기준금리가 0퍼센트대로 떨어 져 더는 금리를 내릴 수 없게 되자 미국의 중앙은행격인 연방 준비제도FED가 시중은행이 보유한 채권을 사들여 시장에 돈 을 공급한 통화정책을 말한다. 양적완화는 기준 금리가 제로 에 가까운 상황에서 금리를 낮추기 어려울 때 쓰는 이례적인 정책으로, 금리를 더 내릴 수 없는 상황에서 시중에 돈을 공급 한다는 의미에서 양적완화라고 한다.

양적완화를 추진했던 미 연준 의장 벤 버냉키Ben Bernanke, 1953~는 "디플레이션을 막기 위해서는 헬리콥터로 돈을 뿌리 는 일도 마다 않겠다"는 발언을 해 '헬리콥터 벤Helicopter Ben' 이라는 별명도 얻었는데, 글로벌 금융위기 이후 총 3차례에 걸 쳐 단행한 양적완화로 인해 시중에 풀린 돈은 총 3조 2,000억 달러(3,300조 원)가 넘을 것으로 추정되었다. 양적완화를 통해 주요 선진 7개국G7이 시중에 푼 돈까지 합하면 10조 달러를 넘었다는 분석도 있다.[43]

그래서 양적완화는 'printing money(돈 찍어내기)'라는 별명을 얻었다. 그로 인한 부작용이 없을 리 만무하다. 금융전 문가 송기균은 『고환율의 음모: 서민지갑을 강탈한 검은 손의 실체』(2012)에서 "미 연준은 '양적완화'라는 이름도 생소한 정책을 내세우며 밤낮으로 윤전기를 돌려 달러를 찍어냈다.

돈을 풀면 실물경제가 살아날 거라고, 미 연준 의장 버냉키는 큰소리쳤지만, 달러는 실물경제와 부동산으로 가지 않았다. 금융기관의 수중에 남아 있던 천문학적인 규모의 달러가 고수익을 찾아 흘러든 곳은 주식시장과 원자재 시장이었다. 금융기관들이 대대적인 투기에 나선 것이다"라며 다음과 같이 말한다.

"투기자금이란 국내 주식시장에 충격이 가해지거나 환율이 적정 수준까지 하락하면 재빨리 한국을 빠져나갈 돈들이다. 그러면 주식시장과 금융시장은 혼란에 빠질 것이고, 그들이 투기판에서 거둔 엄청난 이익은 고스란히 국내 투자자의 엄청난 손실로 귀결된다. 그러므로 투기자금은 막을 수 있으면 막는 것이 바람직한데도 MB 정부는 일편단심 투기자금 유치에만 몰두했다.……2009년 4월부터 2010년 말까지 국내 주식시장에 48조 원의 외국 자금이 밀려들었다. 채권시장에는 84조 원이 쏟아져 들어왔다. 이 132조 원의 자금은 대부분 달러를 차입하여 투기하는 국제투기자금들이었다."[44]

2015년 6월 버냉키도 양적완화가 주가 상승을 가져온 것은 사실이고, 부자들이 상대적으로 더 많은 자산을 보유한 만큼 이미 심각한 불평등을 더욱 심화시켰을 수 있다는 점을 인정했다. 하지만 그는 저금리로 인해 저축을 많이 한 부자들의 부가 가난한 사람들에게 이전되는 효과도 있었던 만큼 양적완화가 불평등을 심화시켰는지 아닌지는 간단하게 이야기할 수 있는 문제가 아니라고 했다.[45]

신영복은 『담론: 신영복의 마지막 강의』(2015)에서 "'양적완화'라는 표현 자체가 대단히 기만적입니다. 부도난 카지노를 폐쇄하는 대신 계속해서 칩을 공급하고 있는 것과 다르지 않습니다"라고 했다.[46] 그렇다. 신영복이 핵심을 제대로 꿰뚫는 비유를 했다. 부도난 카지노에 계속 칩을 공급하는 떳떳지 못한(논란의 소지가 큰) 일을 해야 하기에 '양적완화'라는, 보통 사람들은 전혀 이해할 수 없는 용어를 쓴 것으로 보아야 할 것이다.

왜 100원짜리 동전의 둘레는 톱니바퀴처럼 까끌까끌할까?

● coin clipping

양적완화는 "종이는 돈이 아니라 돈의 유령일 뿐"이라고 했던 미국 제3대 대통령 토머스 제퍼슨Thomas Jefferson, 1743~1826의 명언(?)을 떠올리게 만든다. 당시 지폐 곧 종이돈은 혁명적인 발상이었기에 그에 대한 거부감을 나타낸 것이지만, 중앙은행이 미친 척하고 윤전기를 돌려 마구잡이로 달러를 찍어내는 건 지폐에 대한 과거의 불신을 입증해주는 게 아니고 무엇이겠는가.

미국 경제학자 크리스 마틴슨Chris Martenson은 『크래시 코스: 시한부 세계경제의 진실을 말하다The Crash Course: The Unsustainable Future Of Our Economy, Energy, And Environment』(2011)에서 "양적완화는 기초 자산도 없이 그야말로 무에서 화폐를 창조해 이를 공적, 사적 부채를 포함한 다양한 부채를 청산하는 데 사용한다는 의미 그 이상도 이하도 아니다"라며 다음과 같이 말한다.

"이런 방식이 과거의 주화 클리핑(주화를 깎아내거나 크기를 줄이는 등의 방법으로 화폐 가치를 떨어뜨림) 혹은 직접 화폐를 찍어내는 관행과 어떤 차이가 있는가? 사실 본질적으로 다르

Bad money drives out good

지 않다. 연준이 화폐 공급에 관한 통제권을 쥐고서 필요할 때는 화폐를 발행해 침체 경제의 숨통을 터주었다가 인플레이션 조짐이 보이면 곧바로 화폐를 회수할 수도 있다는 부분만 빼면 말이다. 이론상으로는 주화 클리핑을 주도했던 왕도 이렇게 시중에 유포한 주화를 전량 회수해 다시 녹인 다음에 원래 형태로 주조하는 것이 가능하기는 했다. 그러나 역사상 이런 일은 한 번도 일어난 적이 없다. 연준의 국고 팽창은 영구적으로 계속될 것이라는 점을 역사가 말해주는 셈이다."[47]

주화 클리핑coin clipping은 주화가 금이나 은으로 만들어졌던 20세기 중반까지 성행했던 수법이다. 금화·은화는 그 자체로 귀금속이었기에 금 부스러기를 얻기 위해 금화 주변을 살살 깎아내는 클리핑을 하는 사람이 많았다. 이는 사형에 처해질 수도 있는 중범죄였지만, 돈에 목숨 거는 사람들은 예나 지금이나 있기 마련이다.

영국에서는 1690년 토머스 로저스Thomas Rogers와 그의 딸 앤 로저스Anne Rogers가 은화 40개를 클리핑했다는 혐의로 체포되어 사형을 당했다. 클리핑을 하는 사람들에게 겁을 주기 위해 토머스는 교수형에 처한 뒤 그 시체를 물에 담갔다가 토막을 냈고, 앤은 산 채로 불구덩이에 던져졌다.

어떤 이들은 발각의 위험을 줄이기 위해 금화를 가죽부대에 넣고 흔들거나 비벼서 금가루를 얻었다. 이를 가리켜 스웨팅sweating이라고 했다. sweat의 10여 가지 되는 뜻엔 "(자루에 넣은 금화를) 마찰시켜 분말을 얻다"라는 뜻이 있다. 주화가 크면 가운데 구멍을 뚫어 금이나 은을 좀 빼낸 다음 망치로 두들겨 구멍을 없애는 수법도 있었고, 주화를 반으로 쪼갠 다음 주화 속에서 금이나 은을 빼낸 후에 다른 금속을 채워 넣는 수법도 있었다.

이 모든 수법을 가리켜 '주화 디베이스먼트coin debasement'라고 한다. debasement는 "(품질·가치·인격·평가 등의) 저하, 타락"을 뜻하는데, 이걸 주화에 적용시킨 용법으로 볼 수 있겠다. 디베이스먼트의 역사는 인류의 화폐 역사만큼이나 길다. 클리핑·스웨팅이 생계형이라면 함량 조작은 기업형인데, 그 원조는 로마 황제들이다. 예컨대, 은화 데나리우스denarius는 원래 4그램 정도였는데, 이게 네로 황제 시대에 3.8그램으로 줄었고 왕정 말기에는 은의 함량이 2퍼센트까지 하락했다.

16세기 영국 왕 헨리 8세Henry VIII, 1491~1547는 유산을 다 까먹고 함량을 줄이는 방법으로 자신의 낭비벽을 충족시켰다. 헨리 8세의 재정 고문인 토머스 그레셤Thomas Gresham, 1519~1579은 헨리 8세가 죽자 후계자인 엘리자베스1세를 찾아가 "악화가 양화를 구축한다Bad money drives out good"라며 악화 제거를 요청했다. 그 유명한 '그레셤의 법칙'이 나오게 된 역사적 배경이다.

금화와 은화가 사라지고 그 대신 값싼 합금으로 주화를 만드는 오늘날엔 주화 디베이스먼트를 해야 할 이유가 사라졌지만, 디베이스먼트가 심했던 시절에 만들어진 관행은 지금도 살아 있다. 그 대표적인 게 바로 주화의 둘레를 톱니바퀴처럼 까끌까끌하게 만드는 것이다. 영어로는 milling 또는 reeding이라고 한다. 클리핑과 더불어 위조를 쉽게 적발하기 위해 고안된 것이다. 주화 표면에 인물이나 문양을 새겨 넣는 engraving도 같은 이유에서 비롯되었다.

이런 일들은 1699년부터 죽을 때까지 약 30년간 영국 조폐국장Master of the Mint을 지낸 과학자 아이작 뉴턴Sir Isaac

Newton, 1642~1727이 주도했다. 뉴턴은 당시 영국의 화폐 위조 범들에게 공포의 대상이었고 실제로 많은 위조범을 교수대로 보냈다고 한다.[48]

이젠 주화 클리핑이 아니라 위조지폐의 시대다. 한국은행에 따르면 2014년 발견된 5만 원권 위폐는 1,405장으로 전년도 84장에서 1,500퍼센트 이상 폭등했다고 한다. 위조범들이 '양적완화'에 도전하기 위해 그런 것 같지는 않다. 이들은 주로 구멍가게, 재래시장 등 현금 사용이 활발한 곳에서 거스름 돈을 노리기 때문에 당하는 건 결국 영세 상인들이 아닌가 말이다.

재정적자를 줄이기 위한
미국 정부의 최후수단은 무엇인가?

●
sequester

sequester(시퀘스터)는 "격리하다, 일시 압류하다, 몰수하다"라는 뜻이다. The jury is supposed to be sequestered during the trial(배심원단은 재판 기간 격리되어야 한다). He sequestered himself from the world(그는 스스로 자신을 세상에서 격리시켰다). One can be relieved for a while if one's spouse who uses violence at home or becomes violent after drinking is arrested and sequestered temporarily(상습적으로 가정폭력을 저지르거나 술만 마시면 난폭하게 구는 배우자가 구속되면 잠시는 격리되어 마음을 놓을 수 있을지 모른다).[49]

시퀘스터는 미국 정부의 자동 예산 삭감 제도를 가리키는 말이기도 하다. 미국 정부가 재정적자 누적을 막기 위해 시행하는 조치로, 다음 회계연도에 허용된 최대 적자 규모를 초과할 경우 정부의 재정지출을 자동적으로 삭감하는 제도다. 법률 분야에서는 법원의 재산 가압류 절차를 가리키는 용어로 사용되고, 재정 분야에서는 '일괄 삭감'이라는 의미로 사용된다. 모두 다 '격리, 압류'라는 의미를 내포하고 있음을 알 수 있다.

시퀘스터는 1985년 필 그램Phil Gramm 등 3명의 상원의원이 발의해 의회를 통과한 '균형예산 및 긴급적자 통제법Gramm-Rudman-Hollings Balanced Budget Act'에 뿌리를 두고 있다. 이 법안은 당시 미국이 쌍둥이 적자(재정적자+경상수지 적자)로 시달리자 미국 경제가 큰 타격을 입을 수 있다는 위기감에서 도입된 것으로, 계속 늘어가는 국가부채를 줄이기 위해 연방정부 재정지출의 한도를 정하고, 의회와 정부가 별도의 합의를 하지 못할 경우 자동 예산 삭감, 즉 시퀘스터를 발동하는 것을 내용으로 한다.

1986년 시퀘스터가 발효된 이후 해마다 적자 규모를 축소해 1992년 균형예산을 만드는 데 성공했으나, 2000년부터 경기부양책과 사회보장제도 등으로 인한 정부의 재정지출 증가로 다시 막대한 재정적자가 발생했다. 이에 2013년 3월 미국 정치권의 합의 결렬로 시퀘스터가 발동되었는데, 정부지출의 자동 삭감액 규모는 2013년 회계연도가 끝나는 9월까지 850억 달러, 향후 10년간 회계연도별로 1,100억 달러씩이다.

시퀘스터가 현실화되면 정부의 재정적자는 줄어들지만 국방·교육·복지 분야 등에서 예산이 대규모로 삭감되어 고용 상황이 악화되고 기업투자와 소비지출이 위축됨으로써 경기가 침체될 우려가 있고, 그 여파가 미국뿐 아니라 전 세계 경제에도 미칠 가능성이 있다.[50]

『중앙일보』(2013년 2월 15일)는 "지난해 말 한 차례 미뤘던 시퀘스터 발동 시한이 다음 달 1일로 다가왔다. 백악관·행정부와 의회가 이달 말까지 합의안을 내지 못하면 이날을 기점으로 2013 회계연도에만 850억 달러(약 92조 원) 연방 예산이 자동 삭감된다. 2021년까지 9년치 삭감액은 무려 1조 2,000억 달러에 달한다"라며 다음과 같이 말했다.

"정부 예산이 삭감되면 최대 100만 명 이상 공무원의 무급 휴가가 현실화될 수 있다.……23일(현지시간) AFP통신에 따르면 78개 기관 65만 명에 이르는 공무원을 회원으로 둔 미국 최대 공무원 노조인 연방공무원노조AFGE가 이 같은 가능성을 경고하고 나섰다. 국방부는 4월 말부터 최대 22주간 일주일에 하루씩 무급 휴가를 떠날 수 있다고 민간인 직원들에게 이미 통보했다. 연방항공청 직원 4만 7,000여 명의 무급 휴가가 시행될 경우 '주요 공항에서 최소 90분 이상 항공편이 연착될 우려가 있다'(레이 라후드 교통장관)는 경고도 나왔다."[51]

2014년 2월 23일 미국 『디펜스 뉴스』는 미 국방부가 연방정부의 시퀘스터가 지속되는 것을 전제로 군비 축소를 계획하고 있다고 밝혔다. "미국 정치권이 합의한 시퀘스터에 맞추기 위해서는 국방예산을 5년간 1조 1,500억 달러 삭감하는 게 불가피하다. 이에 따라 미 국방부는 군 규모를 줄이고 불필요하다고 판단되는 무기들을 조기에 퇴역시키는 방안을 추진 중이다."[52]

2015년 1월 29일 버락 오바마Barack Obama, 1961~ 대통령이 필라델피아에서 열린 민주당 하원의원 워크숍에서 재정적자 문제를 해결하기 위해 내년도 예산안을 상한선보다 약 7퍼센트(740억 달러·80조 9,000억 원) 많은 1조 910억 달러 수준으로 편성할 것이라고 밝히자, 언론은 버락 오바마가 "시퀘스터 무력화 조치에 본격적으로 나섰다"라고 분석했다.[53]

재정건전성을 강조하는 것은
복지 지출을 줄이겠다는 뜻인가?

●
PAYGO

PAYGO(페이고)는 'Pay as you go'의 줄임말로 '번 만큼 쓴다'는 뜻인데, 국가가 지출 증가나 재정수입 감소처럼 국가 재원에 영향을 미치는 법안을 낼 때 재원 확보 방안을 함께 제출해야 하는 제도를 말한다. 즉, 돈이 들어가는 계획을 세울 때는 그 돈을 어떻게 마련할 수 있는지 그 방법도 함께 세워야 한다는 뜻이다. 미국은 1990년 이 원칙을 도입해 재정수지 적자에서 벗어난 뒤 2002년 폐지했지만 이후 다시 재정적자가 늘어나자 2010년 페이고 원칙을 재입법화해 영구화했다. 기업이 신규 사업에 착수하거나, 기존 사업을 평가할 때 수익성이 확보되는 경우에만 투자나 비용 지출을 허용하는 것도 페이고라고 한다.[54]

2015년 5월 13일 박근혜 대통령은 국가재정전략회의에서 "입법을 통한 무분별한 정부 지출 증가를 막기 위해서는 재정지출이 필요한 법안은 재원조달 방법도 함께 제출하도록 의무화할 필요가 있다"며 "페이고 원칙이 도입돼야 한다"라고 주장했다. 새누리당은 재정건전성을 위해 페이고 제도를 논의할 수 있다는 태도를 보인 반면, 새정치민주연합은 국회의 입법권이 제한될 수 있다며 반대했다.

박수현 새정치민주연합 원내대변인은 "페이고는 미국 예산시스템에 적합한 재정준칙"이라며 "우리나라에 도입되면 국회 입법권과 재정권한을 과도하게 통제할 것"이라고 말했다. 실제 '미국식 페이고'는 우리와 예산시스템이 달라 현실에 맞지 않는다는 주장이 많다. 우리를 비롯한 경제협력개발기구 OECD 국가들은 행정부가 예산편성권을 가지고 있지만, 미국은 의회에 있기 때문이다. '내가 만드는 복지국가' 공동운영위원장인 오건호는 "우리나라 국가재정이 지닌 근본 문제는 수입이 적어 재정 규모가 빈약한 데 있다"며 "재정건전성을 지나치게 강조하는 것은 복지 확대 등 꼭 필요한 지출마저 억제하겠다는 의도로 보인다"라고 말했다.[55]

전혀 다른 관점에서 나온, 페이고에 대한 비판도 있다. 미국 보스턴대학 경제학 교수 로런스 코틀리코프Laurence J. Kotlikoff, 1951~는 『다가올 세대의 거대한 폭풍The Coming Generational Storm』(2004)에서 "기성세대의 미래 세대에 대한 착취는 페이고 원칙을 고수하는 사회보장제도를 통해 균형 예산이라는 미명 하에 벌어진다"라고 주장한다.

"국가는, 공식적인 정부 발표 부채에는 절대로 드러나지 않는 막대한 미래 부채를 다음 세대로 은근슬쩍 떠넘기면서 동시에 엄청난 흑자를 발표할 수도 있다. 이것은 다시 말해서, 정부의 공식 부채가 사회보장제도와 메디케어 같은 미래 지급 약속에 필요한 어마어마한 비용을 투명하게 보여주지 못한다는 뜻도 된다."[56]

information overload
digital detox
free
freemium
Shopkick
data
big data
one percent rule
privacy
Inception

정보와 디지털 문화

왜 정보가 많을수록
정치적 당파성이 강해지는가?

information overload

information(정보)은 '형태를 만들어주는'이란 뜻을 가진 라틴어 informare에서 나온 말로, 생각이나 마음의 어떤 것을 형태화한 것이라는 의미다. info 로 줄여 쓰기도 한다. 이 단어가 오늘날과 같은 의미로 쓰이게 된 건 오래되지 않는다. 1948년 미국 수학자 클로드 섀넌 Claude Shannon, 1916~2001이 쓴 논문에서 최초로 사용되었다. 섀 넌조차도 1939년 자신의 새로운 아이디어를 소개한 글에서 information 대신 intelligence라는 단어를 사용했다.[1]

그간 정보는 다다익선多多益善으로 여겨져왔지만, 오늘날 과 같은 정보 폭발의 시대엔 정보가 많을수록 꼭 좋은 것만은 아니다. "Glutting a person with more information than he can process may lead to disturbance(어떤 사람에게 그가 처리할 수 있는 이상의 정보를 과잉 공급하는 건 장애를 야기할 수 있다)." 1960년대에 미국 미시간대학의 정신과 교수 제임스 밀러James G. Miller가 정보 과부하information overload는 여러 유 형의 정신병과 관계가 있을 수 있다고 시사하면서 한 말이다.[2]

information overload는 미국 정치학자 버트럼 그로스

Bertram Gross, 1912~1997가 1964년에 출간한 『조직경영The Managing of Organizations: The Administrative Struggle』에서 최초로 사용한 말이다.[3] 정보 과부하 문제를 해결하기 위해 생겨난 비영리조직 IORGInformation Overload Research Group는 정보 과부하 문제로 인해 정보 노동자는 일하는 시간의 25퍼센트를 낭비하며 이는 미국 경제에 연간 9,970억 달러의 손실을 끼친다고 주장한다.[4]

미래학자 앨빈 토플러Alvin Toffler, 1928~는 1970년 『미래의 충격Future Shock』에서 '정보 과부하' 개념을 정치에 접목했다. 그는 세상은 점점 더 다양해지고 복잡해질 텐데, 인간의 방어 체계는 사람들이 갖는 편견들을 확인하고 굳히는 여러 방식으로 세상을 단순화해서 바라볼 것이라고 생각했다.[5] 이와 관련, 네이트 실버Nate Silver, 1978~는 『신호와 소음: 미래는 어떻게 당신 손에 잡히는가The Signal and the Noise: Why So Many Predictions Fail-but Some Don't』(2012)에서 "인쇄술이 탄생한 뒤에 정보 과부하는 과거보다 더 큰 분파주의를 낳았다"라며 다음과 같이 말한다.

"정치적 당파성은 토플러가 『미래의 충격』을 썼던 바로 그 무렵부터 빠르게 확대되기 시작했으며, 인터넷이 출현한 뒤로는 속도가 한층 빨라진 듯하다. 당파적 신념은 더 많은 정보가 우리를 진리에 더 가까이 데려다주리라는 믿음을 배신할 수 있다. 최근 『네이처Nature』에 실린 한 논문은, 정치 신념이 강한 사람들이 지구온난화 정보를 더 많이 접할수록 같은 생각으로 뭉치는 경향성은 오히려 줄어든다는 사실을 발견하기도 했다."[6]

정보에도 등급이 있다. 그 등급은 여러 기준에 의해 나눌 수 있겠지만, 중요한 기준 중의 하나는 신뢰도다. 신뢰할 만한 정보는 많은가? 이 물음의 관점에서 보자면, 정보 과부하는 의심을 요구하는 개념이라고 볼 수 있다. 이와 관련, 마이클 르고Michael LeGault는 『싱크! 위대한 결단으로 이끄는 힘Think!: Why Crucial Decisions Can't Be Made in the Blink of an Eye』(2006)에서 "정보 과부하는 신화"라며 다음과 같이 말한다.

"사람들은 단지 정보를 추구하는 것이 아니라 좋은 정보를 추구한다. 좋은 정보는 여전히 얻기 힘들다. 그것은 도서관에 묻혀 있기도 하고, 서류 캐비닛에 혹은 전문가의 머릿속에 들었다. 무역 잡지의 편집장으로서 9년 동안 근무하면서 나는 우리의 경쟁자로부터 우리를 구분시켜주는 최고의 정보는 언제나 오래된 방식으로 얻어낼 수 있다는 사실을 체득할 수 있었다. 말하자면 인터뷰를 하거나 업계를 방문하거나 질문을 하는 오래된 방식이 최선의 것이었다."[7]

information overload와 비슷한 말로 infobesity(정보를 뜻하는 information과 비만을 뜻하는 obesity의 합성어), information glut(정보 폭식), information pollution(정보공해), data smog(데이터 스모그) 등이 있다. 미국의 디지털 운동가 클레이 존슨Clay Johnson은 『똑똑한 정보 밥상: 몸에 좋은 정보 쏙쏙 가려먹기The Information Diet: A Case for Conscious Consumption』(2012)에서 몸에 좋은 정보를 가려서 소비하는 information diet(정보 다이어트)의 필요성을 주장했다.

"음식 섭취와 정보 소비 간의 유사성을 연구하면 할수록, 나는 이것이 단지 그럴듯한 비유만이 아니라는 믿음을 더욱 굳히게 됐다. 이것은 진짜다. 의식적인 정보 소비는 가능하다. 음식을 먹을 때 그러는 것처럼 우리는 우리 머릿속에 주입하는 정보의 내용에 더 주의를 기울일 수 있다. 건강한 식습관과 마찬가지로, 똑똑한 정보 밥상은 스트레스를 줄여줄 뿐 아니라 더 오래 행복한 삶을 사는 데 도움을 줄 수 있다."[8]

왜 우리는 '유령 진동 증후군'에
시달리는가?

digital detox

intoxication은 외부의 독성물질에 신체가 이상을 보이는 현상을 말한다. 반면 addiction은 마약, 알코올, 약물, 도박, 쇼핑 등으로 인한 정신적인 의존증을 말한다. 둘 다 중독으로 번역해 쓰지만, 그런 큰 차이가 있다. detoxification은 '해독'인데, 새로운 합성물질이 야기한 화학적·물리적·생물학적 독소toxin를 제거한다는 뜻이다.

detoxification을 줄인 디톡스detox가 대유행이다. 전엔 detoxification이라고 하면 주로 알코올중독과 마약중독 치료를 떠올렸지만, 오늘날엔 디톡스 다이어트, 디톡스 화장품, 디톡스 음식, 디톡스 옷감 등 수많은 디톡스 제품과 서비스가 있다. 또한 『디톡스 내 몸을 살린다』, 『닥터 디톡스』, 『누구나 47kg 되는 디톡스 혁명』 등 제목에 디톡스가 달린 책이 수백 권에 이른다.[9]

디지털 디톡스digital detox는 정보 과부하information overload가 일어나는 가운데 '인터넷 중독', '휴대전화 중독', '게임 중독' 등과 같은 디지털 중독digital addict에 대한 우려가 높아지면서 이에 대한 처방으로 등장한 것이다. 연세대학교 교수 조화

Quiet Facebook Day

순은 "네트워크로 연결된 현대 사회는 디지털 위험사회이다. 특히, 디지털 피로감과 감시사회, 불신의 사회 등 여러 가지 사회적 문제를 야기한다. 이러한 디지털 위험을 해소하기 위해서 시민사회가 능동적으로 참여하는 '디지털 디톡스 운동'이 필요하다"라고 말했다.[10]

김신영은 '디지털 디톡스의 5대 방안'을 이렇게 제시했다. ① '인터넷 휴休요일'을 만들거나 한 시간 정도 '디지털과의 이별'을 연습하라. ② 디지털 기기와 단절되면 가장 먼저 떠오르는 '뭐 하고 시간을 보내나' 하는 생각을 예방하기 위해 생각의 목표를 설정하라. ③ 디톡스의 '궁극'은 침묵에 있기에 꼭 필요한 말 외에는 하지 않는 '말의 침묵', 불필요한 행동은 자제하는 '표현의 침묵', 필요한 것에만 관심을 가지는 '정신의 침묵', 불같이 화를 내지 않는 '열정의 침묵', 남에 대한 선입견을 갖지 않는 '상상의 침묵'을 시도해보라. ④ '디지털 디톡스'를 결심했다면 다음 날 기상 순간 무엇을 할지를 정해두라. ⑤ 메신저로 수다를 떨고 싶은 욕심이나 블로그에 사진과 글을 올리고 싶은 생각이 들 때마다 공책을 임시 보관함 삼아 생각을 적자.[11]

반反소비주의 문화운동 단체인 '애드버스터스Adbusters'는 스마트폰을 쓰지 않게 할 수 있는 애플리케이션인 디지털 디톡스를 만들어 보급하고 있으며, 페이스북의 개인 정보 정책에 반대하는 모임에서는 2010년 5월 31일을 '페이스북을 그만 하는 날Quite Facebook Day'로 정하고 이용자들이 스스로 계정을 폐쇄하거나 탈퇴하고 동영상이나 사진을 삭제할 것을 유도하는 캠페인을 펼치기도 했다.[12]

'폰스택Phone Stack'은 일부 미국인들의 일상적 삶에서 일종의 놀이로 번진 디톡스 운동이다. 뉴욕에서 시작된 이 놀이는 친구들끼리 식당에 모여 식사를 할 때 폰을 쌓아두고 사용하지 못하도록 하면서, 누군가 참지 못하고 폰에 손을 대면 그 친구가 음식 값을 내게 하는 놀이다. 유튜브 동영상을 통해 확산된 이 놀이는 스마트폰으로 인한 대화 단절의 폐해를 효과적으로 알리는 데에 기여했다.[13]

'유령 진동 증후군phantom vibration syndrome'은 전화기의 진동이 울리지 않았는데도 진동하고 있는 것처럼 느끼고 전화기를 확인하는 증상을 가리킨다. 이와 관련, 폴 돌런Paul Dolan은 "미디어 기기들이 굳이 우리의 관심을 끌려 애쓰지 않아도 우리의 뇌는 거기에 주의를 기울이도록 프로그래밍되어 있다"라며 '폰스택 게임'에 대해 다음과 같이 말한다.

"목적 있는 활동을 할 때 주의가 쉽게 흐트러지는 경향이 있는데, 이런 게임이 만들어졌다는 것은 이제 사교 활동처럼 즐거운 활동을 할 때도 주의 산만을 극복하기 위한 해결책이 필요하다는 사실을 보여준다."[14]

'젤로'와 '질레트'는 어떻게
대박을 터뜨릴 수 있었는가?

●
free

free는 독일어 frei(loving, beloved)에서 온 말이다. 옛날 가부장제 대가족은 두 종류의 사람으로 구성되었다. 자유로운 사람과 노예다. 자유로운 사람은 가부장의 사랑을 받는 사람이었으므로, '자유로운'과 '사랑을 받는'은 같은 뜻이었던 셈이다. 사랑을 받는다고 하는 점에서 friend도 바로 free와 같은 어원적 계열의 단어다.[15]

더 거슬러 올라가자면 free는 선사 인도유럽어로 '사랑하다'인 pri가 어원이다. 이와 관련, 조승연은 "유럽인들의 조상인 선사 인도유럽인들은 일찍부터 소를 길러 우유를 소화할 수 있는 유전자가 형성됐다. 그래서 다른 민족보다 키와 골격이 컸다. 또한 가장 먼저 말을 가축으로 부려 전쟁에도 유리했다. 일찍이 직접 노동하지 않고 타민족을 정복해서 노예로 부리는 계급 사회를 형성했다"라며 다음과 같이 말한다.

"노예는 주인이 마음대로 사고팔 수 있었기 때문에 사랑하는 사람도 가질 수 없었다. 반면에 자유인은 사랑하는, 즉 pri한 사람들과 함께 살 수 있었다는 의미에서 자유인은 자신을 스스로 free하다고 표현했다. 중세 영국은 기사와 영주를 제외한 사람 대부분이 농노 계급에 속했다. 이들이 여행해야 할 때는 각각 영주의 땅을 지날 때마다 비싼 통행료를 치러야만 했다. 기사·귀족은 통행료가 면제되었을 뿐만 아니라 다른 귀족 집에서 무료 숙식을 요구할 수도 있었다. 그래서 free는 '자유롭다'에서 '무료', '공짜'로 의미가 확장됐다."[16]

인터넷 세대는 '공짜 세대'라고 해도 과언이 아니다. 인터넷에서 모든 걸 공짜로 즐기며 성장한 이 세대는 공짜를 자연의 법칙처럼 여기는 경향이 있다. 미국 IT 저술가인 크리스 앤더슨Chris Anderson은 『프리: 비트 경제와 공짜 가격이 만드는 혁명적 미래Free: The Future of a Radical Price』(2009)에서 "공짜는 친숙한 개념이면서 동시에 매우 불가사의한 개념이다"라며 다음과 같이 말한다.

"그것은 많은 오해를 받고 있으면서도 막강한 힘을 갖고 있다. 지난 10년에 걸쳐 등장한 공짜는 과거의 공짜와 다르다. 하지만 그것이 어떻게 다른지, 왜 다른지 제대로 조사가 이루어지지 않았다. 게다가 오늘날의 공짜는 명백한 모순으로 가득 차 있다. '공짜로 제공함으로써 돈을 벌 수 있다'니, 이보다 완전한 모순이 어디 있겠는가?"[17]

이미 우리 주변의 몇몇 성공 사례에서 목격하고 있는 바와 같이, 공짜 마케팅의 핵심은 '습관 만들기'다. 즉, 처음엔 공짜 공세로 어떤 소비 습관을 만든 후, 이익은 나중에 챙기는 것이다. 앤더슨이 책의 첫머리에 제시한 고전적 사례를 두 개만 감상해보자.

동물의 뼈와 살에서 추출한 젤라틴을 깨끗한 분말로 만든 '젤로Jell-O'라는 게 있다. 식탁에서 사랑을 받는 말랑말랑한 디저트의 원료다. 19세기 말 이걸 '발명'한 이의 고민은 소비자들이 이 제품을 모를 뿐 아니라, 이 제품으로 무엇을 할 수 있을지도 모른다는 것이었다. 그 사람은 결국 사업을 포기하고, 젤로 브랜드를 헐값으로 다른 사람에게 넘기고 말았다.

이 사업을 넘겨받은 제네시퓨어푸드사Genesee Pure Food Company는 1902년부터 본격적인 '공짜 마케팅'을 전개함으로써 젤로를 모든 미국 가정의 필수품으로 만드는 데에 성공했다. 어떤 방법이 동원되었던가. 젤로 요리법이 담긴 팸플릿을 인쇄해 주부들에게 무료로 나누어주었다. 이 팸플릿은 곧 요리책으로 발전했다. 이 회사가 무료 배포한 요리책은 25년간 2억 부 이상이었다. 잘 만들어진 공짜 책으로 요리법을 익힌 주부들이 시장에 갔을 때 젤로에 손이 가지 않을 리 없다.

질레트면도기를 만든 킹 질레트King C. Gillette, 1855~1932는 매일 아침 면도를 해야 하는 코르크 병마개 세일즈맨이었다. 어느 날 면도날에 얼굴을 베자, 칼날이 무뎌지면 칼날만 새것으로 갈아 끼우면 좋겠다는 생각을 했다. 1901년 12월 2일 세상에 선을 보인 질레트는 1903년 면도기 9만 개와 면도날 1,240만 개를 생산하는 등 대량생산 체제에 들어가면서 공격적인 공짜 마케팅을 펼쳤다.

신규로 예금에 가입하는 고객들에게 무료로 나누어줄 수 있도록 은행에 면도기를 싼값에 대량으로 판매하는 '셰이브 앤드 세이브Shave and Save' 캠페인을 비롯하여 껌, 커피, 과자 등 다양한 상품들에 면도기를 공짜로 끼워 판매하게끔 했다. 면도기란 면도날이 없으면 무용지물이 아닌가. 면도기가 공짜로 뿌려지는 만큼 1회용 면도날의 수요는 증가하기 마련이어서 질레트사는 대박을 터뜨렸다.[18]

왜 95퍼센트는 공짜로 주고
5퍼센트로 돈을 벌라고 하는가?

●
freemium

디지털 세계에선 '프리미엄 모델'이라는 말이 유행한다. 'premium model'이 아니라 'freemium model'이다. 95퍼센트의 범용 서비스는 공짜로 제공하되 나머지 5퍼센트의 차별화되고 개인화된 서비스를 소수에게 비싸게 팔아서 수지를 맞추라는 것이다. 즉, 일정한 기능을 모든 고객에게 무료로 제공하되 요금을 낸 고객은 고급 버전을 사용할 수 있게끔 하는 가격 전략pricing strategy이다.

프리free(무료)와 프리미엄premium(유료의, 고급의)을 합친 조어인 프리미엄freemium은 무료와 유료를 뚜렷이 구분하려는 양자택일적 사고를 넘어선 것으로, 특정 방식이나 수단을 지칭하는 용어라기보다는 사고관이나 개념을 표현하는 말이다. 2006년 벤처투자가 프레드 윌슨Fred Wilson의 회사에 소속된 자리드 루킨Jarid Lukin이 처음 만든 말이지만, 『와이어드』 전 편집장 크리스 앤더슨Chris Anderson이 2009년에 출간한 『프리: 비트 경제와 공짜 가격이 만드는 혁명적 미래Free: The Future of a Radical Price』란 책을 통해 유행시켰으며, 2014년 에릭 서퍼트Eric Seufert는 한 걸음 더 나아가 『프리미엄 경제학Freemium

Economics』이란 책을 출간했다.[19]

프리미엄 모델은 그 이전에 존재했던 '공짜 샘플'과 무엇이 다른가? 앤더슨은 "전통적인 공짜 샘플은 홍보용 막대 사탕이나 (갓 출산한 여성들에게 우편으로 발송되는) 기저귀 등이다. 이러한 샘플들은 실제 비용이 발생하는 상품들이므로 제조업체들은 소량만 공짜로 나누어준다. 소비자들의 환심을 사서 보다 많은 수요를 창출하길 바라면서 말이다"라면서 다음과 같이 말한다.

"그러나 디지털 상품의 경우, 무료상품 대 유료상품의 이러한 비율이 뒤바뀐다. 일반적으로 온라인 사이트들은 5퍼센트 법칙을 따른다. 5퍼센트의 사용자들이 95퍼센트의 나머지 사용자들을 보조하는 것이다. 프리미엄 모델에서 이것은 고급 버전을 구매하는 유료 이용자 덕에 19명의 다른 이용자가 기본 버전을 무료로 이용할 수 있음을 의미한다. 이것이 가능한 이유는 19명에게 기본 버전을 공급하는 비용이 '무無'라 할 만큼 '0'에 가깝기 때문이다."[20]

경제학자들은 이처럼 각기 다른 고객이 각기 다른 가격을 지불하는 걸 가리켜 '버저닝versioning'이라고 부른다. 반값에 조조할인 영화를 보거나 노인 할인을 받는 것도 버저닝 현상이다. 앤더슨은 버저닝 현상이 프리미엄 모델의 핵심이라고 말한다. 버저닝 때문에 공짜라는 가격이 형성될 수 있다는 것이다.[21]

프리미엄 모델은 전 세계 앱 시장의 90퍼센트 이상을 지배하는 룰이 되었다. 게임이나 앱을 무료로 제공해 기본 서비스는 누구나 즐기게 한 뒤 부가 서비스에는 요금을 매기는 방식이 보편화되었다는 이야기다.[22] 신문사들도 이 방식을 도입했는데, 성공보다는 실패가 많았다. 이에 대해 크리스 앤더슨은 다음과 같이 말한다.

"『뉴욕타임스』나 『파이낸셜타임스』가 유료화에 어느 정도 성공을 거둔 것은 이들이 프리미엄 신문이기 때문입니다. 하지만 다른 대부분 신문의 프리미엄 서비스는 그다지 성공적이지 않았습니다. 제 생각에는 더 많은 콘텐츠를 제공하고, 콘텐츠의 질을 높이는 것보다, 콘텐츠를 독자들에게 어떻게 잘 보여주고 독자들이 편하게 재미있게 즐길 수 있도록 할지, 즉 소프트웨어 부분에 훨씬 더 공을 들여야 할 것 같습니다."[23]

프리미엄 모델이 업체 간 경쟁으로 인해 적정선을 넘었다는 주장도 있다. 하버드대학 경영대학원 교수 애니타 엘버스Anita Elberse는 "싼 걸 나눠주면서 비싼 걸 파는 것은 오래전부터 있었어요. 대표적으로 면도날이 있잖아요? 면도기는 싸게 팔지만, 면도날은 비싸게 팔죠. 그런데 요즘 문제는 가치가 있고 돈도 받을 수 있는 콘텐츠조차 무료로 뿌린다는 거예요"라면서 다음과 같이 말한다.

"진짜 훌륭한 마케터는 제품의 가치가 어느 정도인지 알아야 한다고 봐요. 마케팅은 결국 별게 아니라 고객을 훈련하는 것이에요. 스타벅스는 소비자를 커피 한 잔에 4달러를 지불하는 것이 괜찮다고 훈련시켰죠. 그러나 소비자들은 음원 하나에 1달러를 지불하는 것이 어마어마한 낭비고 사기라고 생각하잖아요? 그 음원 하나는 수백만 달러를 지불해 만들었고, 커피는 50센트를 들여 만들었는데도 말이죠. 그러니까 고객들이 '조금 더 싸야 하는데'라고 느끼는 산업은 그 산업 자체가 위기라고 봐야 해요."[24]

그러나 오늘날과 같은 '초경쟁hypercompetition'의 시대엔

산업 자체의 위기에 신경 쓸 기업은 없을 것 같다. 『초경쟁: 전략적 행동의 역동성 관리Hypercompetition: Managing the Dynamics of Strategic Maneuvering』(1994)의 저자인 미국 다트머스대학 경영대학원 교수 리처드 다베니Richard D'Aveni는 "초경쟁의 원칙은 경쟁자가 나를 파괴하기 전에 경쟁자를 파괴하는 것이다"라고 단언한다.[25] 그런 상황에서 어찌 산업 자체의 위기가 문제이랴.

온라인과 오프라인은
견원지간인가?

●
Shopkick

           shopaholic은 '쇼핑광狂'을 말한다. 쇼핑광이 그냥 탄생한 게 아니다. 그들을 하늘처럼 받드는 shop의 친절 전략이 큰 몫을 했다. "미소 지을 줄 모르면 가게 문을 열지 마라A man without a smiling face must not open a shop"는 말이 있듯이, 손님은 늘 감사의 대상이다. 그래서 미국 가게의 계산대 옆엔 "쇼핑에 감사합니다Thank you for shopping with us"라고 쓰여 있고, "손님은 늘 옳다The customer is always right"라는 서비스 정신이 가게의 실천 이데올로기가 된 게 아니겠는가.[26]

    그러나 customer는 늘 배신하는 동물이다. 온라인, 오프라인, 모바일을 자유롭게 넘나들며 쇼핑을 즐기는 옴니채널 omni-channel 시대의 새로운 소비자를 일컬어 '크로스쇼퍼 cross-shopper'라고 한다. 크로스쇼퍼엔 ① 매장에서 제품을 확인하고 온라인 등의 경로를 통해 최저가로 구매하는 쇼루밍 showrooming족, ② 온라인에서 제품 정보를 꼼꼼하게 파악한 후 오프라인을 통해 제품을 구매하는 역쇼루밍reverse-showrooming족, ③ 오프라인에서 제품을 체험하고 모바일을 통

해 즉시 제품을 구매하는 모루밍mobile-showrooming족 등의 유형이 있다.[27]

온라인과 오프라인은 견원지간犬猿之間인가? 2009년 창업한 스마트폰 쇼핑 애플리케이션 '숍킥Shopkick'은 그런 의문을 품고 온라인과 오프라인의 '윈윈' 모델을 개척한 온라인 기업이다. 설립 5년 만에 미국에서만 사용자 1,000만 명을 확보한 숍킥은 온라인 기반의 쇼핑 앱이지만, 실제로는 오프라인 매장에서 사용된다.

이 앱을 스마트폰에 다운 받으면, 숍킥과 제휴를 맺은 상점에 들어가는 순간 'kick'이라고 부르는 포인트가 적립된다. 인기 상품이 무엇인지와 각종 할인 정보도 알려준다. 이렇게 모은 포인트는 매장에서 기프트 카드, 공짜 커피, 영화 티켓으로 교환할 수 있다. 포인트를 받기 위해서는 소비자가 직접 상점을 방문해야 하기 때문에, 매장은 더 많은 손님을 유치할 수 있게 된다. 숍킥은 이들 제휴업체에서 서비스 이용료를 받는다.

2013년 약 2,300만 달러(약 250억 원)의 매출을 올린 숍킥은 2014년 9월 한국 SK그룹 계열사인 SK플래닛에 인수되어 국내에서도 화제가 되었다. '온라인의 오프라인화Online to Offline · O2O'의 대표적 기업으로 꼽히는 숍킥의 창업자이자 사장CEO인 시리악 로딩Cyriac Roeding, 1973~은 "숍킥은 O2O를 처음으로 실현한 기업 중 하나입니다. O2O의 핵심은 우리가 매일 접하는 오프라인 세상에 온라인의 기능을 더하는 것입니다"라면서 다음과 같이 말한다.

"중요한 것은 온라인이 오프라인 시장을 점령하거나 방해하는 것이 아니라, 오프라인 세상이 더 편리해지게끔 도와준다는 겁니다. 저는 스마트폰에 동영상 기능이 처음으로 탑

재됐을 때, 사람들이 콘서트에 가서도 공연을 직접 관람하는 대신 스마트폰만 처다보면서 동영상을 찍는 것을 보고 잘못됐다고 느꼈습니다. 저라면 직접 공연장까지 갔기 때문에 제 눈으로 직접 공연을 관람하고 경험하고 싶습니다. 제가 하고 싶은 말은, 모바일은 현실 세계를 경험하고 살아가는 데 도움이 되어야 한다는 겁니다. 디지털은 물리적인 공간을 더 살기 좋게 하는 수단이기 때문입니다."[28]

왜 데이터에 고개를 파묻는
사람이 많은가?

●
data

data(데이터)는 라틴어로 '사실
fact로서 주어진다given'라는 뜻이다. 이것은 유클리드Euclid,
B.C.330~B.C.275가 쓴 고전의 제목이기도 한데, 그 책에서 유클
리드는 기하학을 설명할 때 알려진 것 혹은 알려졌다고 증명
할 수 있는 것에서부터 시작한다. 오늘날 데이터는 기록되거
나 분석되거나 재정리할 수 있는 것을 가리키는 말로 쓰이고
있다.[29]

data라는 단어는 1946년부터 본격적으로 쓰이기 시작했
는데, 단수형 datum이 '자료'의 뜻으로 쓰일 때 복수형은
data다. datums로 쓰일 때는 '기준점'이라는 뜻이다. data는
오늘날 대체적으로 sand(모래)나 rain(비)과 같은 질량명사
mass noun처럼 단수로 쓰인다.

데이터는 복잡하기 마련이지만, 이 단어의 발음 역시 복잡
하기 짝이 없다. data는 미국 초등학교에서 '미국인인데도 자주
틀리는 영어 발음 10가지' 중 하나로 꼽히면서 정확한 발음으로
'데이라'와 '대-라'를 표준으로 가르치고 있다고 한다.

임귀열에 따르면, 영국에서 발음은 사용자 수를 기준으로

데이터(92퍼센트), 다-터(6퍼센트), 대터(2퍼센트), 미국에선 데이터(64퍼센트), 다-터(1퍼센트), 대러(35퍼센트)이며, 미국의 권위 있는 사전 『웹스터Webster』나 영국의 『옥스퍼드영어사전』에서도 '데이다', '데이터'를 권하고 있다. 그렇지만 유독 미국의 젊은 층에서 'data' 발음을 '대-라'로 하는 경우가 종종 있다고 한다. 'internet' 발음을 '인터넷'이나 '이너넷'으로 구분할 때 후자의 발음이 다소 경박하지만 편리한 것처럼 data를 '대라'로 하는 것도 젊은 층의 발음이라는 것이다. 한국인은 어떤 발음을 택하는 게 좋을까? 임귀열은 다음과 같이 말한다.

"일본인은 '데이따'라 발음하는 사람이 많고 폴란드에서는 '다-따' '다-타'가 많은데 data의 철자 자체에 충실하게 발성하는 곳이 거의 대부분이다. 이탈리아, 네덜란드, 독일, 루마니아, 프랑스, 스웨덴, 체코, 스페인, 핀란드, 터키 등의 유럽 대부분과 브라질, 포르투갈 등 남미 국가 그리고 영어를 사용하는 남아공에서도 모두 '다-따'가 압도적이다. 따라서 한국인이 미국인 친구를 흉내내며 '대라', '데이라'처럼 발성하는 것보다는 global 기준인 '다-따'로 발음하거나 영미의 표준인 '데이터'로 하는 것이 낫다."[30]

통신사들이 소비자의 데이터 이용을 늘리는 '데이터 마케팅'에 치중하면서 국내 스마트폰 이용자들의 '데이터 중독' 현상이 심각하다는 우려의 목소리가 높다. 박순찬은 "실제 지하철이나 길거리, 식당 등 장소 가릴 것 없이 어디서나 스마트폰에 고개를 파묻고 있는 이들을 쉽게 볼 수 있다. 국내 가입자들의 무선 데이터 이용량도 매년 100% 이상 폭증하고 있다"라며 다음과 같이 말한다.

"음성통화가 무제한 시대에 접어들면서 사실상 추가 수익을 낼 수 있는 것은 데이터밖에 없기 때문이다. 통신사들은 각종 프로모션과 이벤트를 통해 선심 쓰듯 데이터를 추가로 주며, 이용자들이 필요 이상의 데이터 과소비 습관이 들도록 만들고 있다. 칼로리·염분이 높은 정크푸드junk food를 대량으로 제공해 중독되게 만드는 패스트푸드 업체들의 전략과 비슷하다."[31]

현대인의 데이터 중독으로 인해 대규모 서버 인프라를 운영하는 데이터 센터의 규모는 나날이 커지고 있고, 이는 환경 문제로 대두되고 있다. 이에 대처하기 위해 나온 방안 중의 하나가 바로 '데이터 난로data furnace'다. 데이터 센터의 서버를 가정이나 사무실과 연결시켜 난방을 하자는 개념이다. 2011년 마이크로소프트리서치와 버지니아대학은 연구 보고서를 통해 서버와 스토리지가 방출하는 열기를 활용해 난방에 쓰자고 제안하면서 데이터 난로를 통해 홈오피스와 사무실 건물의 탄소 배출을 대폭 절감할 수 있다고 말했다.[32]

왜 한국을 '이 세상에서 가장 흥미로운 장소'라고 하는가?

●
big data

가장 작은 데이터 단위는 0 혹은 1을 나타낼 수 있는 비트bit며, 8개의 비트가 모여 1바이트byte가 된다. 이후 1,024를 곱할 때마다 킬로바이트KB · 메가바이트MB · 기가바이트GB · 테라바이트TB · 페타바이트PB · 엑사바이트EB · 제타바이트ZB 등의 순으로 커진다.[33]

이제 인류는 'big data(빅데이터)'의 시대로 접어들었다. 『조선일보』(2012년 5월 10일)는 "작년에 전 세계에선 이틀마다 5엑사바이트EB의 정보가 생산됐다고 한다. 1EB는 10의 18승乘 바이트이지만, 감感이 잘 안 온다. 쉽게 말해서 인류가 역사 이래 2003년까지 쏟아낸 정보량을 이틀 만에 쏟아냈다는 얘기다. IBM사 계산이 그렇다"라며 다음과 같이 말했다.

"우리가 트윗하고, 문자 메시지 보내고, 온라인에서 물건 사고, 스마트폰으로 위치 정보를 보낼 때마다 생성되는 이 막대한 디지털 정보는 모두 어딘가에 저장된다. 작년 5월 매킨지글로벌연구소MGI가 이런 '빅데이터big data'를 '혁신과 경쟁의 넥스트 프런티어next frontier'라고 선언한 이래, 국내외 기업들은 '빅데이터' 열기에 싸여 있다. 점點으로만 모여 있던 정보

the most interesting place on earth

들을 꿰어서, 개인과 집단의 행동 패턴을 미리 읽어내는 기업이 시장을 지배한다는 얘기다."[34]

big data(빅데이터)는 데이터의 생성 양·주기·형식 등이 기존 데이터에 비해 너무 크기 때문에, 종래의 방법으로는 수집·저장·검색·분석이 어려운 방대한 데이터다. 컴퓨터와 처리기술이 발달함에 따라 디지털 환경에서 생성되는 빅데이터와 이 데이터를 기반으로 분석할 경우 질병이나 사회현상의 변화에 관한 새로운 시각이나 법칙을 발견할 가능성이 커졌다. 일부 학자들은 빅데이터를 통해 인류가 유사 이래 처음으로 인간 행동을 미리 예측할 수 있는 세상이 열리고 있다고 주장하기도 하며, 이를 주장하는 대표적인 학자로는 토머스 멀론Thomas Malone 미국 매사추세츠공과대학 집합지능연구소장이 있다.[35]

빅데이터는 '사회물리학social physics'을 탄생시켰다. 미국 MIT 데이터 과학자 알렉스 펜틀런드Alex Pentland는 『창조적인 사람들은 어떻게 행동하는가: 빅데이터와 사회물리학Social Physics: How Good Ideas Spread-The Lessons from a New Science』(2014)에서 다음과 같이 말한다.

"사회물리학은 우리가 세상을 통해, 가령 전화 통화나 신용카드 거래 내역, GPS(위성항법장치) 지역설정을 통해 흘리고 다니는 디지털 빵가루digital bread crumbs 속에 담겨 있는 인간들의 경험과 아이디어 교환 패턴에 대한 분석 작업에 바탕을 두고 있다.……디지털 빵가루를 가지고 패턴을 분석하는 작업을 우리는 현실 마이닝reality mining이라고 부르는데, 이를 통해 한 개인의 정체성에 관해 엄청나게 다양한 이야기를 들려줄 수 있다."[36]

영국 옥스퍼드대학 교수 빅토어 마이어 쇤베르거Viktor Mayer-Schönberger는 빅데이터가 "스마트폰이 생긴 것과 차원이 다른 인류 역사의 변곡점"이라고 주장한다. 그는 빅데이터가 유행어에 지나지 않는다거나 실체가 없다는 등의 시각을 반박한다. 그는 "새로운 기술이 늘 그렇듯이 빅데이터도 분명히 실리콘밸리의 악명 높은 '하이프 사이클hype cycle(과대 광고 주기 · 새로운 기술이 처음 소개될 때는 과잉 기대가 형성되었다가 곧 실망과 관심 감소로 이어지지만, 이후 시간이 흘러 시장이 성숙하면 해당 기술이 재조명받으면서 본격 보급되는 현상)'을 겪게 될 것입니다"라면서 다음과 같이 말한다.

"빅데이터가 온갖 잡지 표지를 장식하며 산업 콘퍼런스의 주인공이 되었다가 이런 트렌드는 언제 그랬냐는 듯 사라지고 데이터에 의해 우후죽순처럼 생겨났던 수많은 신생 기업은 곤란에 처할 것입니다. 하지만 이런 열광도, 저주도 지금 일어나는 현상을 굉장히 잘못 이해한 결과입니다. 망원경이 우주를 이해할 수 있게 했고, 현미경이 세균을 알려준 것처럼, 많은 데이터를 수집하고 분석하는 이 새로운 기술도, 새로운 방식으로 세상을 이해할 수 있게 도와줄 것입니다."[37]

미국 밥슨대학Babson College 교수 토머스 대븐포트Thomas Davenport는 "한국은 전 세계 어느 곳보다 많은 데이터가 공급 유통되고 있는 곳"이라며 한국을 '이 세상에서 가장 흥미로운 장소the most interesting place on earth'라고 표현했다. 전 세계 어느 나라보다도 한국은 통신이나 모바일 기기가 많이 퍼져 있고, 빅데이터라고 불릴 만한 정보들이 넘쳐흐른다는 이야기다.[38] 흥미롭다는 게 꼭 좋다는 것은 아니다. 데이터와 콘텐츠의 질이 문제가 아닐까?

'1퍼센트 법칙'이란
무엇인가?
●
one percent rule

　　　　　　　　　　'1퍼센트 법칙one percent rule'은
2006년 마케팅 전문가인 벤 매코널**Ben McConnell**과 재키 후바
Jackie Huba가 「1퍼센트 법칙: 시민참여의 양상**The 1% Rule:
Charting Citizen Participation**」이라는 논문에서 제기한 것으로, 웹
사이트의 콘텐츠 창출자는 전체 이용자의 1퍼센트라는 법칙
이다. 이들은 2007년에 출간한 『시티즌 마케터**Citizen Marketer**』
에서 이 개념을 더욱 발전시켰다. 새로운 콘텐츠 창출자는 1퍼
센트, 댓글 등을 달아 코멘트를 하는 이용자는 9퍼센트, 단순
이용자는 90퍼센트라는 이유로 '90-9-1 법칙'이라고도 한
다. 또 인터넷 접속의 99퍼센트는 1퍼센트도 안 되는 사이트
에서 이루어지며, 책 판매의 99퍼센트는 1퍼센트도 안 되는
저자의 저서에서 나온다.[39]

　　미국 경영사상가 에드워드 데밍**W. Edwards Deming, 1900~
1993**은 전혀 다른 의미에서 '1퍼센트 법칙'을 제시한 바 있다.
"성공적인 경영 원칙에 관해 온갖 이론이 난무하지만 제가 여
러분께 들려드릴 수 있는 이야기는 딱 한 가지입니다. 매일 1퍼
센트씩 나아지라는 겁니다." 이에 대해 중국 경영전문가 왕중

추왕中求와 주신웨朱新月는 다음과 같이 말한다.

"'매일 1퍼센트씩 나아지기'란 그리 어려운 일이 아니지만 이를 위해서는 어제 자신의 모습을 객관적으로 되돌아보고 진지하게 반성하는 작업이 선행돼야 한다.……인간은 매일 단순한 일을 되풀이하고 있는 듯하지만 주변을 에워싼 경제 및 사회 환경은 쉬지 않고 빠르게 변화한다. 이러한 상황 속에서 세상의 흐름에 발맞출 수 없다면 당연히 도태되고 실패할 수밖에 없다. 이 사실을 명심하고 부지런히 자신의 부족한 점을 채워나가기 위해 매일 1퍼센트씩 나아져라. 그렇다면 어제보다 더 나은 오늘, 오늘보다 더 나은 내일을 살게 될 것이다."[40]

국가안보와 관련된 '1퍼센트 법칙'도 있다. 9·11 테러가 일어난 지 2개월 후인 2001년 11월 미국 부통령 딕 체니Dick Cheney, 1941~는 백악관 안보보좌관 콘돌리자 라이스Condoleezza Rice, 1954~와 CIA 국장 조지 테닛George Tenet, 1953~ 등이 참석한 비밀회의에서 다음과 같이 말했다.

"파키스탄 과학자들이 알 카에다의 핵무기 제조나 개발에 조력할 가능성이 단 1퍼센트만 된다 하더라도, 우리가 그에 대응하기 위해서는 그것을 확실한 것으로 간주해야만 합니다. 그것은 우리의 분석이 아니라……대응에 관한 이야기입니다If there's a 1% chance that Pakistani scientists are helping al-Qaeda build or develop a nuclear weapon, we have to treat it as a certainty in terms of our response. It's not about our analysis……It's about our response."

이 발언은 'One Percent doctrine(1퍼센트 독트린)' 또는 '체니 독트린Cheney doctrine'으로 알려지게 되었다.[41] 요약하자면, "단 1퍼센트의 테러 위협 가능성만 존재하더라도 확실한 증거로 간주하고 대응하겠다"는 독트린이다. 이에 대해 박범수는 다음과 같이 말한다.

"알 카에다든 뭐든 테러 조직을 옹호할 생각은 추호도 없다. 하지만 이건 전 세계 사람들의 정신에 대한 폭력이다. 그야말로 웃기는 힘의 논리, 가진 자의 논리다. 아니, 제대로 된 논리 범주에 포함시킬 수도 없는 해괴한 논리이자, 미국이라는 나라를 주무르고 있는 네오콘의 정신 구조가 얼마나 자기 본위이며, 얼마나 비논리에 지배되고 있는지를 단적으로 보여주는 부분이기도 하다. 이런 논리를 옹호하는 자들은 히틀러를 스승으로 삼고 있음이 분명하다."[42]

이 3가지 '1퍼센트 법칙' 가운데 긍정적으로 볼 만한 것은 데밍의 '1퍼센트 법칙'인 것 같다. 큰 욕심부리지 말고 매일 1퍼센트씩 나아지면 어제보다 나은 오늘, 오늘보다 나은 내일을 살게 될 것이라는 이야기는 허황되지 않고 실천 가능해서 좋다. 물론 그마저 쉬운 일은 아니지만 말이다.

프라이버시는 '그 시대가 도래했다가 가버린' 개념인가?

● privacy

When I withhold information, it is privacy; when you withhold information, it is secrecy(내가 정보를 숨기는 것은 프라이버시지만, 네가 정보를 숨기는 것은 비밀이다). privacy와 secrecy(비밀)의 경계가 모호할 때가 많은 걸 꼬집는 우스갯소리지만,[43] 이는 그만큼 프라이버시를 정의하는 게 어렵다는 걸 시사해준다.

Privacy is the right to be alone–the most comprehensive of rights, and the right most valued by civilized man(프라이버시는 홀로 있을 권리다. 모든 권리 중에서 가장 포괄적이고 교양이 높은 사람들에 의해 가장 존중받는 권리다). 나중에 미국 대법관이 된 루이스 브랜다이스Louis D. Brandeis, 1856~1941의 말이다.

브랜다이스는 하버드 법대 동기생인 변호사 새뮤얼 워런Samuel D. Warren, 1852~1910과 함께 1890년 『하버드 로 리뷰Harvard Law Review』에 「프라이버시권The Right to Privacy」이라는 논문을 발표했는데, 이 논문에서 '홀로 있을 권리the right to be let alone'를 주장했다. 이는 원래 토머스 쿨리Thomas M. Cooley,

1824~1898가 1888년에 쓴 「불법 행위에 관한 연구Treatise on the Law of Torts」에서 제시한 것인데, 워런과 브랜다이스를 통해 널리 알려지게 된 것이다.[44] 「프라이버시권The Right to Privacy」이란 논문은 개인의 권리를 위협하는 무책임한 언론의 실태에 대해 다음과 같이 말했다.

"언론은 모든 방면에서 타당과 분별의 분명한 한계를 넘어서고 있다. 이제 가십은 더이상 한가한 자나 불량한 자들의 단순한 소일거리가 아니고 염치불구하고 악착같이 찾아다니는 장사거리가 되었다. 호색적인 취미를 만족시키기 위해 날마다의 신문에서는 성적 관계의 자세한 묘사를 담은 이야기들이 보도되고 있다. 태만한 자들을 독자로 끌어모으기 위해 신문의 지면은 모두가 그런 쓸모없는 가십들로 가득 차 있는데, 그런 가십들은 오직 개인의 가정 내 생활에 침입함으로써만이 얻을 수 있는 것들인 것이다."[45]

그로부터 70여 년 후인 1960년대 디지털 메모리의 첫 세대가 미국 전역에 확산되었을 때 앨런 웨스틴Alan Westin과 아서 밀러Arthur Miller 등은 이를 '프라이버시에 대한 공격assault on privacy'으로 이름 짓고, 반대하고 나섰다. 연방정부가 국가적 데이터은행을 만들려고 하자, 밀러는 1971년 『프라이버시에 대한 공격The Assault on Privacy』이라는 책을 출간했다.[46]

그러나 2000년을 전후로 프라이버시는 존재하기 어려운 개념이라는 반론이 제기되기 시작했다. 선 마이크로시스템스Sun Microsystems의 공동 창립자인 스콧 맥닐리Scott McNealy, 1954~는 1999년 "프라이버시는 죽었다. 잊어버려라You have zero privacy anyway. Get over it"라고 말했다.[47] 캘빈 고틀립Calvin C. Gotlieb은 프라이버시가 "그 시대가 도래했다가 가버린" 개념이라며 다음과 같이 말한다.

"반대하는 모든 주장에도 불구하고 대부분의 사람들은 다른 이해관계가 걸려 있을 때, 프라이버시에 가치를 둘 만큼 신경을 쓰지 않는다.……프라이버시를 희생시켜 얻은 보상이 지금은 너무 흔해져서 모든 실용적인 목적에 더이상 프라이버시는 존재하지 않는다."[48]

2002년 구글을 감시하는 민간단체인 구글워치GoogleWatch는 "구글은 프라이버시의 시한폭탄이다"라고 선언했다. "대부분 미국 국외 지역에서 들어오는 매일 2억 회의 검색을 감안할 때, 구글은 터질 날만 기다리는 프라이버시 재앙이나 다름없다. 워싱턴의 데이터 분석 관료들은 구글이 이미 달성한 최고의 효율성을 감조차 잡지 못하고 있다."[49] 이에 화답하듯, 구글 CEO 에릭 슈밋Eric Schmidt, 1955~은 2010년 "당신한테 아무도 모르길 바라는 점이 있다면, 애초에 그걸 하면 안 되는 거겠죠"라고 말했다.[50]

페이스북 창업자이자 최고경영자CEO인 마크 저커버그Mark Zuckerberg, 1984~는 2010년 언론 인터뷰 등을 통해 "프라이버시의 시대는 끝났다The age of privacy is over", "프라이버시는 더이상 사회적 규범이 아니다"라고 공언하면서, 프라이버시 종언의 전도사 노릇을 자임했다.[51]

그런가? 그렇게 체념해야만 하는가? 하지만 프라이버시의 종언을 외치는 사람들이 한결같이 그것에 명백한 이해관계를 갖고 있는 IT 기업가들이라는 점이 영 수상쩍다. 그런 이해관계에서 자유로운 사람들은 여전히 프라이버시의 끈을 놓지 않으려고 애쓰고 있으니, 프라이버시가 과연 '그 시대가 도래했다가 가버린' 개념인지는 좀더 두고 보아야 할 것 같다.

남의 꿈에 들어가
생각을 심어주는 게 가능한가?

Inception

꿈속에서 자신이 꿈을 꾸고 있음을 자각해본 적이 있는가? 그런 꿈을 가리켜 'lucid dream(자각몽)'이라고 한다. lucid는 '명쾌한, 명료한, 이성적인, 번쩍이는, 투명한', a lucid argument는 '명쾌한 논거', a lucid interval은 '(미치광이의) 평정기, 폭풍우 중의 잔잔한 때'란 뜻이다. lucidity는 '광휘, 투명, 명석', the lucidity of thought and expression은 '사상과 표현의 명쾌함'이란 뜻이다. The old man's usually mad but he does have lucid moments(그 노인은 보통 노망기가 있지만 멀쩡할 때도 있다).[52]

일부 사람들은 자각몽을 통제해보려고 애쓰는데, 하워드 라인골드Howard Rheingold는 『넷스마트Net Smart』(2012)에서 자신의 그런 시도를 소개했다. 그는 "나는 '내가 꿈을 꾸고 있나?'라고 적어둔 작은 카드를 주머니에 집어넣고 다녔다. 그러고는 하루 중 눈을 뜨고 있을 때 이따금씩 그 카드를 꺼내 읽어보고 질문에 답을 구하곤 했다"라며 다음과 같이 말한다.

"연습을 시작한 지 3주간 지난 어느 날, 여느 때와 다름없이 카드를 꺼내 읽는데 글자가 주머니로 다시 들어가려는 듯

꾸물거리고 있었다. 의식이 깨어 있을 때 늘 연습을 해온 덕분에 나는 이것이 꿈인지 아닌지를 자연스럽게 시험하기 시작했다. 주변의 모든 것, 모든 사람이 실제처럼 느껴졌지만 발끝으로 땅을 박차 오르는 시험을 하면서 그것이 아님을 깨달았다. 풍선처럼 허공에 둥둥 떠오르는 내 몸을 보며 이것이 꿈이라는 것을 안 것이다. 강아지를 훈련시키는 것처럼, 자각몽 훈련도 '의도−주의 인식' 훈련의 일종이므로 온라인에도 그대로 적용할 수 있다. '내가 꿈을 꾸고 있나?'라는 질문을 '내가 정보의 물결에 휩쓸려 떠내려가고 있나?'로 바꾸면 된다."[53]

나 아닌 다른 사람의 꿈을 통제할 수는 없는가? 그런 발칙한 상상력을 다룬 영화가 있다. 2010년 리어나도 디캐프리오 Leonardo Dicaprio, 1974~가 주인공 코브Cobb 역으로 등장한 크리스토퍼 놀런Christopher Nolan, 1970~ 감독의 영화 〈인셉션 Inception〉은 기계를 이용해 서로의 꿈을 공유할 수 있게 된 이들이 자각몽 상태에서 꿈을 의도적으로 조작하면서 상대방의 생각을 빼내거나 의도한 생각을 심어준다는 설정이다.[54]

한양대학교 경영학과 교수 홍성태는 "꿈을 통해 다른 사람의 무의식 구조에 접근해서 자기가 원하는 생각concept을 심을 수 있지 않을까 하는 가설을 토대로 만든 영화가 '인셉션 Inception'이다. 이 영화는 드림 머신을 이용해 경쟁사 후계자의 꿈에 들어가 회사를 쪼개자는 생각을 입력하려 한다는 스토리를 그럴듯하게 그리고 있다. 꿈을 꾸고 있을 때는 의식의 방어수준이 낮아지므로 상대의 꿈에 들어가 생각을 바꿀 수 있다는 가능성에 착안한 것이다"라며 다음과 같이 말한다.

"물론 아직은 영화에서나 상상할 수 있는 단계이지만, 방어벽이 낮은 무의식에 호소하려는 시도는 이미 마케팅에서 행해지고 있다.……오늘날 소비자들은 워낙 영리하기에 설득 의도를 노골적으로 드러내는 마케팅 활동에 거부감을 갖게 마련이다. 인셉션까지는 아니더라도 억눌린 욕구를 해소하고 균형을 맞추려는 무의식적 심리 작용을 이용하는 마케팅에 그래서 더욱 주목해야 한다."[55]

코브는 후계자의 꿈속에 들어가 "나는 아버지가 물려준 비즈니스 제국을 조각내야 해"라는 콘셉트 대신 "아버지는 나 스스로 뭔가를 성취하길 바랐어"라는 긍정적인 생각을 이용한다. 왜 그렇게 해야 하는가? 코브는 팀원들에게 이렇게 설명한다. "잠재의식은 감정의 영향을 받지? 그렇지? 그런데 잠재의식은 이성적인 거랑은 거리가 멀어. 그러니까 우린 이걸 감성적으로 옮길 방법을 찾아야 해. 긍정적인 감정은 항상 부정적 감정을 이기게 되어 있지."

숀 아처Shawn Achor는 『행복을 선택한 사람들: 긍정지능으로 성공과 행복을 추구하는 5가지 방법Before Happiness: The 5 Hidden Keys to Achieving Success, Spreading Happiness, and Sustaining Positive Change』(2013)에서 신경과학과 긍정심리학 연구는 코브의 그런 주장을 뒷받침한다고 말한다.

"지난 수년간 학자들은 개인의 태도와 인식이 타인에게 어떻게 전달되는지 분석했고, 그 결과로 발견된 긍정 인셉션positive inception, 즉 긍정 지능을 전파하는 세 가지 방법은 코브가 사용한 것과 크게 다르지 않았다. 이는 성공 노하우 전수(긍정행동의 모방), 사회적 대본 다시 쓰기(사회적 대본을 긍정적으로 바꾸기), 감성적 스토리 공유하기(감성에 호소하여 새로운 가치와 의미 창조하기)다. 다른 사람들에게 긍정적으로 세상을 보라고 강요할 수는 없다. 결국 결정은 그들 자신의 몫이다. 다만 그들의 머릿속에 긍정적 현실을 심어줄 수 있을 뿐이다."[56]

남의 꿈에 들어가 어떤 생각을 심어주는 게 가능한 일인지는 모르겠지만, 비유적으로 또는 실제적으로 우리는 지금 그런 세상에 살고 있다. 내 생각 가운데 진정한 내 생각이 얼마나 되는지 한 번 따져볼 일이다.

●

제8장

MBWA
Sputnik moment
contrarian
liberal
libertarianism
paycheck
disaster
individualism
Areopagitica
paywall

●

정치 · 리더십 · 언론

왜 에이브러햄 링컨은 군부대를 예고 없이 방문했나?

●
MBWA

미국의 남북전쟁(1861~1865)에서 가장 뛰어난 지휘관은 누구였을까? 여러 장군 이름이 거론될 수 있겠지만, 일부 역사가들은 에이브러햄 링컨Abraham Lincoln, 1809~1865 대통령이었다고 말한다. 링컨은 전쟁 기간 내내 백악관보다는 육군부 전신국電信局에서 대부분의 시간을 보냈으며, 11차례나 워싱턴을 떠나 포토맥 부대Army of Potomac에서 지냈다. 그는 자주 군부대를 예고 없이 방문했으며, 군대의 전략적 결정에 직접 개입했다.[1] 게다가 링컨은 사람들과 접촉할 때에 분위기를 통제하는 능력을 갖고 있었다. 이에 대해 게리 윌스Gary Wills는 다음과 같이 말한다.

"미국 역사상 가장 위대한 세 명의 대통령 조지 워싱턴, 에이브러햄 링컨, 프랭클린 루스벨트는 모두 연기 자질이 뛰어났다. 그중 루스벨트는 몸이 불편해서 극장에 잘 가지 못했지만, 워싱턴과 링컨은 둘 다 연극광이었다.……링컨은 주변 사람들이 원할 때면 언제라도 셰익스피어의 극들에 나오는 대사들을 읊어주곤 했다.……자신의 모습에 독특한 분위기가 있다는 사실을 알고 있었던 링컨은 사진 찍기를 좋아했다. 또한 그는 타고난 이야기꾼으로서 루스벨트 못지않게 언제라도 흥겨운 농담들을 지어낼 수 있었다."[2]

링컨의 현장 중심 리더십을 오늘날의 경영 용어로 말하자면 MBWAManagement By Wandering Around라고 한다. MBWA는 리더가 직접 현장을 돌아다니며 직원들과 어깨를 나란히 하고 고충이나 제안을 듣는 것을 말한다. 'Management By Walking Around'라고도 한다. 휼렛패커드Hewlett-Packard의 경영진이 1970년대에 널리 활용한 것으로 알려져 있지만, 다른 기업들에서도 오래전부터 활용되어온 리더십 유형이다.[3]

휼렛패커드의 연구개발 담당 임원인 존 도일John Doyle은 "사무실에서 나와 자기가 책임지고 영역을 돌아보는 것에는 특별한 이점이 있다. '어슬렁거린다wandering around'라는 말을 나는 글자 그대로 돌아다니며 사람들과 얘기를 나눈다는 뜻으로 쓰고 있다. 이 일은 극히 비공식적으로 자연스럽게 이뤄지는데 그러한 시간을 통해 모든 현장을 체크하는 것이 중요하다'라며 다음과 같이 말한다.

"당신이 그곳에 가는 이유는 직원들이 당신과 자유롭게 접촉할 수 있도록 해주기 위함이지만 가장 중요한 것은 현장에 있는 사람들의 말에 귀를 기울이는 것이다. 그다음으로 중요한 것은 회사에서 무슨 일이 일어나는지 항상 사람들에게 알려주는 것이다. 특히 그들에게 중요한 사항은 반드시 그렇게 해야 한다. 그리고 이 일을 하는 마지막 이유는 어쨌거나 그것이 재미있기 때문이다."[4]

미국 기업계에서 수십 년간 성공적인 경영기법으로 사용되어온 MBWA는 현장에서 실제로 무슨 일이 벌어지고 있는지 알아낼 수 있고, 그 과정에서 직원들과 친근감을 조성할 수 있다는 장점이 있다. 미국 경영컨설턴트 마크 고울스톤Mark Goulston은 이런 '나란히' 전략은 사용하기 쉽지만 3가지 주의할 점이 있다고 말한다.

"가장 중요한 것은 '상대방이 경계심을 풀었을 때 보여준 신뢰를 악용해선 안 된다'는 것이다. 이 기술을 사용해서 부정적인 정보를 캐고 다니지 말라는 것이다.……또, 대화를 나누고 있는 상대와 다투어선 안 된다. 만약 상대가 하는 말에 동의하지 않는다 해도, 왜 당신이 옳은지 설명하고 싶은 욕구를 억눌러라. 대신 다른 질문을 던져 대화를 더욱 깊이 있게 끌고 나가라.……셋째, 사람들에게 질문을 던질 때 그들이 내놓는 대답을 '존중'하라는 것이다. 그들의 제안이 좋으면 그것을 실행한다. 그리고 그 결과를 상대에게 알려준다. 비록 그들의 제안이 완전히 잘못된 것이라 해도 '생각해볼 만하네요' 혹은 '아, 그런 식으로는 생각을 못 해보았어요' 하는 식으로 그들을 인정해주라."[5]

그런 실수를 저지르지 않으려면 존 도일John Doyle의 말처럼 그야말로 말 그대로 어슬렁거리는 자세와 더불어 어슬렁거림 자체를 즐기는 게 중요할 것 같다. 전혀 내키지 않는데도 MBWA가 유행이라는 이유 하나만으로 나섰다간 어슬렁거림이 아니라 시찰이 될 것이 아닌가 말이다.

왜 미국은 1957년 10월 충격과
공포의 공황 상태에 빠져들었나?

Sputnik moment

　　　　　　　　　1957년 8월 소련이 대륙간탄도
탄 발사 실험에 성공한 데 이어 두 달 후인 10월 4일엔 인류 역
사상 최초로 무인 인공위성 스푸트니크Sputnik 1호 발사에 성
공했다. 소련어로 '어린 동반자'라는 뜻을 가진 스푸트니크는
약 83킬로그램의 무게로 농구공보다 약간 컸는데 시속 2만
8,968킬로미터의 속도로 지표면 위를 회전하며 무선신호를
보내왔다. 소련은 11월엔 스푸트니크 2호를 발사했다. 이번엔
무게가 508킬로그램으로 이전 것보다 크기도 컸고, 작은 개
1마리를 인공위성의 모니터 기기에 붙들어 매어, 우주여행이
신체에 미치는 영향에 대한 정보를 보내오도록 했다.

　　스푸트니크는 미국에 큰 충격을 주었다. 역사가 윌리엄
맨체스터William Manchester, 1922~2004는 "미국인들은 자신들이
과학기술의 창의력을 거의 독점하고 있다고 믿고 있었다. 그
런데 이제는 그 자부심을 잃어버렸다. 그들에게 뒤통수를 맞
은 것이다. 미국에게 이는 대공황에 맞먹는 크나큰 충격이었
다"라고 썼다.[6] 그 충격은 사회 각 분야에 큰 영향을 미쳤다.
국제관계에선 그 충격은 소련에 대한 두려움으로 비화되었다.

케네스 데이비스Kenneth C. Davis는 "이 두 사건이 미국을 충격과 공포의 공황 상태로 몰아넣었다. 소련이 미국에 앞서 우주를 정복하는 생각도 할 수 없는 일이 벌어진 것이다. 스푸트니크 1호와 2호 발사로 야기된 미국의 편집증은 상상을 초월할 정도였다. 그것은 두 가지 양상으로 나타났다"라며 다음과 같이 말한다.

"서릿발 같던 냉전 초기에 소련이 거둔 성과는 선전의 효과 이상이었다. 스푸트니크의 존재는 소련은 미국 본토까지 닿을 수 있는 강력한 미사일을 소유하고 있을지도 모른다는 무서운 증거이기도 했다. 좀더 현실감 있게 말하면, 소련은 대륙간탄도미사일 개발에서 주도권을 잡고 두 강대국의 힘의 균형을 무너뜨릴 수도 있다는 말이었다. 스푸트니크는 핵개발에서 우위를 점하고 있다는 미국의 생각을 말끔히 씻어내도록 했다. 그리고 그것은 뒷마당에 핵 대피용 방공호를 파야 하는 이유이기도 했다. 핵폭탄의 공포는 인간의 우주 진출이라는 현실과 지속적으로 불어오는 편집증적인 반공산주의 열풍과 합쳐져 이른바 과대망상적 대중문화를 만들어내며, 1950년대의 공상과학SF 소설과 영화로 활짝 꽃을 피웠다."[7]

그런 충격과 공포의 공황 상태가 만들어낸 말이 있으니, 그게 바로 'Sputnik moment(스푸트니크의 순간)'다. '충격의 순간'이란 뜻을 좀더 드라마틱하게 표현하기 위해 사용된다. 예컨대, 윌리엄 데레저위츠William Deresiewicz는 『공부의 배신: 왜 하버드생은 바보가 되었나』(2014)에서 "수많은 미국인이 아시아 국가의 지속적인 성장과 대조를 이루는 미국의 경제 침체를 또 하나의 '스푸트니크의 순간'이라고 이야기한다"라고 말한다.[8]

2015년 5월 9일 북한은 잠수함 발사 탄도미사일SLBM의 수중 발사 시험에 성공했다고 발표했다. 이에 『중앙일보』는 「평양발 '스푸트니크의 순간' 다가오나」라는 사설에서 "이게 사실이라면 북한의 핵 위협은 완전히 새로운 국면에 접어들었다 해도 과언이 아니다"라며 다음과 같이 말했다.

"북한의 SLBM 전력화는 북한 핵에 대한 국제사회의 근본적 인식 전환을 요구하는 '스푸트니크의 순간'이 될 것이다. 한·미·일은 물론이고 중국과 러시아도 똑같이 고민해야 할 국제사회의 난제가 될 수밖에 없다. 북한의 SLBM 문제를 발등의 불로 인식하고 대책 마련에 나서야 한다. 그 출발점은 한·미·일의 긴밀한 정보 공유가 되어야 할 것이다."[9]

사회통념에 역행해야
위대한 지도자가 될 수 있는가?

●
contrarian

　　　최근 여러 분야에서 유행어로 등
장한 contrarian(컨트레어리언)은 '역행하는, 반대의'라는 뜻
을 지닌 라틴어 contra에서 나온 말로 사회통념에 역행하는
사람, 흐름을 거슬러 가는 사람, 시류를 탐탁지 않게 여기는 사
람, 인습적 사고를 거부하는 사람을 가리킨다. 미국 버몬트의
명상가 험프리 닐Humphrey B. Neill이 1954년에 펴낸『역발상 사
고의 기술Art of Contrary Thinking』이라는 책에서 처음 사용한 말
이다.[10]

　　영국 저널리스트 크리스토퍼 히친스Christopher Hitchens,
1949~2011는 2001년『Letters to a Young Contrarian』이라는
제목의 책을 출간했다. 국내에서는『젊은 회의주의자에게 보
내는 편지』로 번역되었는데, 컨트레어리언은 '회의주의자'라
는 말로는 다 담을 수 없는 그 어떤 적극성을 내포하고 있다고
보는 게 옳겠다. 이 책에서 히친스는 이렇게 말한다. "나는 내
자신이 과거의 '악동bad boy'에서 탈피해 '괴팍한 늙은이
curmudgeon'가 될 때까지 오래 살 수 있다면 좋겠네."[11]

　　『중앙일보』회장 홍석현은 2012년 5월 카자흐스탄 키메

Contrarian leadership

프대학 졸업식에서 국제관계학 명예박사학위를 받은 뒤 한 연설에서 "많은 위대한 지도자는 통념에 역행하는 컨트레어리언contrarian들이었다"라고 말했다. 그는 "컨트레어리언은 도덕적 용기와 결단력으로 대중의 의견·감정에 맞설 뿐만 아니라 필요하면 대중에게 희생을 호소할 수 있다"며 그 같은 최근의 인물로 스티브 잡스와 워런 버핏, 과거 인물로 영국의 윈스턴 처칠, 마거릿 대처 총리, 미국의 로널드 레이건 대통령, 한국의 이승만·박정희 대통령을 꼽았다.[12]

김영희는 여론이 반대해도 다음 세대, 나라의 미래를 위해서는 바른 길이라고 생각되는 정책을 과감하게 추진하는 리더십을 '컨트레어리언 리더십Contrarian leadership'이라고 하면서 그 대표적 사례로 '사회주의의 배신자'라는 비난을 받으면서도 중도 클릭을 감행한 게르하르트 슈뢰더Gerhard Schröder, 1944~ 전 독일 총리와 6·25전쟁 발발에 자극받아 독일 재군비를 결단한 초대 총리 콘라트 아데나워Konrad Adenauer, 1876~1967를 들었다. 그는 "컨트레어리언은 대세에 역행한다는 의미로 표票퓰리즘과 반대되는 노선"이라며 다음과 같이 주장한다.

"한국의 '표퓰리즘'에 발목이 잡힌 대통령과 정부, 시정잡배들이나 쓰는 저질 막말이 튀는 정치판, 일만 있으면 거리로 뛰쳐나가는 시민단체를 보면 슈뢰더와 아데나워가 있는 독일이 우러러 보인다. 한국에도 그런 컨트레어리언 리더가 나와서 다음 세대를 보고 자리를 건 정치·사회·경제의 대개혁을 하지 않는 한 한국의 미래는 기약 없이 암울하기만 할 것이다."[13]

경영학에서 컨트레어리언은 형용사로 쓰여 이른바 '역발상 경영Contrarian Management'을 유행시켰다. 동국대학교 교수 여준상은 "역발상이란 무엇인가? 기존 상식, 관행, 관습, 습관,

고정관념, 편견, 선입견을 넘어서는 것이다. A=B라는 공식이 A≠B 또는 A=C, D 등으로 변환할 수 있다는 점을 깨치는 것이다. 캐나다 '태양의 서커스'는 동물이 등장하고 묘기를 부리는 기존 서커스 관행을 타파하고 뮤지컬과 연극적 요소를 합성해 연 9,000억 원이 넘는 매출을 올리는 메가 히트 상품으로 올라섰다. '동물 서커스'라는 고정관념을 탈출한 결과다" 라며 다음과 같이 말한다.

"역발상은 '모순'에서 출발한다. 모순은 두 사실이 서로 배척하여 양립할 수 없는 관계를 뜻하지만, 마케팅 측면에서는 모순 속에 진리가 담겨 있다. 명언名言이란 상식을 거슬러 모순적 표현으로 진리를 전달하는 수법이다. '살려고 하는 자는 죽을 것이요, 죽으려고 하는 자는 살 것이다'는 문장은 모순적 표현을 통해 진리를 드러낸다. '찬란한 슬픔'이나 '소리 없는 아우성' 같은 표현도 마찬가지다. 모순은 소비자를 설득하는 데 가장 효과적인 수단이기도 하다. 최고의 마케터는 '현명한 모순을 창조하는 사람'이다. 이를 느끼기 위해 평소 '상쇄 trade-off' 관계에 있는 것을 나란히 놓아보자. 아름다우면서 날렵한beautiful fast, 우아하면서 힘 넘치는elegant powerful, 강인하면서도 품격 있는rugged luxury, 겸손한 프리미엄humble premium, 정확하면서 신속한accurate fast, 맛있으면서 몸에 좋은delicious healthy……. 이렇게 상쇄 관계에 있는 두 개념을 한 줄로 놓는 게 역발상의 시작이다." [14]

contrarian investing(컨트레어리언 투자)은 대다수 투자자들과는 정반대되는 방향으로 하는 투자를 말하는데, 위험부담은 있지만 큰 수익을 얻을 수 있다는 장점이 있다. 이런 투자를 하는 사람 역시 컨트레어리언이라고 하는데, 미국의 투자가

워런 버핏Warren Buffet, 1930~이 대표적인 컨트레어리언이다.[15]

    contrarian journalism(컨트레어리언 저널리즘)은 전통적 인습이나 기존의 상식에 반하는 사실이나 주장을 추구하는 저널리즘을 말한다. 그 전형적인 캐치프레이즈는 "당신이 ○○○에 대해 알고 있는 모든 것은 잘못되었다"는 식이다.[16]

왜 오바마는 "리버럴 아메리카도 없고 보수 아메리카도 없다"고 했나?

●
liberal

"There is not a liberal America and a conservative America–there is the United States of America. There is not a Black America and a White America and Latin America and Asian America?there's the United States of America.⋯⋯Do we participate in a politics of cynicism or do we participate in a politics of hope?"[17](리버럴 아메리카도 없고 보수 아메리카도 없습니다. 아메리카 합중국合衆國이 있을 뿐입니다. 흑인 아메리카도 없고 백인 아메리카도 없고 라틴아메리카도 없고 아시안 아메리카도 없습니다. 아메리카 합중국이 있을 뿐입니다.⋯⋯우리는 냉소의 정치에 참여해야 할까요 아니면 희망의 정치에 참여해야 할까요?)

미국 일리노이주 연방 상원의원 민주당 후보인 버락 오바마Barack Obama, 1961~가 2004년 7월 27일 민주당 전당대회 기조연설에서 한 말이다. 이 자리는 민주당 대통령 후보 존 케리John Forbes Kerry, 1943~의 출정식이었다. 이런 자리에서 연설을 할 수 있었다는 것도 행운이지만, 더 큰 행운이 오바마를 기다리고 있었다.

오바마의 연설을 지켜본 공화당 상원의원 밥 돌Bob Dole은 옆에 있던 방송인 래리 킹Larry King, 1933~에게 몸을 숙이면서 "미국 최초의 흑인 대통령감이로군"이라고 말했다.[18] 사실 이 16분짜리 연설 하나로 무명의 오바마는 하루아침에 유명해졌다. 『타임』은 '녹아웃KO 연설'이라고 격찬했는데, 실제로 그의 연설은 많은 유권자를 녹아웃시켰다. 그는 그 덕분에 상원의원에 가볍게 당선되는 동시에 그로부터 불과 4년 4개월 만에 제44대 미국 대통령 선거에서 승리하게 된다.

오바마의 연설을 지켜본 프랑스 지식인 베르나르 앙리 레비Bernard-Henry Levy의 평가가 재미있다. 그는 "오바마의 태평스런 태도, 그의 뻔뻔스런 유머에는 뭔가 흑인 클린턴 같은 데가 있다"라며 이렇게 말한다. "어쩌면 그는 이제는 죄의식에 호소하길 그만두고 매력을 행사해야 함을 이해한 최초의 흑인이 아닐까? 아메리카에 대한 비난 대신 아메리카의 희망이고자 한 최초의 흑인이 아닐까? 투쟁하는 흑인에서 안심시키고 결집시키는 흑인으로의 변화를 구현하고 있는 인물? 미래의 혼혈 대통령? 언젠가 힐러리와 함께 티켓을 거머쥐지는 않을까? 정체성을 바탕으로 한 이데올로기들의 종말이 시작된 것일까?"[19]

'이데올로기들의 종말'이 지식인들에 의해 선언된 것은 오래되었지만, 정당의 대선 출정식에서, 그것도 흑인이 그런 취지의 발언을 한 것은 확실히 주목할 만한 일이었다. '리버럴리즘liberalism'과 '보수주의'의 차이를 부정하면서 아메리카합중국만이 있을 뿐이라는 오바마의 자세는 당파싸움에 염증을 내면서도 미국 시스템에 대해 만족하는 미국인들에게 어필할 수 있는 최상의 것은 아니었을까?

사실 '리버럴'이나 '리버럴리즘'은 오바마 자신도 회피하는 일종의 '회피 단어guilty word'로 전락했다. 오바마는 2008년 초 『내셔널저널』이 그를 '2007년 가장 리버럴한 의원 1위'로 평가하자 대변인 명의로 반박한다. "대선 준비 때문에 99개의 표결 중 67개밖에 참가하지 못했고 그중 63개가 힐러리 클린턴 상원의원과 같은 내용이었는데 힐러리 의원은 16위이고 오바마 후보는 1위라는 건 납득할 수 없다"는 내용이었다.

2008년 대선에서도 오바마 후보의 공식 선거 홈페이지에서 그를 소개하는 코너는 "소수민족과 흑인 등 약자의 편에 서서 커뮤니티 조직가로 활동하고 전쟁에 반대했다"고 강조하지만 정작 리버럴이란 표현은 사용하지 않았다. 이와 관련, 뉴욕·뉴저지 한인유권자센터 소장 김동석은 "시민사회에선 '리버럴'을 훈장처럼 여기는 분위기가 남아 있고 (유권자의 지지를 잃을) '리스크'가 없는 대학·언론·문화계는 여전히 리버럴이 강한데도 정치권은 리버럴이란 표현을 한사코 기피하는 현상은 과거 극단적 리버럴들이 남긴 부정적 이미지 때문"이라고 진단한다.[20]

'리버럴리즘'과 '보수주의'의 차이는 무엇인가? 국내에선 '자유주의'로 번역되니, 이후 '자유주의'로 부르기로 하자. 자유주의는 개인의 자유가 주요 관심사인 이데올로기다. 사회철학적으로는 개인의 합리성을 신봉하는 이념체계로 의회민주주의와 시장경제를 주창하면서 방법론적으로는 사회현상에 대해 개인의 행동이 기반이 된다는 것을 기본 입장으로 삼는다. 좌파는 자유주의를 곱게 보지 않는다. 예컨대, 이매뉴얼 월러스틴Immanuel Wallerstein은 자유주의가 갖는 보편주의적 성격을 강자가 약자를 이중으로 얽어매기 위해 "강자가 약자

에게 주는 '선물'"로 표현했다.[21]

그런데 자유주의는 나라마다 각기 다른 의미로 쓰여 혼란을 초래하고 있다. 김지석은 미국 내 정치 세력을 나누는 방법은 여러 가지가 있지만 가장 일반적인 것이 보수파Conservative와 리버럴Liberal로 구분하는 것이라며 다음과 같이 말한다.

"리버럴은 미국에서만 통용되는 용어다. 말 그대로라면 '자유주의자'이지만 유럽의 자유주의자와는 다르다. 미국에는 사회주의로 대표되는 진보 정치 세력이 독자적인 정당으로 뿌리를 내리지 못했다. 따라서 자유주의자와 진보 세력을 아우르는 개념이 리버럴이라고 보면 대체로 맞다. 그래서 리버럴을 진보자유주의자로 번역하는 경우도 있다. 그냥 자유주의자라고 하면 보수적인지 진보적인지 알 수가 없다. 특히 경제적 자유주의자는 보수파에 속한다. 보수파는 우파Right, 리버럴은 좌파Left로 불리기도 한다."[22]

5th Avenue Liberal은 민주당에만 표를 주는 뉴욕 5번가 (센트럴파크 인근) 부자들을 빗대 부르는 말로 우리말로 하자면, '강남좌파'가 되겠다.[23] liberal과 conservative로 나누는 이분법은 조악하다. 언젠가 사회학자 대니얼 벨Daniel Bell, 1919~2011이 자신을 가리켜 "a socialist in economics, a liberal in politics, and a conservative in culture(경제적 급진, 정치적 진보, 문화적 보수)"라고 했듯이,[24] 이런 식으로 세분화하는 게 필요하지 않을까?

왜 미국 젊은 층에
리버테리언 바람이 부는 걸까?

●
libertarianism

2013년 8월 미국 언론은 미국 젊은 층에 리버테리언 바람이 불고 있어 공화당의 고민이 깊어지고 있다고 보도했다. 왜 그럴까? 미국 조지메이슨대학 공공정책학 교수 마크 로젤Mark J. Rozell은 "리버테리언을 둘러싼 논쟁은 보수주의 운동의 철학에 대한 싸움의 핵심에 위치해 있다"면서 "리버테리언 쪽에 있는 이들은 정부의 권력을 깊이 불신하고, 국가안보국의 감시 프로그램을 국민 생활에 대한 정부의 침투의 전형으로 간주한다. 반면 네오콘들은 정부의 그런 활동이 안보를 제공하고, 미국이 세계 강대국으로 계속 남아 있게끔 하는 데 필수적 도구라고 생각한다"라고 말했다.[25]

리버테리언libertarian의 liber는 라틴어로 free라는 뜻으로, 1789년 영국 역사가 윌리엄 벨섬William Belsham, 1752~1827이 결정론determinism에 반대해 인간의 자유의지를 강조하기 위해 최초로 쓴 말이다. 리버테리언의 이념이라 할 리버테리어니즘libertarianism은 개인을 통제하는 어떤 권위도 부정하고 최소 정부를 정치적 목표로 하며 자유경쟁 시장을 본질적 제도로 삼는 이념으로, 우리말로 자유지상주의, 자유해방주의, 자유의지주의, 절대자유주의 등 다양하게 번역되며 또 다양하게 분류된다.

자유지상주의를 보수주의의 한 유파로, 그리고 아나키즘을 자유지상주의의 좌파로 보는 입장도 있다. 리버테리언 사회주의, 리버테리언 공산주의, 리버테리언 공동체주의 등의 용어도 쓰인다. 배우 출신 감독 클린트 이스트우드Clint Eastwood는 "50년대 군 복무 시절부터 공화당에 표를 던지긴 했지만 나는 어느 정파에도 잘 맞지 않는 것 같다. 차라리 리버테리언에 가깝다"라고 했고, 미국 좌파의 정신적 지주인 놈 촘스키Noam Chomsky, 1928~는 자신을 '리버테리언 사회주의자'라 부른다.

대표적인 자유지상주의자인 로버트 노직Robert Nozick, 1938~2002은 『애너키, 국가, 유토피아Anarchy, State, and Utopia』(1974)에서 근로 소득에 대한 과세까지도 강제 노동과 동등한 것으로 보았다. 노직은 애덤 스미스Adam Smith, 1723~ 1790를 이어받아 '야경국가론night watch theory of state' 또는 '최소국가론 minimal state'을 주장하면서 국가와 정부는 필요악에 불과하며, 사회적 약자뿐만 아니라 사회적 강자의 권리도 동등하게 보장되어야 한다고 주장했다.[26] 이에 대해 김비환은 다음과 같이 말한다.

"노직의 자유지상주의가 갖는 매력과 한계는 공히 권리에 대한 강력한 옹호에 있다. 권리의식이 팽배해 있는 현대사회에서 권리중심 자유지상주의는 강력한 호소력을 지니며, 무엇보다 공리주의적인 공공정책이 유린하기 쉬운 소수집단의 권리보호를 위한 강력한 논거를 제공해준다. 하지만 그의 권리 일방주의는 사회를 결속시키는 공동선共이나 유대와 같은 다른 가치들 및 다른 분배원리들을 통해 균형 잡을 필요가 있다."[27]

　미국에서 리버테리언들은 작은 정부, 재정지출 축소, 헌법 정신 충실 등을 지향한다는 점에서 티파티Tea Party운동과도 일정 부분 겹친다. 하지만 자칭 리버테리언들은 티파티운동과 자신들이 완전히 일치하지는 않는다고 말한다. 리버테리언을 표방하는 싱크탱크 케이토연구소 부소장 데이비드 보아즈David Boaz, 1953~는 "모든 티파티 활동가들이 리버테리언은 아니다"라며 "티파티는 동성결혼, 마리화나 합법화 등 사회적 이슈에서 부정적 입장을 취하지만 리버테리언은 이 부분에서도 일관되게 개인의 자유를 강조한다"라고 말했다. 그런 점에서 젊은이들은 티파티운동보다 리버테리어니즘에 더 끌릴 수밖에 없다는 것이다.[28]

　bleeding-heart libertarianism은 자유지상주의와 동시에 사회정의와 사회적 약자의 복지를 동시에 추구하는 이념이자 정치적 운동이다. 미국 오번대학Auburn University 철학 교수 로더릭 롱Roderick T. Long, 1964~이 1996년에 처음 쓴 말이다. 정통 자유지상주의자들은 bleeding-heart libertarian이 존 롤스John Rawls, 1921~2002의 '정의론'에 심취한 나머지 자유시장주의의 원칙에서 벗어났다고 비판한다.

　bleeding-heart libertarian은 bleeding-heart liberal에 빗댄 말이다. 미국 정치에선 hidebound conservative(완고한 보수주의자)에 상응하는 반대편의 표현이 bleeding-heart liberal이다. bleeding-heart liberal을 직역하자면 '심장에서 피를 흘리는 진보주의자'인데, 이는 보수파가 약자

에 대해 동정하는 진보주의자를 조롱하는 투로 부르는 말이다. 진실성이 없는 동정 또는 실천 능력도 없으면서 감성만 앞세우는 무책임이라는 의미가 내포되어 있다.[29]

"급여수표가 우송되었다"는
말은 무슨 뜻인가?
●
paycheck

pay(지급하다)는 '평화peace를
유지한다'라는 뜻에서 비롯되었다. 평화는 라틴어로 'pax'인
데, pax를 유지하는 행동이라고 해서 평화에 대한 금전적 지
급을 pay라고 했다. 이와 관련, 조승연은 "5~10세기에 기독
교가 영국에 전파되면서 로마법도 같이 들어왔고, 이런 법체
계는 북유럽으로 퍼졌다. 그런데 로마법은 복수로 사람을 상
해하는 것을 불법으로 규정했다. 복수는 해야겠는데, 이것이
법적으로 금지되니 뭔가 해결책이 필요했다"라며 다음과 같
이 말한다.

"고민 끝에 예외적인 경우에만 적용하던 관습 하나를 법
으로 만들었다. 이 관습은 추장이나 법관의 재량에 따라 육체
적·정신적·물질적 피해를 돈으로 보상할 수 있도록 한 것이
다. 7세기, 영국 옆 나라 아일랜드의 경우 '왕에게 모욕을 준
사람은 목숨 대신 소 21마리로 갚을 수 있다'는 법이 있었다.
소 21마리를 pay 하면 빚이 청산되고 평화pax가 돌아왔던 것
이다. 이처럼 초기엔 분쟁의 해결과 평화 유지를 위한 지급이
라는 좁은 의미였지만, 지금은 서비스, 물건, 세금, 노동 등에

대해 돈을 지급한다는 의미로 확대되었다."[30]

payment는 '지불, 지급', payer는 '지급인', payee는 '수취인'이다. paycheck는 봉급을 지급하는 수표인데, 봉급이 온라인 계좌로 곧장 입금되는 오늘날엔 '봉급'이라는 의미로 쓰인다. 하지만 오늘날에도 봉급이 얼마 입금되었다는 걸 알려주는 명세서는 계속 사용되고 있는데, 이는 pay slip이라고 한다. pay stub, paystub, pay advice, paycheck stub라고도 한다. live paycheck to paycheck는 '근근이 살아가다'는 뜻이다. 옛날에 하루하루 연명하는 것을 live hand to mouth라고 했던 것의 현대판 표현이라고 할 수 있겠다.[31]

미국인들은 대개 주급weekly pay을 받고 경우에 따라 격주급여bi-weekly pay를 받는데, 대부분 현금보다는 회사 발행 수표 company check로 받는다. 초창기에는 회사 수표로 급여 지급액을 맞춘 뒤 아예 집으로 우송해주기도 했다. 그때 사원들이 불안해하며 "What has happened to my paycheck?(급여수표는 어찌 된 겁니까?)"라고 물으면, 회사는 "The check is in the mail(급여수표가 우송되었으니 조금만 기다리라)"이라고 답했다. 임귀열은 "그런데 최근에는 이 말이 '이미 보냈으니 기다려라' 혹은 '이미 어떤 것에 대해 조치를 취했으니 기다려라'라는 뜻이 되어 은유적 표현으로 쓰인다"라며 다음과 같이 말한다.

"'Check is in the mail', 혹은 'It's in the mail'이라고 말하면 급여수표든 합격 통보와 같은 중요한 소식이든 이미 조치를 취했으니 기다리기를 권고하는 뜻을 담는 것이다.……한편 이 말은 책임 회피를 위해서도 잘 쓰인다. 일부 정치인들은 자기 당의 정강정책platform 실현 여부가 문제시되면 기자들에게 'The check is in the mail'이라고 말한다. 조금만 기다리면 조치를 취할 것이라며 회피성 발언을 하는 것이다. 인터넷에서 경매로 물건을 파는 경우, 자기 물건을 보냈는데도 구매자가 수표personal check를 보내지 않고 줄곧 'The check is in the mail'만 외친다면 이는 사기 경매bogus auction일 수도 있다."[32]

pay grade는 '급여 등급'으로 신입 공무원이나 사원 채용 과정을 원활하게 하기 위한 목적으로 도입되었으며, 보통 매년 등급의 상승 여부를 결정한다. pay grade엔 '위치, 권한'이란 뜻도 있다. 이는 '급여 등급'에서 파생된 비유적 의미로, "Everything else is above your pay grade(모든 것은 너의 권한 밖이다)"와 같은 식으로 자주 쓰이는 말이다.[33]

That's beyond my pay grade(저는 그것을 알 만한 위치에 있지 않습니다). 2008년 미국 대통령 선거에서 민주당 후보 버락 오바마Barack Obama, 1961~가 한 말이다. 2008년 오바마와 공화당 후보 존 매케인John McCain, 1936~이 릭 워런Rick Warren이라는 유명 목사가 주최한 좌담회에 참석했다. 쟁점인 낙태abortion 문제와 관련, 워런은 두 후보자에게 "어느 시점에서 아이가 인간으로서의 권리를 가진다고 보십니까?"라는 질문을 던졌다. 오바마는 이와 같이 답한 반면, 매케인은 "바로 수정의 순간이죠At the moment of conception"라고 답했다.[34]

"재난은 사람을 차별하지 않는다"는 말은 거짓인가?

disaster

          disaster(재난)는 그리스어로 '별aster'이 '없는dis' 상태를 가리킨다. 망망대해茫茫大海에서 별을 보고 항로를 찾던 선원들에게 별이 사라진다는 건 곧 죽음을 의미하는 것일 수도 있다. 마찬가지로 나아가야 할 방향을 잃은 사회는 극심한 혼돈과 무기력에 빠질 수 있다. 실제로 큰 재난災難을 당한 사회가 그런 모습을 보인다. 같은 계열의 단어인 asterisk(별표, ~에 별표를 달다)는 그리스어 asterikos에서 온 말로, 'little star(작은 별)'란 뜻이다.[35]

I don't want to see a single war millionaire created in the United States as a result of this world disaster(이 세계적인 재난을 이용해 돈을 버는 백만장자가 미국에서 단 한 명도 나오질 않길 바란다). 제2차 세계대전 당시 미국 제32대 대통령 프랭클린 루스벨트Franklin Delano Roosevelt, 1882~1945가 전쟁으로 이득을 취하는 자들을 강력하게 비난하면서 한 말이다.[36]

루스벨트의 발언이 시사하듯이, 인류 역사엔 늘 전쟁 등과 같은 재난으로 큰 이익을 취하는 사람들이 존재해왔다. 나오미 클라인Naomi Klein은 『쇼크 독트린: 자본주의 재앙의 도래

285

The Shock Doctrine: The Rise of Disaster Capitalism』(2007)에서 재난을 이윤 추구의 기회로 활용하는 자본주의를 가리켜 '재난 자본주의disaster capitalism'라는 이름을 붙였다. 그는 다음과 같이 말한다.

"얼마 전만 해도 재난은 사회적 단합이 일어나는 시기로 여겨졌다. 즉 하나로 뭉친 지역사회가 구역을 따지지 않고 합심하는 보기 드문 순간이었다. 그러나 재난은 점차 정반대로 변하면서 계층이 나뉘어 있는 끔찍한 미래를 보여주었다. 경쟁과 돈으로 생존을 사는 세상 말이다Not so long ago, disasters were periods of social leveling, rare moments when atomized communities put divisions aside and pulled together. Increasingly, however, disasters are the opposite: they provide windows into a cruel and ruthlessly divided future in which money and race buy survival."[37]

즉, 극심한 빈부격차로 인한 주거 지역의 완전 분리가 재난의 평준화 효과를 사라지게 했다는 것이다. 이와 관련, 남아프리카공화국 작가 헤인 마리스Hein Maris는 다음과 같이 말한다.

"재난은 사람을 차별하지 않는다는 영원한 허상을 버려라. 그리고 재난은 모든 걸 '사회적으로 평등하게' 쓸어간다는 생각도 버려라. 전염병은 쫓겨나서 위험 속에서 생계를 꾸려야 하는 사람들을 집중 공격한다. 에이즈도 마찬가지다Shelve the abiding fiction that disasters do not discriminate—that they flatten everything in their path with "democractic" disregard. Plagues zero in on the dispossed, on those forced to build their lives in the path of danger. AIDS is no different."[38]

세월호 참사와 관련, 문화평론가 문강형준은 「적은 누구인가」라는 칼럼에서 "지진이나 홍수도, 공격이나 테러도 아닌

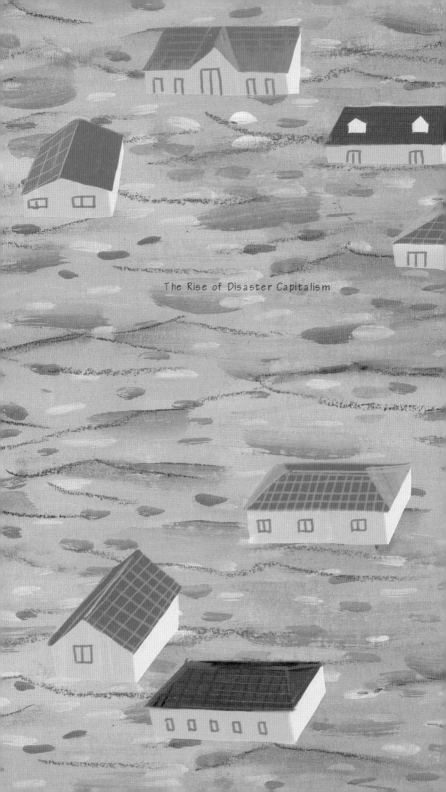

The Rise of Disaster Capitalism

재난, 암초나 기상악화 때문도 아닌 상황에서 어이없이 발생한 이 재난은, 옛 서양인들이 '디자스터disaster'라는 말을 통해 뜻하고자 했던 '잘못된 별자리', 곧 '운명의 장난' 같은 것과는 상관이 없다. 4월 16일의 재난은 '운명'과는 정반대편에 있는 현대적인 개념인 '합리성', 곧 최소의 비용으로 최대의 이익을 추구하는 도구적 합리성과 연결되어 있다"라며 다음과 같이 말했다.

"적은 누구인가? 인간을 일회용으로 여기는 자본과 그 자본의 마름인 국가다. 적을 향한 절박한 분노는 화석화된 정치를 부활시킬 기회가 된다. 이 분노는 자본과 국가의 질서를 거부하는 다양한 개인적 경로를 만들어내는 행동, 궁극적으로는 자본과 국가의 운영 자체를 뒤바꾸는 집단적인 행동으로 나아갈 때 의미를 갖는다. 다시는 일상화된 재난의 희생자가 되지 않을 것이며, 국민이야말로 국가의 주인임을 선언하고 실행하는 일 말이다. 이 일을 가리키는 이름이 '민주주의'다."[39]

한신대학교 교수 윤평중은 「'재난 유토피아'에서 희망을 꿈꾸다」라는 칼럼에서 "지금의 한국 사회에는 우리의 항로를 인도할 별이 존재하지 않는다. 삶의 기본과 규범이 무시되며 희망과 꿈이 사치스럽게 여겨질 정도로 황폐하다. 맹골수로에 잠긴 세월호는 '재난 디스토피아Dystopia' 대한민국호號의 축소판이다"라며 다음과 같이 말했다.

"그러나 세월호에 재난災難 디스토피아만 있는 것은 아니다.……방방곡곡을 수놓은 노란 리본의 물결은 5월의 꽃보다 아름답다. 미증유의 재난 상황에서 숭고한 공동체 의식과 연대감이 분출해 우정의 공동체를 이루는 '재난 유토피아'가 출현한 것이다.……물론 재난 유토피아는 오래가지 않는다. 재난 디스토피아가 재난 유토피아를 부단히 잠식하기 때문이다. '재난은 사람들을 친구로도, 적으로도 만든다.' 그러나 모두가 친구가 되는 유토피아를 꿈꾸지 않고서 어찌 지금의 디스토피아를 건디겠는가? 희망 없이 이 잔인한 세상을 어찌 건너겠는가?"[40]

개인주의는 어떻게
타락했는가?

individualism

individual(개인)은 어원상 in-
dividuum, 즉 더는 나뉠 수 없는 개체를 뜻하며 그리스어로
는 atomon에 해당한다.[41] 김정운은 " '개인 individual' 이라
는 서구의 존재론이 동양에 처음 알려진 것은 19세기 무렵이
었다. 동양은 당황했다. individual에 상응하는 단어가 없었
기 때문이다" 라며 다음과 같이 말한다.

"근대 일본의 번역어 성립 과정에 정통한 야나부 아키라
柳文章에 따르면, individual은 중국어로는 '일개인一個人' 또는
'독일개인獨一個人' 등과 같은 단어의 조합으로 번역되었고, 일
본에서는 일상어인 '사람ひと'으로 번역되었다. 개인個人이 일
상어로 자리 잡게 된 것은 19세기 말, 20세기 초의 일이었다.
독獨이나 일一이 빠져버린 개인個人은 individual의 번역어로
그리 큰 문제가 없었다. 당시 동양의 개인은 고독하지 않았기
때문이다. 수백 년에 걸친 서구의 근대화를 불과 수십 년 만에
해치운 압축 성장 과정에서 우리는 고독할 틈도 없었다. 고독
은 사치였다. 그러나 평균수명 100세 시대를 사는 우리에게
고독은 존재의 근거가 된다."[42]

박노자는 "'individualism'의 일본식 번역어인 '개인주의'가 한국에 처음 등장한 것은 1902년이다. 당시 이 단어를 처음 사용한 『황성신문』은 물론이고 그 밖의 개화 언론은 개인주의와 '사리사욕 추구'를 거의 구분하지 않았다. '도덕적으로 자율적인 개인'이라는 칸트적인 의미의 긍정적인 개인주의 像상은 1920년대에 접어들어서야 처음 나타났다"라며 다음과 같이 말한다.

　　"하지만 이후에도 개인주의는 타자와는 무관하게 자기 것만 추구하는 것이라는 의심의 눈초리를 계속 받아야 했다. 사실 1990년대 초까지 그런 분위기였다. 한국 문화에서는 단순히 나와 타자 간의 경계선을 그어보려는 의도마저도 그 정도로 의심받았다.……칸트적 의미의 도덕적인 자율성을 함의하는 개인주의를 억압해온 국가주의와 군사문화야말로 오늘날과 같은 각자도생各自圖生의 풍토를 조장했다.……나의 사적 욕망을 위해 타자를 짓밟는 것은 이제 거의 국시國是가 되었다."[43]

　　그러나 서양인이라고 해서 칸트적 의미의 개인주의에 투철한 건 아니다. 알피 콘Alfie Kohn은 『경쟁에 반대한다: 왜 우리는 이기기 위한 경주에 삶을 낭비하는가?』(1986)에서 자기 자신에게만 의존하는 것을 장려하여 인간관계에서 소외를 조장하는 개인주의의 타락이 만연되어 있다며 다음과 같이 말한다.

　　"이것은 '당신은 당신의 일을 해라. 나는 내 일을 할 것이다'라고 말하면서 타인과의 관계를 포기하는 것이며, '자기 자신의 가장 좋은 친구가 되어라'고 말하면서 외로움을 극복하려는 애처로운 시도이며, '1등을 지키라'고 얘기하는 노골적인 이기주의이다."[44]

　　이런 개인주의에 대해 미국 정치학자 마이클 파렌티

Michael Parenti는 『소수를 위한 민주주의Democracy for the Few』 (1977)에서 "우리의 개인주의를 도덕, 정치, 문화에 대해 스스로 선택하는 자유라고 오해하면 안 된다"라고 경고한다. "각각의 사람들은 '개인주의적'으로 행동할 것이라고 생각하지만, 사실 우리는 별 개성 없이 모두 비슷한 방식과 방향으로 행동한다.……우리의 개인주의는 '민영화, 사유화'를 의미하며, 이는 생산, 소비, 오락 등의 활동에 공동체 의식이 존재하지 않음을 보여주는 것이다."[45]

미국 저널리스트 데이비드 브룩스David Brooks는 "자신을 찾아라" 또는 "네 꿈을 좇아라"라고 대학 졸업생들에게 조언하는 '표현적 개인주의expressive individualism'를 '베이비붐 세대의 신학'이라고 비판한다. 이에 대해 윌리엄 데레저위츠 William Deresiewicz는 『공부의 배신: 왜 하버드생은 바보가 되었나Excellent Sheep: The Miseducation of the American Elite and the Way to a Meaningful Life』(2014)에서 다음과 같이 말한다.

"하지만 이들 구호는 그 같은 신학 이상이다. 가치가 떨어졌든, 감상에 젖은 이야기와 진부한 상투어가 되어버렸든, 마케팅 도구로 전락했든 간에 이것은 현대인의 삶은 물론 현대 사회의 가장 기본적인 개념이다."[46]

2015년 1월 LG경제연구원이 세계가치관조사협회의 조사(1995~2014년)를 바탕으로 한국·미국·중국·일본·독일 등 5개국 20대의 가치관을 7가지(자율 및 동조·여가·부·신뢰·글로벌 마인드·양성평등·과학 친화) 측면에서 분석·비교한 결과 한국의 20대는 자율을 중시하면서도 타인과의 관계를 중요하게 여기는 것으로 나타났다.

'새로운 아이디어를 생각해내고, 창조적인 생각을 하고,

자기 방법대로 행동하는 것이 중요하다'는 '자율'을 중시하는
항목에 74.4퍼센트가 긍정적으로 답했다. 중국(67.9퍼센트)·
일본(45.9퍼센트)은 물론 미국(71.6퍼센트)보다도 높은 수준이
다. 그러나 '다른 사람들이 잘못됐다고 말하는 것을 피하고,
항상 올바로 행동하는 것이 중요하다'는 '동조·순응'을 묻는
질문에도 70.3퍼센트가 긍정적으로 답했다. 5개국 중 가장 높
은 수준이다.

한국의 20대는 자율·자기표현·개성 등을 중시하는 서
양식 '개인주의'와 개인보다 집단의 가치를 우선시하는 동양
식 '집단주의' 성향이 혼재해 있다는 의미다. 박정현 책임연구
원은 "유행을 따르지만, 남들과는 다른 자신만의 모습을 적극
표현하기를 원하는 개중個衆소비가 이런 한국 20대의 특징을
반영하는 대표적인 예"라고 설명했다.[47]

존 밀턴은 정녕 언론자유의
수호자였는가?

●
Areopagitica

『Areopagitica(아레오파지티카)』
는 영국에서 청교도혁명의 와중인 1644년 11월 존 밀턴John
Milton, 1608~1674이 출간한 책의 제목으로, 오늘날까지도 '표
현·언론자유의 바이블'로 통한다.[48] 미국의 저명한 진보 저널
리스트인 이사도어 F. 스톤Isador F. Stone, 1907~1989은 이렇게
평했다. "언론자유를 웅변한 걸작 중의 걸작이다. 학생들에게
그런 걸 읽히지 않는 저널리즘 스쿨들에게는 저주다!"[49]

'아레오파지티카'는 아레오파구스Areopagus라고 부르는
아테네의 한 언덕에서 따온 말인데, 그리스 시대 아테네인들
은 이 언덕에 최고재판소를 두고 있었기 때문에 대법관이란
뜻으로 통했다. 기원전 5세기경 아테네 웅변가 이소크라테스
Isocrates, B.C.436~B.C.338가 쓴 연설문 제목인 Areopagitikos를
본떠 지은 아레오파지티카는 아레오파고스에 '논論'이란 의미
의 '카ca'를 덧붙인 말이다.

당시 혁명의회의 다수파였던 장로파는 청교도혁명으로
폐기했던 출판 검열제를 부활시키기 위해 모든 출판에 정부의
허가를 요구하는 '출판허가법' 제정을 주도하고 있었다. 왕당

파와 국교파에 대항해 함께 싸웠던 장로파가 혁명 정신을 배반하고 새로운 지배세력이 되고자 했던 것이다. 밀턴은 이들에 맞서 싸우기 위해 쓴 이 팸플릿에서 "나의 양심에 따라, 자유롭게 알고 말하고 주장할 수 있는 자유를, 다른 어떤 자유보다도 그런 자유를 나에게 달라"며 다음과 같이 주장했다.

"진리와 허위가 대결하게 하라. 자유롭고 공개된 대결에서 진리가 불리한 편에 놓이는 것을 본 사람이 있느냐. 모든 사람으로 하여금 자유롭게 말할 수 있게 하라. 그러면 진리의 편이 반드시 승리하고 생존한다. 허위와 불건전은 '공개된 자유시장'에서 다투다가 마침내는 패배하리라. 권력은 이러한 선악의 싸움에 일체 개입하지 말라. 설혹 허위가 일시적으로 득세하는 일이 있더라도 선악과 진위가 자유롭게 싸워간다면 마침내 선과 진이 '자가교정self-righting 과정'을 거쳐 궁극적인 승리를 얻게 되리라."[50]

1919년 미국 대법원 판사 올리버 웬들 홈스Oliver Wendell Holmes, 1841~1935는 밀턴의 주장을 '사상의 자유시장free marketplace of ideas'이라는 개념으로 표현했지만,[51] 밀턴이 처음부터 표현의 자유를 위해 싸우고자 했던 건 아니다. 골치 아픈 가정생활로 인해 우연히 표현의 자유에 관심을 갖게 되었을 뿐이다.

그는 1642년 34세의 늦은 나이에 메리 파월Mary Powell, 1625~1652이라는 여자와 결혼했지만, 결혼생활은 몇 주 만에 끝나고 말았다. 당시 영국 사회는 교회의 강력한 영향력 속에서 이혼을 금지했기에 그는 다음 해에 이혼의 자유를 역설하는 책을 썼다. 당시 이혼을 옹호하는 저서는 방탕한 난봉꾼이나 하는 것으로 여겨졌기 때문에, 이 책은 곧 폐기처분되었다.

이후 어떠한 책이나 팸플릿, 신문도 당국의 사전 승인 없이 발행될 수 없다는 내용의 '출판허가법'이 공포되었다. 밀턴이 『아레오파지티카』를 쓰게 된 건 바로 이 법규 때문이었다. 밀턴은 3년 뒤 메리와 화해하고 재결합해 아들 하나와 딸 셋을 낳았다.[52]

밀턴은 언론자유 보호에 충실한 인물도 아니었다. 올리버 크롬웰Oliver Cromwell, 1599~1658의 라틴어 비서였던 밀턴은 1649년 3월 15일 크롬웰 내각에 참여한 이후로는 구교舊敎 사상에 대한 충실한 검열관으로 일했다. 그는 격렬한 논쟁과 독설 등을 통해 크롬웰의 전제정치를 옹호함으로써 '크롬웰의 이데올로그'라는 별명을 얻었다. 이런 노력에 대한 보답이었을까? 1651년 밀턴이 시력을 완전히 잃었음에도 크롬웰은 그의 공직을 계속 유지시켜 주었고, 1655년에는 종신연금까지 지급받게 해주었다.[53]

『아레오파지티카』는 밀턴 사후 20년인 1694년 영국의회로 하여금 인쇄·출판의 통제를 포기하게 하는 데 기여했지만, 밀턴의 생존 시엔 아무런 영향을 미치지 못했다. 그는 출판허가법으로 박해받지도 않았다. 그의 주장은 당대의 기준으로 너무도 고상하다 못해 허황되어 '논설문이 아니라 시詩'로 여겨졌기 때문이다. 다른 사람들을 무자비하게 공격했던 장로파도 밀턴을 '무해한 몽상가' 정도로 간주했다.

그러나 『아레오파지티카』는 세월이 더 흐른 뒤에 화려하게 부활해 자유언론, 특히 미국 언론의 경전처럼 여겨지는 지위를 누리게 된다. 찬양이 지나쳐 그 한계와 기원을 지적하는 주장이 많아 쏟아져나올 정도도. 예컨대, 로버트 하그리브스Robert Hargreaves는 『표현자유의 역사The First Freedom: A History of Free Speech』(2002)에서 밀턴이 주장하는 언론의 자유라는 개념은 비록 철학, 종교 등에서 서로 다른 견해를 견지하면서도 전체적으로는 심오한 이성을 가진 진중한 저술가들을 위한 것이었다"라며 다음과 같이 말한다.

"그는 모든 형태의 문학을 포괄하거나, 자신이 속했던 고학력 프로테스탄트 학자들 이외 사람들의 언론자유에 대해서는 숙고의 대상으로 삼지 않았다. 그가 공들여 상술한 언론자유의 원칙이 나중에 그가 뿌리 뽑아야 할 생각을 가진 사람들이라고 여겼던 가톨릭교도나 이신론자理神論者 혹은 무신론자들에게까지 허용될 정도로 확대될 것이라는 상상을 했다면, 그는 아마 까무러치고 말았을 것이다."[54]

온라인에서 '저널리즘의
아이튠즈'는 가능한가?

●
paywall

                    paywall은 firewall(방화벽)이라
는 단어를 빗대 만든 신조어로, 인터넷에서 '서비스 유료화'를
뜻하는 말이다. 직역하면 '지불장벽'인바, 돈을 내 장벽을 넘
지 못하면 서비스를 이용할 수 없다는 뜻으로 이해하면 되겠
다. 1997년 『월스트리트저널』이 최초로 시도한 이후 일부 신
문들이 일정 수의 기사만 무료로 제공하고 이후 기사부터는 유
료 결제를 통해 뉴스를 제공하는 모델을 채택해 성공을 거두
었는데, 이런 모델을 가리켜 '페이월paywall 모델'이라고 한다.

    뉴스 웹사이트 유료화 전략엔 전면 유료화Pay wall, 부분
유료화Semi-Permeable Pay wall, 계량 방식Metered system 등 3가
지가 있다. 부분 유료화는 유료독자에게 프리미엄 서비스를
제공하는 것을 의미한다. 멤버십 회원에게 기사 전문과 부가
혜택을 제공하는 영국 『가디언』의 전략이 여기에 속한다. 계
량 방식은 일정량 이상의 기사를 볼 경우 돈을 내야 한다. 전
체 뉴스를 온라인에 제공하되 무료로 볼 수 있는 콘텐츠를 제
한하고 있는 영국 『파이낸셜타임스』의 경우다. 기사는 무료로
제공하고 광고로 수익을 내는 방식도 있다. 대부분의 한국 언

론사 웹사이트가 여기에 속한다.[55]

2009년 『뉴욕타임스』의 데이비드 카David Carr, 1956~2015는 칼럼에서 뉴스를 위한 아이튠즈를 만들자고 제안했다. 애플 아이튠즈로 음원의 유통방식과 수익구조가 개별 곡 단위의 소액결제로 바뀐 것처럼 뉴스도 '월간 구독'에서 '기사 건당 개별 판매'로 유료화 방식을 전환하자는 것이다.

이와 관련, 황용석은 "그러나 현실화에는 많은 시간이 걸렸다. 음원은 반복 청취할 수 있는 상품인 반면, 뉴스기사는 소비되는 즉시 상품가치가 상실된다. 또한 음원은 가수나 판매 순위 등을 통해 구매결정을 내릴 정보가 충분히 있지만, 뉴스기사는 전통적인 경험재로 소비하기 전에 그 질을 판단할 수 없기 때문이다"라며 다음과 같이 말했다.

"이런 한계에도 소액결제 실험이 이루어지고 있다. 2014년 5월 네덜란드의 스타트업 기업인 브렌들Blendle.com은 언론사들의 기사를 소액결제시스템에 기반해서 유통하는 뉴스포털을 만들었다. 현재 네덜란드의 모든 신문과 잡지가 이 서비스에 가입했다. 브렌들은 이미 22만 명의 이용자를 확보했다. 이용자들은 기사 한 건을 읽을 때마다 0.15유로에서 0.30유료를 내야 한다. '브렌들 지갑'이라고 하는 독자적인 지불시스템을 통해 모든 언론사 기사를 하나의 계정과 한 과금 체계에 통합시켰다. 클릭 한 번으로 결제가 이루어지고 보안성이 충족되도록 한 것이다."[56]

'저널리즘의 아이튠즈'를 표방한 브렌들의 공동 창업자 가운데 한 명인 알렉산더 클뢰핑Alexander Klöpping, 1987~은 브렌들을 개발하게 된 배경을 이렇게 설명했다. "(페이월을 시행하고 있는 언론사는) 전체 웹사이트에 접근하는 행위에 대해 매월 과금하고 있다. 하지만 독자들 입장에서는 실제 읽기를 원하지 않는 기사들이 잔뜩 들어 있다. 그래서 독자들은 훌륭한 저널리즘을 발견하기 위해 좋아하는 잡지나 신문을 두루두루 돌아다녀야만 한다.……브렌들은 실제 기사를 읽었을 때만 개별 기사 단위로 과금한다. 만약 기사를 좋아하지 않으면 즉시 환불받을 수도 있다."

무엇보다 손쉽게 환불할 수 있는 시스템을 갖춘 점이 브렌들의 경쟁력이다. 읽었던 기사라도 마음에 들지 않으면 언제든 환불을 요청할 수 있다. 대신 브렌들은 환불 사유를 반드시 확인해 가격 정책에 반영하고 언론사에 피드백을 보낸다. 언론사는 독자들의 피드백만으로도 뉴스 품질 제고의 힌트를 얻을 수 있다. 이 점을 높게 평가한 미국 『뉴욕타임스』와 독일 대형 미디어그룹 악셀스프링어Axel Springer는 2014년 10월 브렌들의 지분을 23퍼센트 획득하는 대가로 370만 달러를 투자했다.[57]

캐나다 매니토바Manitoba주 주도州都인 위니펙의 대표적인 지역신문인 『위니펙 프리 프레스Winnipeg Free Press』도 2015년 4월부터 '저널리즘의 아이튠즈'를 시도했다. 월간 온라인 구독료는 16.99캐나다달러인데, 온라인에서 기사 한 건당 27캐나다센트를 과금하는 방식이다. 자체 조사에 따르면, 이 신문 독자들은 온라인에서 월 평균 15개의 기사를 읽는 것으로 나타나 월간 단위 구독의 필요성을 못 느끼는 것으로 분석되었다.

이 두 언론사의 새로운 시도와 관련, 황용석은 "이 방식이 성공할지는 두고 볼 일이다. 그러나 우리가 놓치지 말아야 할 것은 그 이면에 있다. 이 두 회사는 독자들이 기사를 읽고 마음에 들지 않으면 전액 돌려주는 정책도 도입했다. 경험재로

서 신문이 갖는 약점을 이 정책으로 만회한 것이다. 둘째는 단순한 결제 방식이 아니라 뉴스의 개인화 서비스를 고려하고 있다"라며 다음과 같이 말했다.

"소액결제 정책은 모든 온라인 이용자들에게 로그인하게 하며, 그들의 신용카드 정보와 같은 결제정보를 입력하게 만드는 효과가 있다. 이 방식은 이용자들의 선호를 반영하는 개인화 서비스를 구현할 수 있게 하는 기반을 제공한다. 그동안 뉴스 개인화가 성공적이지 못했던 이유는 전체 방문자 중 로그인 이용자의 비중이 낮기 때문이다. 뉴스의 개인화 서비스가 가능해지면 보다 효과적인 광고 집행도 가능해진다. 실제로 브렌들은 이용자가 선호하는 기사를 이메일 등 다양한 방식으로 추천하는 시스템을 마련했다. 결국 우리 언론사들이 배워야 할 점은 단기적인 매출증대만이 아니라 보다 장기적인 연구와 시스템 구축을 더 중요하게 생각하는 자세에 있다."[58]

한국의 뉴스 유료화는 프리미엄 뉴스에 대한 구독료를 지불하는 방식이다. 이에 대해 『블로터』 미디어랩장 이성규는 2015년 3월 이렇게 말했다. "『뉴욕타임스』는 1달에 10건까지는 무료로 볼 수 있지만 그 이상을 보려면 관련 기사를 클릭할 때마다 결제창이 뜬다. 그렇다면 온라인 구독료는 이 귀찮음을 해결하기 위해 지불하는 비용인지, 아니면 모바일에서 기사를 쉽게 볼 수 있고 이메일 서비스에 대해 지불하는 건지 구분해야 한다. 『뉴욕타임스』의 유료화 성공이 콘텐츠의 질 때문이라고 한다면 각 기사마다 다른 가격을 매겼을 때 독자들이 지불 의사가 있어야 한다."[59]

즉, 『뉴욕타임스』 독자들은 서비스를 구매하는 쪽에 가깝지만, 한국 언론의 온라인 전략에는 서비스 관점이 빠져 있다는 것이다. 언론사들의 뉴스가 다 비슷비슷한 상황에서 돈을 낼 만한 특별한 콘텐츠도 제공하지 않으면서 "우리 사이트에 와서 결제하라"고만 해서야 되겠느냐는 이야기다. 한국 언론은 기술적인 문제를 고민하기 이전에 오랫동안 길들여져온 오만한 자세부터 바꿔야 하는 게 아닐까?

running on empty

stock car

BMW

Segway PT

hatch

Mach

moonshot thinking

upcycling

ecological footprint

water footprint

자동차 · 교통 · 환경

'Running On Empty'는 '허공에의 질주'인가?

running on empty

　　　　　　　　　　　　　　　　시드니 루멧Sydney Lumet, 1924~ 2011 감독의 영화 〈Running On Empty〉(1988)는 국내에서 〈허공에의 질주〉로 번역·소개되었다. 물론 오역誤譯이다.[1] running on empty는 "힘이 다한, 백계百計가 다하여at the end of one's resources"란 뜻으로, 20세기 미국에서 만들어진 말이다. 자동차 계기판에 기름 탱크가 비었다는 표시가 나타난 것에서 유래한 말이다.[2]

　　닉슨 행정부에서 상무장관을 지낸 피터 피터슨Peter G. Peterson, 1926~은 2004년에 『Running on Empty』라는 제목의 책을 출간했다. 이 책의 부제는 How the Democratic and Republican Parties Are Bankrupting Our Future and What Americans Can Do About It(민주당과 공화당은 어떻게 우리의 미래를 망치고 있으며, 우리는 무엇을 할 수 있는가)이다. 그는 이 책에서 다음과 같이 개탄했다.

　　"The 'base' of each party is so hostile to the other that efforts at cooperation are crippled at every turn. This leads to the failure of common projects, which further inflames the extremists and discredits the moderates(두 정당의 골수 지지자들은 상대편 정당에 대해 매우 적대적이어서 상호 협력을 위한 시도는 번번이 좌절된다. 이는 공동 과제의 실패를 가져올 뿐만 아니라 더 나아가 극단주의자들의 기를 살려주고 온건주의자들이 설 땅을 없게 만든다)."[3]

〈Running On Empty〉는 미국 싱어송라이터 잭슨 브라운Jackson Browne, 1948~이 1977년에 발표한 노래 제목이기도 하다. 매일 집에서 가까운 작업실까지 자동차로 출퇴근을 하던 자신의 경험을 근거로 만든 노래다. 브라운은 작업실이 집에서 겨우 몇 블록 떨어진 곳이라 차에 기름 넣는 걸 잊었는데, 자동차가 running on empty 상태에 처한 적이 잦았다고 한다. 그렇지만 가사 내용은 목적 없이 달리는 인생에 대해 생각해보게 만들 정도로 제법 의미심장하다.

이 노래는 영화 〈포레스트 검프Forrest Gump〉(1994)에서 주인공 포레스트가 미국 전역을 달리는 장면의 배경 음악으로 쓰여 유명해졌다. 2008년 대선에서 공화당 후보 존 매케인John McCain 진영은 경쟁자인 민주당 후보 버락 오바마Barack Obama를 비판하는 텔레비전 광고에 이 노래를 허락 없이 사용했다가 나중에 사과하는 해프닝을 벌이기도 했다.[4]

왜 자동차 애호가들은
'스톡카 레이싱'에 열광하는가?

○
stock car

2015년 4월 12일 전남 영암의 코리아 인터내셔널 서킷에서 열린 CJ헬로모바일 슈퍼레이스 슈퍼 6000클래스 개막전에서 가수이자 카레이서로 활동하는 김진표는 차량 대부분이 부서지는 사고를 당했다. 그는 최고 시속 260킬로미터로 달리다가 브레이크 이상으로 속도를 늦추지 못해 앞선 2대의 차량에 추돌했는데, 이후 공중에서 4차례 회전한 차량은 100미터 밖의 안전 펜스에 부딪히고 나서야 멈췄다. 사고 영상만 보면 "과연 살아남을 수 있을까" 하는 생각이 들 만큼 처참했지만, 김진표는 멀쩡했다.

이 사고와 관련, 『조선일보』 2015년 4월 15일자는 「공중 4회전에도…김진표 살린 '스톡카'의 비밀」이라는 기사에서 그가 무사할 수 있었던 것은 스톡카의 뼈대를 이루는 롤 케이지roll cage(차량 전복 시 탑승자를 보호하는 안전장치) 덕분이라고 했다.[5] 스톡카에 대해 제대로 알기 위해선 미국의 자동차 경주를 살펴볼 필요가 있겠다.

미국에선 자동차 경주가 2002년 최대 관중 동원 '빅 20' 스포츠 이벤트 중 17개나 차지했을 정도로 인기가 높다. 전통

sports-car racing

drag racing

stock-car racing

적으로 북동부는 스포츠카 레이싱sports-car racing, 서부는 드래
그 레이싱drag racing, 남부는 스톡카 레이싱stock-car racing이 인
기였지만, 미국 전체를 통틀어 가장 큰 인기를 누리는 건 스톡
카 레이싱이다.[6]

스포츠카 레이싱은 경주를 위해 만든 특수 스포츠카로 하
는 경기지만, 포르쉐Porche, BMW, 페라리Ferrari, 로터스Lotus,
마세라티Maserati, 알파 로메오Alfa Romeo, 란치아Lancia, 메르세
데스벤츠Mercedes-Benz, 재규어Jaguar, 애스턴 마틴Aston Martin
등 고급 스포츠카들의 권위를 높이는 데에 기여했다.

드래그 레이싱은 특수 개조된 고속용 자동차hot rod로 짧
은 직선거리(보통 4분의 1마일로 402미터)를 달리는 경주인데,
짧은 시간 내에 가속 능력을 겨루는 것으로 1990년대부터 인
기를 끌었다. 보통 차가 402미터를 주파하는 데엔 12~16초가
걸리지만, 드래그 레이스용 차dragster는 시속 530킬로미터로
4.5초 내로 주파한다. 아마추어 드래그 레이싱은 1940년대부
터 10대들에게 엄청난 인기를 끌었다. 차량개조customizing 붐
이 불면서 고속용으로 개조한 자동차hot rod를 탄 10대 젊은이
들이 일반 도로에서조차 경주를 벌이는 바람에 사회문제화되
기도 했다.[7]

스톡카 레이싱은 스톡카stock car(특별 주문차가 아닌 일반
시판 자동차)로 벌이는 경주다. 겉모습만 그럴 뿐 별도의 프레
임과 엔진을 장착한 경주용 차지만, 미국인들이 자신들의 차
로 여겨 경주에 더 몰입하는 경향이 있다. NASCARThe National
Association for Stock Car Auto Racing가 주관해 'NASCAR(나스카)
레이싱'이라고도 하는데, 나스카 레이싱은 7,500만 명의 팬을
거느리고 있어 텔레비전 시청률 기준으로 내셔널풋볼리그

National Football League에 이어 2번째 인기를 누리고 있다.[8]

스톡카 레이싱 대회의 기원은 금주법 시대(1920~1933)로 거슬러 올라간다. 밀주꾼들은 경찰의 단속을 피하기 위해 비교적 작고 빠른 차를 이용했다. 차의 속도를 빠르게 하고 짐 싣는 공간을 넓게 하면서, 이런 관행의 축적이 결국 스톡카 레이싱 대회로 이어진 것이다. 정식 스톡카 레이싱 대회는 1947년부터 시작되었는데, 오늘날 전통적인 스톡카 애호가들은 나스카가 스톡카를 너무 많이 개조한다고 비난한다.[9]

속도에 열광하는 소비자들의 심리를 잘 아는 자동차회사들은 자동차의 속도 성능을 과시한다. 속도 성능은 시속 110마일(약 177킬로미터)에서부터 160마일(약 258킬로미터)에 이르기까지 다양하지만 실제 도로에선 그렇게 달릴 수 없으니 그게 무슨 소용인가. 상상력을 자극하는 것 이외에는 아무 소용이 없다.[10] 그러나 모두에게 다 그렇지는 않아 과속으로 인한 교통사고가 '재앙'이라고 해도 좋을 정도로 많이 일어나니 그게 문제다.

왜 BMW는 속물근성의
상징이 되었는가?

●
BMW

BMW(베엠베, 비엠더블유)는 독일 자동차회사이자 브랜드 이름이다. Bayerische Mororen Werke의 약자다. 영어로는 Bavarian Motor Works로 '바바리아자동차제작소'란 뜻이 되겠다. Bavaria는 독일 동남부에 있는 주州로, 독일 전체 면적의 20퍼센트를 점하는 가장 큰 주며 인구는 1,250만 명으로 두 번째, 주도州都는 뮌헨Munich이다.[11]

BMW는 원래 항공 엔진을 제조하는 회사였기에 엔진의 우수성을 강조하기 위해 '얼티미트 드라이빙 머신Ultimate Driving Machine'이라는 브랜드 표어를 내세운다. '머신'이라는 기계적인 측면을 강조함으로써 BMW가 최상급 엔진 성능을 갖추었다는 것을 과시하려는 것이다.[12] 이 광고에서 영감을 얻은 연세대학교 심리학과 교수 서은국은 다음과 같이 말한다.

"미국에 있을 때 BMW 자동차 CF를 인상적으로 본 적이 있다. 광고 내내 멋진 차 한 대가 '슝' 하고 달린다. 마지막에 굵은 바리톤 목소리가 'The ultimate driving machine'이라는 문구를 읽으며 광고는 끝난다(굳이 번역하면……궁극의 운전 기계?). 단순하지만 BMW의 이미지를 잘 압축하고 있다. 인간의 본성을 압축한다면 나는 'The ultimate social machine' 이라고 표현하고 싶다. 사회성은 인간의 생사를 좌우하는 가장 독보적인 특성이다." [13]

지난 수십 년 동안 자동차에 활용된 전자기기들은 모두 서로 고립되어 있는 '멍청한 시스템'이었지만, 이제 자동차는 컴퓨터 네트워크의 조합체로 스마트 소프트웨어의 통제와 모니터링을 받는다. 그런 변화를 선도하는 BMW의 신형차 '하이드로겐 7'은 운전대에 있는 버튼을 누르면 가솔린 연소 모드에서 수소 모드로 부드럽게 전환될 뿐만 아니라 애플의 아이폰과 자동적으로 연동되고, 운전 중에도 구글에서 지도를 다운받을 수 있다. BMW의 혁신 전문가 울리히 바인먼Ulrich Weinmann은 "BMW 자동차는 이제 사실상 컴퓨터 네트워크나 다름없습니다"라고 말한다. [14]

그렇다고 해서 자동차의 감성적 측면이 사라지는 건 아니다. 정연승·김나연은 "자동차 산업에서는 기술발전만으로 자동차 성능에서의 차별화를 시도하는 것이 불가능해지자, 메이커들이 다양한 감각적 기능에 승부를 걸고 있다"라며 이렇게 말한다. "BMW 같은 브랜드는 자기만의 폭발적 성능과 다이내믹함을 소비자들이 느끼게 하려고 독특한 엔진 소음과 딱딱한 승차감을 고수한다. 반면 일본의 도요타 같은 브랜드들은 편안한 승차감과 조용함을 최우선 가치로 정하고, 모든 기계 장치를 여기에 맞추고 있다." [15]

그러나 BMW는 속물근성의 상징으로 여겨지기도 한다. 조지프 엡스타인Joseph Epstein은 『미국판 속물근성Snobbery: The American Version』(2003)에서 이렇게 말한다. "우월감이란 BMW 740i에 앉아 자신이 가난한 속물들보다는 낫다고 생각하면서……빨간 신호등 앞에 멈췄을 때, 내 차 옆에 선 촌티 나는 캐딜락에 누가 앉아 있는지를 조용히 음미하는 것이다."[16]

미국 샌디에이고주립대학 심리학과 교수 진 트웬지Jean M. Twenge는 『나는 왜 나를 사랑하는가The Narcissism Epidemic: Living in the Age of Entitlement』(2009)에서 나르시시스트가 보이는 속물근성의 사례로 BMW를 물고 들어간다. "나르시시스트는 자신의 외모와 사회적 지위를 드러내는 물건을 소중히 여긴다. 예를 들어 '내 BMW 자동차 키 본 사람 있나요?'라고 말하는 식이다."[17]

그런 속물근성은 경멸받아 마땅하겠건만 현실은 전혀 그렇지 못하다. BMW는 대중적인 잡지에도 광고를 싣는데, 그 목적은 구경꾼들이 그 차를 살 능력이 있는 소수를 존경 어린 눈으로 쳐다보도록 유도하는 것이다. 물론 이는 잠재 고객들의 구입 결정에 적잖은 영향을 미친다.[18]

GM(제너럴모터스) 등이 미국, 유럽, 중국에서 각각 다른 차를 만드는 것과는 달리 BMW는 세계 어디에서나 거의 비슷한 제품을 만드는 걸로 유명하다. 그래서 글로벌 기업이 지역별 차별화를 하지 않는 걸 두고 'BMW 방식'이라고 한다. 이와 관련, 세계 최고의 스마트폰용 메모 앱으로 각광을 받고 있는 에버노트Evernote의 CEO 필 리빈Phil Libin, 1972~은 "에버노트를 메모 앱 업계에서 BMW 같은 브랜드로 만들겠다"라고 말했다.[19]

미국에선 BMW를 속어로 Beamer(또는 Beemer, Bimmer, Bee-em)라고 한다. "He's got a sick Beamer"라고 하면 "그는 아주 환상적인 BMW 차를 샀다"라는 뜻이다. 여기서 sick도 속어로 쓰였는데, 그럴 경우 'cool, great, awesome' 등의 뜻이다.[20]

　1962년에 처음 만들어진 이후 오늘날까지 한 번도 바뀌지 않은 BMW의 브랜드 아이덴티티는 '완벽한 드라이빙의 기쁨Sheer Driving Pleasure'이다.[21] BMW의 광고 슬로건 중 하나는 "만약 당신이 몸을 떤다면 그건 흥분 때문일 겁니다If you do shiver, it'll be from excitement"이다.[22] 한국에서 BMW는 버스Bus · 지하철Metro · 도보Walk 이용을 권하는 환경보호운동 캠페인 이름으로도 쓰이고 있다.

왜 스티브 잡스는
'세그웨이'에 열광했나?

●
Segway PT

　　"'씽씽 달리는 세그웨이 때문에
자칫 아이들이 다칠까봐 걱정입니다.' 연간 500만 명의 관광
객이 찾는 전북 전주 한옥마을 거리에 세그웨이(1인용 전동스
쿠터)가 등장, 안전사고를 우려하는 목소리가 높다. '왕발통'
이라고 불리는 세그웨이는 근거리용 이동 수단으로 초보자도
5분 안에 탈 수 있을 정도로 간단하며 시속 10km 안팎까지 낼
수 있다. 15대의 세그웨이를 보유한 한 업체는 이달 초순부터
전주 한옥마을을 찾는 관광객들을 상대로 대여사업을 하고 있
다. 하지만 경찰서와 시청에는 자칫 충돌 사고로 이어질 것을
우려하는 시민들의 규제를 요청하는 전화가 끊이질 않고 있
다. 전주 완산경찰서는 '동력으로 운전되는 세그웨이는 차로
규정할 수 있으며 운전자는 보도와 차도가 구분된 도로에서는
차도로 통행해야 한다'면서도 명확한 단속 근거가 없어 미온
적인 태도를 보이고 있다."[23]

　　『연합뉴스』(2014년 9월 20일) 기사다. 이처럼 우리에게도
익숙해진 Segway PT(세그웨이 피티)는 배터리를 동력으로 삼
는 두 바퀴로 인간의 신체 균형감을 이용해 달릴 수 있는 이동

수단이다. Segway에서 Seg는 segue와 동음이의어同音異議語, homophone며, "PT"는 personal transporter(개인적인 운송수단)의 약자다. segue는 이탈리어로, 음악용어로 "단절없이 다음 악장으로 옮기라는 지시"인데, 비유적으로 "사이를 두지 않고 이행하다"라는 뜻으로 쓰인다.

2001년 Segway PT의 존재가 세상에 알려지자 많은 유명 인사가 호들갑에 가까운 격찬을 보냈다. 애플의 스티브 잡스Steve Jobs, 1955~2011는 세그웨이를 PCPersonal Computer의 위상에 비유했고, 벤처투자가 존 도어John Doerr, 1951~는 세그웨이가 인터넷보다 중요해질 것이라고 전망했다.

드디어 그해 12월 3일 뉴욕 맨해튼의 한 공원에서 첫 선을 보인 세그웨이는 새롭긴 했지만, 잡스나 도어가 호들갑을 떨 정도의 발명품은 아니었다. 나중에 멋쩍어진 잡스는 세그웨이의 디자인이 형편없다고 비판했다. 세그웨이의 최고 속력은 시속 20킬로미터였고, 10센트의 전기료로 6시간을 달릴 수 있었다.

왜 잡스와 도어를 비롯한 유명 인사들은 세그웨이의 개발 소식에 그토록 열광했던 걸까? 아마도 그 답은 세그웨이를 발명한 딘 카멘Dean Kamen, 1951~이 2001년 12월 3일자 『뉴욕타임스』인터뷰에서 한 다음과 같은 말에 있는 건 아닐까?

"Cars are great for going long distances, but it makes no sense at all for people in cities to use a 4,000-lb. piece of metal to haul their 150-lb. bodies around town(자동차는 장거리를 가기엔 제격이지만 도시 내에서 모든 사람이 150파운드 되는 몸을 이동시키기 위해 4,000파운드나 되는 쇳덩이를 이용한다는 건 도무지 말이 안 됩니다)."[24]

분명 말은 안 되지만, 세그웨이가 대안이 아니라는 것도 분명해졌다. 최근 주목을 받는 것은 1~2인용 초소형 전기차, 전기 오토바이, 전기 자전거 등과 같이 멀지 않은 거리를 오가는 개인형 이동수단Personal Mobility Vehicle이다. 2015년 5월 르노그룹과 르노삼성자동차가 국내에 시범 도입한 1~2인용 초소형 사륜 전기차 트위지Twizy는 일반 승용차 크기의 3분의 1에 불과한 작은 차체와 안정성을 갖춰 도심 매연과 교통 체증을 해결할 수 있는 도심형 이동 수단이다. 유럽시장에서 2012년 출시된 트위지는 2015년 4월까지 1만 5,000대가량 판매되었으며, 판매 가격은 6,990유로(약 842만 원)부터 8,490유로(약 1,023만 원)였다.[25]

건배와 배 갑판의 승강구 뚜껑은 무슨 관계인가?

hatch

hatch는 배 갑판의 승강구나 그 뚜껑을 말한다. 천장이나 지붕 등에 만든 출입구의 뚜껑도 hatch라고 한다. trapdoor는 "(방바닥·마루·지붕 등의) 치켜 올리는 뚜껑문, 낙하문, (채광) 통풍문"인데, hatch는 trapdoor의 한 종류로 볼 수 있다.[26]

hatchback(해치백)은 "뒷부분에 들어서 여는 문이 달린 자동차, 들어서 여는 문이 달린 자동차의 뒷부분"을 말한다. '해치백'은 선박의 '해치'처럼 차 뒤쪽 문을 위로 잡아당겨 연다고 해서 붙여진 이름이다. 트렁크와 뒷좌석이 합쳐져 있어 '2박스카'라고도 불린다. 해치백은 외관상 둥글고 뒷좌석 공간과 화물 적재 공간이 합쳐져 있다. 반면에 승차 공간과 트렁크가 분리된 일반형 모델은 '노치백notchback'이라고 한다. notch는 '산골짜기, 단계'란 뜻으로, 차체 뒷부분이 층계진 모양이라고 해서 '노치백'이라는 이름이 붙었다.

해치백은 물건 적재가 편하다는 장점이 있지만, 디자인은 별로라는 인식이 많았다. 국내 소비자들은 그동안 해치백이 마치 '짐차'처럼 보인다는 이유로 노치백 차량을 선호해왔기 때문에 국내 자동차업계는 '해치백의 무덤'으로까지 불렀다. 해치백 판매 비중은 3~4년 전까지만 해도 소형차 기준으로 10퍼센트 남짓한 수준이었다. 그러나 디자인을 세련되게 한 해치백들이 나오면서 소형차 해치백 판매가 늘어 일부 차종에서는 해치백이 일반형 판매를 앞질렀다.

2015년 1~4월 현대차 엑센트와 기아차 프라이드, 한국 GM 아베오 등 국산 3종種 소형차의 판매 대수 9,304대 중 26.1퍼센트인 2,430대가 해치백 모델이었으며, 아베오의 해치백 판매 비중은 50.5퍼센트, 프라이드는 54퍼센트였다. 현대차 관계자는 "젊은 층을 중심으로 야외 활동에 적합한 실속 있는 차에 대한 선호도가 높아지고 있는 데다 해치백들이 세련된 디자인으로 진화하면서 시장에서 자리를 잡고 있다"라고 말했다.[27]

batten down the hatches는 "만전의 경계(준비)를 하다"라는 뜻인데, 여기서 batten은 "널빤지", batten down은 "널빤지로 막다"라는 뜻이다. hatch는 위에서 아래로 들어가는 출입구이므로, 폭풍이 닥쳐올 것 같으면 선원들은 hatch 주변을 방수천이나 나무판자를 못으로 박아 물이 새 들어가지 않게끔 준비를 했다. 바로 여기서 "만전의 경계(준비)를 하다"라는 비유적 의미가 생겨났다.

I have been instructed to batten down the hatches (나는 다가올 문제에 대비하라는 지시를 받았다). We'd better batten down the hatches. The weather service says a tropical storm is headed our way(만반의 준비를 하는 게 좋겠어. 기상청 예보에 따르면, 우리가 가는 방향으로 열대성 폭풍이 몰려온다는 거야).[28]

"Down the hatch!"는 "건배乾杯!"란 뜻이다. 선원이 배의 해치를 열고 들어가는 모습을 술이 사람의 입속으로 들어가는 것과 비슷하다고 본 데서 유래한 말이다. 따라서 이 표현에서 hatch는 throat(목구멍)를 가리키는 셈이다. 해군에서 가장 먼저 쓰였을 것으로 추정되며, 최초의 사용 기록은 1931년이다. 미국엔 'Down the Hatch'란 상호를 내건 술집이 많다. Come on, down the hatch and forget it(어이 한잔 쭉 마시고 잊어버려).

down the hatch는 꼭 술이 아닌 약을 먹을 때에도 사용될 수 있다. Grandma handed me a glass of smelly medicine and said, "Down the hatch."(할머니는 냄새가 코를 찌르는 약물 한 잔을 건네주시더니 "꿀꺽 삼켜라"라고 말했다).[29]

왜 초음속을
'마하'라고 하는가?

●
Mach

Mach는 "마하수Mach number"로,
오스트리아 과학자이자 철학자인 에른스트 마흐Ernst Mach,
1838~1916가 초음속 연구에서 도입한 개념이다. 그가 1887년
에 쓴 관련 논문은 그가 살아 있을 땐 완전히 무시되다가 나중
에 초음속 비행의 가능성이 거론되면서 뒤늦게서야 주목을 받
았다. 마하는 보통 공기 속에서 탄환 · 비행기 · 미사일 등 고
속비행체가 운동하거나 고속기류高速氣流가 흐를 경우에 사용
한다. 유체 속에서 음속을 기준으로 물체의 속력을 결정하는
값으로, 마하 1은 공기 중에서 음속인 시속 약 1,200킬로미터
에 해당한다. 마하 1보다 큰 속도 영역을 초음속超音速이라고
한다.

비행체가 공기 중에서 마하 1을 넘는 초음속으로 비행하
면 비행체 주위의 공기에는 충격파shock wave가 생성되면서 공
기의 성질이 급격히 변화하기 때문에, 항공공학에서는 마하수
가 중요한 의미를 갖는다. a fighter plane with a top speed
of Mach 3은 '마하 3의 최고 속도를 내는 전투기'라는 뜻이
다. 속도감에 편승하기 위해서인지 Mach는 스포츠카나 골프

채 이름으로 쓰이기도 한다.[30]

오랫동안 마하 1의 속도는 '마의 벽impenetrable wall'으로 간주되었으며, 그래서 '음속 장벽sound barrier'이라는 용어가 탄생했다. 그런 장벽을 깨고 최초로 초음속 비행의 시대를 연 주인공은 척 예거Chuck Yeager, 1923~다. 미 공군 조종사였던 그는 1947년 10월 14일 시험비행에서 최초로 음속을 돌파했다. 사람들은 그의 비행기가 마하 1을 지나는 순간 해체될 것이라고 생각했지만, 해체된 건 단지 그런 잘못된 믿음이었을 뿐이다. 예거는 나중에 자서전에서 "진정한 장벽은 공중에 있지 않았다. 그것은 초음속 비행에 대한 우리의 지식과 경험에 있었다"라고 썼다.[31]

미국은 현재 음속의 5배인 극초음속 제트기를 개발 중이다. X-51A 웨이브라이더Waverider로 불리고 있는 극초음속 제트기의 속도는 이륙 후 6분 안에 마하 5.1로 비행할 수 있다. 2013년 시험비행을 할 당시 이 웨이브라이더는 하늘을 나는 요새라고 하는 B-52H에 실려 고도 1만 5,000미터까지 상승한 후 B-52H에서 떨어져 나와 고체연료 로켓 보조 추진 장치 a solid rocket booster에 의해 26초 만에 마하 4.8의 속도를 내기 시작했다. 이후 고도 1만 8,300미터 지점에서 속도는 더욱 가속되어 마하 5.1을 기록했다.[32]

인터넷 속도 경쟁에서 어찌 '마하'라는 이름이 빠질 수 있으랴. 2015년 6월 종합미디어그룹 CMB는 광동축혼합망HFC 방식 320Mbps 기가급 초고속인터넷 서비스 'i-스피드마하'의 상용화에 들어갔다. CMB는 "기존 HD알뜰형TV 등 방송 서비스와 함께 보다 빠른 인터넷 서비스에 대한 고객 니즈를 충족할 수 있는 이번 'i-스피드마하' 상품 출시로 고객들에게

양질의 서비스를 보다 저렴하게 제공할 수 있게 됐다"라고 말했다.[33]

삼성그룹 회장 이건희는 2014년 초 신년사에서 '마하 경영' 방침을 내세웠다. 마하 경영이란 항공기가 음속보다 빨리 비행하기 위해서는 기본 설계뿐 아니라 엔진에서부터 소재에 이르기까지 모든 부품을 바꿔야 한다는 것으로, 삼성의 재도약을 위해선 그동안의 체질과 구조를 근본적으로 개선해야 한다는 뜻이다. '마하 경영' 내용을 요약하면 신사업과 신시장, 신상품과 신기술, 총체적이고 근본적인 변화, 도전·창의와 소통·상생 등이다.[34]

같은 일을 반복해도
괜찮은 삶에 혁신은 없는가?

●
moonshot thinking

1969년 7월 20일 오후 8시 17분 43초(국제표준시간) 미국 우주선 아폴로 11호의 달착륙선 이 글호가 달 표면에 착륙했다. 세계 6억 인구가 텔레비전 중계방송을 지켜보는 가운데 우주비행사 닐 암스트롱Neil Armstrong은 최초로 달을 밟은 인간이 되었다. 달착륙선 조종사인 에드윈 버즈 올드린Edwin Buzz Aldrin이 암스트롱에 이어 두 번째로 달을 밟았지만, 함께 간 마이클 콜린스Michael Collins는 우주선을 조종하느라 달에 내리지 못했다.

인류의 오랜 꿈이 현실로 바뀌는 역사적 순간을 흑백 텔레비전 화면을 통해 숨죽이며 지켜보던 세계 6억 명을 향해 암스트롱은 "한 사람에게는 작은 걸음이지만 인류에게는 거대한 도약one small step for (a) man, one giant leap for mankind" 이라는 명언을 남겼다. 암스트롱과 올드린은 달 표면에 미국 국기를 꽂고 이런 글이 적힌 명판을 남겨놓았다. "여기, 지구라는 별에서 온 인간들이 서기 1969년 7월에 첫 발을 내딛다. 우리는 모든 인류를 대신해 무사히 이곳에 왔다." [35]

달에 유인 우주선을 보내는 프로그램을 가리켜 moon

shot(문샷)이라고 한다. 구글은 이를 흉내내 무인자동차 개발 시도처럼 거대한 문제에 대담하게 도전하는 걸 가리켜 '문샷 싱킹moonshot thinking'이라고 한다. 문샷 싱킹은 10퍼센트의 개선이 아닌, 10배의 혁신에 도전하는 것으로, 망원경 성능을 개선하기보다는 달 탐사선을 발사해moonshot 직접 달에 가는 게 빠르듯, 급진적·혁신적인 방법을 만들어내자는 문제해결 방식이다.

구글의 사내 비밀 연구소인 구글XGoogle X는 '상식을 뛰어넘는 혁신적 도전으로 큰 폭의 기술 발전을 이룬다'는 '문샷 싱킹'에 기반한 미래 기술 투자를 통해 기상천외한 분야로 진출하고 있다. 안경 모양의 스마트기기인 구글 글라스, 나노 기술에 기반한 진단용 알약, 성층권에 띄운 기구氣球로 무선인터넷을 서비스하는 프로젝트 룬, 비행기를 닮은 공중空中 발전기 '마카니' 등이 대표적이다.[36]

2015년 5월 한국을 찾은 구글의 혁신·창의성 프로그램 총괄 책임자인 프레더릭 G. 페르트Frederik G. Pferdt는 대기업 3곳에서 문샷 싱킹이 가능한 조직 문화에 대해 강의했다. 그는 "인턴부터 임원까지 모두가 리더 역할을 할 수 있도록 해야 직원들이 자유롭게 새로운 시도를 한다"라며 "리더가 뒷짐 지고 서서 이런저런 것 때문에 안 되는 구실을 찾는 게 아니라 스스로 정보를 공개하고 변화를 시도하는 롤 모델이 되어야 한다"라고 말했다. 한 번 가본 레스토랑이나 호텔엔 다시 안 가고, 안 가본 길을 찾아가고, 주차도 매번 새로운 곳에 한다는 그는 "같은 일을 반복해도 괜찮은 삶에 혁신은 없다"라고 단언했다.[37]

moon shot(문샷)은 야구에서 까마득하게 멀리 날아가는 홈런 타구를 가리키는 말로도 쓰인다. 하늘에 떠 있는 달을 향해 쏜 것 같다고 해서 붙여진 말이다. 비거리 150미터에 이르는 한국 프로야구 최장거리 홈런은 모두 4번 기록되었다. 1982년 MBC청룡의 백인천, 1997년 삼성라이온스의 양준혁, 2000년 두산베어스의 김동주, 2007년 롯데자이언츠의 이대호가 그 주인공이다.[38]

폐품이 어떻게 명품으로 바뀌는가?

○
upcycling

recycling(재활용)은 오늘날엔 당연한 상식으로 여겨지고 있지만, 1970년대 초까지만 해도 미국의 일부 보수주의자들은 기업들을 어렵게 만드는 이념적 개념으로 받아들였다. 오늘날엔 그런 이념적 비판보다는 엄밀한 수익–비용 분석에 따라 재활용이 비효율적이라는 경제적 비판이 많다. 재활용 대상을 수집하고 운송하는 비용이 그로 인해 얻어지는 수익을 초과한다는 것이다.

recycling에서 한 걸음 더 나아간 upcycling(업사이클링)은 기존에 버려지던 제품을 단순히 재활용recycling하는 차원을 넘어 새로운 가치를 더해 전혀 다른 제품으로 다시 생산하는 것을 말한다. 자원을 절약하고 환경오염을 줄이기 위해 재활용하는 데서 더 나아가 수준을 한 단계 높여upgrade 다시 활용한다recycling는 의미를 담고 있다. 반대로 폐품을 활용해 기능이 떨어지는 저급의 제품을 만들어내는 건 다운사이클링downcycling이라고 한다.[39]

1993년 스위스 형제 마르쿠스 프라이타크Markus Freitag와 대니얼 프라이타크Daniel Freitag가 트럭 덮개용으로 쓰던 방수천으로 만든 '프라이탁' 가방은 업사이클링의 원조로 여겨지고 있다. 이들은 회사 창립 20주년을 맞아 우리나라를 포함한 전 세계에 『프라이탁—가방을 넘어서』라는 책을 출간할 정도로 성공했다. 가방 하나에 20~80만 원일 정도로 값도 비싸다. 마르쿠스는 "공장에서 물건 만드는 걸 본 사람은 아무도 '너무 비싸다'는 말을 못하더라"라고 했고, 대니얼은 "실제로 하나의 가방 디자인을 완성하기까지 보통 1년 반 넘게 걸린다. 우리의 가방은 시간과 기다림, 노동력과 아이디어의 결집이다"라고 했다.[40]

미국에서 핸드메이드 용품을 파는 글로벌 이커머스 사이트 '엣시Etsy'에서는 2010년 7,900여 건에 그쳤던 업사이클 제품 판매가 2013년 26만여 건으로 크게 늘었다. 못 쓰는 시계로 만든 귀걸이, 음료수 깡통 뚜껑을 연결해 만든 벨트 등이 팔린다. 업사이클 소재를 대단위로 모으는 미국 전문 업체 '테라사이클'에 따르면 미국 업사이클 시장 규모는 한 해 1,250만 달러(약 140억 원) 정도다.[41]

『중앙일보』(2013년 7월 24일)는 "화장품 원료로 쓰고 남은 감귤껍질, 간장을 짜낸 찌꺼기인 콩껍질(간장박), 젖소가 쏟아낸 분뇨……. 화장품이나 간장·우유를 만드는 기업들이 골머리를 앓던 폐기물이다. 하지만 요즘엔 각각 종이박스, 대체에너지, 유기농 퇴비로 탈바꿈해 폐기물 처리 비용을 줄이는 것은 물론 새로운 수익원이 되고 있다. 이처럼 상품을 생산하는 과정에서 발생한 폐기물에 '업사이클링' 개념을 도입해 '폐기물 0%'에 도전하는 기업들이 늘고 있다"라고 했다.[42]

전국에서 한 해 평균 500만 장의 현수막이 만들어지고 결국 버려지는데, 재활용 전문 사회적기업인 '터치포굿'은 버려지는 현수막들을 예쁜 가방과 필통, 지갑으로 재탄생시켜 판매한다. 서울시는 2013년 서울시환경상 대상 기업으로 터치포굿을 선정했다. "단순한 리사이클링(재활용)이 아닌 업사이클링upcycling 개념으로 접근해 젊은 층에게 인기 있는 예쁜 제품을 만들어 판매해 친환경 생활문화를 정착시킨 것"을 선정 이유로 들었다.[43]

2014년 6월 서울 광화문광장에서 펼쳐진 업사이클링 팝업스토어에서는 버려진 유리병과 포대, 쓰고 남은 자투리 천과 처치 곤란한 현수막 등이 액세서리, 가방, 시계, 옷과 같은 패션 재화로 탄생해 인기리에 판매되었다.[44] 세계적으로 250여 개 업사이클링 기업이 활동 중이며, 5년 전 7개이던 국내 업사이클링 브랜드는 2014년 말 68개로 늘었다.[45]

미국의 소비 속도를 감당하려면 몇 개의 지구가 필요한가?

ecological footprint

ecological footprint(생태 발자국)는 1992년 캐나다 브리티시 컬럼비아대학의 생태학자 윌리엄 리스William Rees와 당시 대학원생이던 마티스 웨커네이걸Mathis Wackernagle이 개발한 독창적인 지표다. 이들은 1996년에 『우리의 생태 발자국Our Ecological Footprint: Reducing Human Impact on the Earth』이란 제목의 책을 출간했다. 생태 발자국은 인류가 매일 소비하는 자원과 배출되는 폐기물을 처리하는 데 필요한 모든 비용을 토지 면적으로 환산한 수치인데, 이들은 한 사람이 밟고 선 땅의 넓이라는 뜻에서 생태 발자국이라는 이름을 붙였다.

생태 발자국이라는 작명은 개인용 컴퓨터와 책상의 관계에서 비롯되었다. 1980년대까지만 해도 책상 위에 놓은 컴퓨터는 넓은 면적을 차지했다. 그러다가 하드웨어 본체를 작은 탑처럼 세워놓는 방식으로 바뀌었는데, 이는 작은 면적을 차지해 컴퓨터 애용자들의 환영을 받았다. 리스의 논문 지도를 받던 한 박사과정 대학원생은 자신의 새 컴퓨터가 '책상에 작은 발자국small footprint on the desk'을 남겨서 좋다고 말했는데,

리스는 이 말에서 영감을 얻어 '생태 발자국'이라는 개념을 만들었다.[46]

생태 발자국 수치가 높을수록 생태계 훼손이 많다는 것을 의미한다. 1961년 인간의 생태 발자국은 지구의 생태 용량의 절반 정도였지만, 1986년에 처음 한계치에 도달했고, 오늘날엔 그 용량을 훨씬 초과했다. 2014년 10월 세계자연기금WWF, World Wide Fund for Nature이 발표한 「지구 생명 보고서 2014」를 보면, 지구가 감당할 수 있는 생태 발자국 용량은 1인당 1.78헥타르인데, 세계 생태 발자국 평균은 2.6헥타르다.

중국·미국·인도·브라질·러시아에서 사용하는 생태 발자국 사용 수치가 전 세계 생태 발자국 사용 수치의 47.2퍼센트를 차지하고 있으며, 세계 인구의 4퍼센트인 미국 한 나라가 지구의 이용 가능한 생태 용량의 21퍼센트를 쓰고 있으며, 미국의 1인당 생태 발자국은 10헥타르에 이른다. 조사 대상국 152개국 가운데 31위를 차지한 한국의 1인당 생태 발자국은 4.41헥타르로, 이는 전 세계 평균보다 1.7배가량 높은 편이다. WWF 보고서는 "미국의 소비 속도를 감당할 수 있으려면 4개의 지구가 필요하며, 한국은 2.5개가 필요하다"라고 말했다.[47]

크리스 마틴슨Chris Martenson은 『크래시 코스: 시한부 세계경제의 진실을 말하다』(2011)에서 "생태 발자국이라는 관점에서 볼 때 지금의 인구를 부양하려면 지구 면적의 1.4배가 필요하다"라며 이런 질문을 던진다.

"이 문제를 해결하는 방법은 두 가지뿐이다. 하나는 인구를 줄이는 것이고 또 하나는 생활수준을 낮추는 것이다. 두 가지 가운데 하나만 고르라고 하면 사람들은 과연 어떤 선택을 할까? 인구를 줄여서라도 모두가 높은 생활수준을 누리려 할까, 아니면 낮은 생활수준이라도 더 많은 사람이 살아가는 쪽을 선택할까?"[48]

커피 한 잔 만드는 데
몇 잔의 물이 필요한가?

●
water footprint

사람들이 일상생활에서 얼마나 많은 탄소를 만들어내는지를 양으로 표시한 것을 가리켜 '탄소 발자국carbon footprint'이라고 한다. 2000년 한 전기 전문가의 말을 인용한 『시애틀타임스The Seattle Times』 기사에서 최초로 사용된 '탄소 발자국'은 지구온난화의 가장 큰 원인 중의 하나인 탄소 발생에 대해 경각심을 갖고 정화를 위한 노력을 해나가자는 취지에서 ecological footprint(생태 발자국) 개념을 원용해 만든 말이다. 예컨대, 종이컵의 탄소 발자국은 11그램이며, 우리나라의 1년간 종이컵 사용량은 120억 개이므로 1년간 우리나라에서 사용한 종이컵의 탄소 발자국은 13만 2,000톤이며, 이를 흡수하기 위해서는 4,725만 그루의 나무가 필요하다.[49]

발자국이라는 단어가 친근하게 받아들여진 걸까? 탄소 발자국에 이어 환경보호를 위한 또 하나의 발자국이 만들어졌는데, 그건 바로 2002년에 나온 '물 발자국water footprint'이다. 어떤 제품이 소비자에게 오기까지 '원료 취득-제조-유통-사용-폐기' 전 과정에서 사용되는 물의 총량과 물과 관련된 잠재적 환경영향을 정량화한 개념이다. 물을 아껴 쓰자는 뜻이다. 유럽

연합EU · 호주 · 미국 · 스페인 등 선진국에서는 물 소비량이 많은 농식품 등에 대해 물 발자국 표준을 정해놓고 인증 제도를 운영하고 있는데, 우리나라도 이 제도를 도입하기로 했다.

2015년 4월 산업통상자원부 국가기술표준원이 내놓은 자료를 보면, 커피 한 잔(125밀리리터)을 만드는 데 쓰는 물은 약 1,050잔 분량에 해당하는 132리터나 된다. 이는 커피 씨 단계부터 최종적인 커피 한 잔이 만들어지는 데까지 필요한 모든 직간접적 물 사용량을 합친 것이다. 이 기준에 따르면 250밀리리터 우유 한 팩을 만드는 데는 물 255리터, 닭고기 1킬로그램엔 4,325리터가 각각 필요하다. 초콜릿 1킬로그램에는 1만 7,196리터가 든다.[50]

세계 최고의 물 발자국을 기록한 나라는 단연 미국이다. 미국의 1인당 물 발자국은 2,483세제곱미터로 세계 최고인데, 이는 세계 평균인 1,243세제곱미터의 2배며, 경제 수준이 비슷한 나라들과 보아도 훨씬 많은 수치다. 미국의 물 사용량이 이렇게 높은 이유는 수자원을 집중적으로 사용하는 농업, 육류에 편중된 식사, 교외의 잔디밭, 소비자 전자제품, 의류, 기타 상품의 대량 소비 때문이다.[51]

이제 footprint라는 단어는 다양한 방식으로 활용되고 있다. 예컨대, 미국 상원의원 잭 리드Jack Reed는 미군의 이라크 철수 문제가 주요 이슈로 등장했을 때 "이라크에서의 군사력 발자국을 줄이자는reducing our force footprint" 제안을 했다. 『타임』의 환경 관련 기사엔 한 가정주부의 이런 말이 소개되기도 했다. "I'm not a huge green fan, but I love that I'm leaving less of a footprint(나는 대단한 환경보호주의자는 아니지만 발자국을 적게 남기는 걸 좋아해요)."[52]

제10장

Greek
gibberish
sharecropper
Chicano
wetback
nigger
hoodwink
stand-your-ground law
hoodlum
Friday

민족 · 인종 · 범죄

왜 그리스어가 '도무지 알아들을 수 없는 말'이 되었는가?

●
Greek

It's Greek to me(도무지 무슨 말인지 모르겠다). 윌리엄 셰익스피어William Shakespeare, 1564~1616의 『줄리어스 시저Julius Caesar』(1599)에서 나온 말이다. 이 작품에서 키케로Cicero, B.C.106~B.C.43가 염탐꾼이 엿듣는 걸 막기 위해 일부러 그리스어Greek로 말하는 장면이 등장한다.[1] 이후 Greek은 "무슨 소린지 도무지 알아들을 수 없는 말"의 뜻으로 쓰이게 되었다. 모르는 사람에게야 그리스어만 어렵겠는가. 히브리어도 어려울 것이다. 'It's Hebrew to me'도 'It's Greek to me'와 똑같은 의미로 쓰인다.[2]

'It's Greek to me'의 기원은 14세기로 거슬러 올라간다는 설도 있다. 정문재는 "14세기까지만 해도 『성경』은 모두 필사본이었다. 손으로 일일이 베껴 써서 책을 만들었다. 『성경』을 베끼는 것은 수도사들의 몫이었다. 그 방대한 양을 손으로 쓴다는 것은 여간 어려운 작업이 아니었다"라며 다음과 같이 말한다.

"중세는 종교의 시대다. 인문학은 경시됐다. 그리스 고전을 접할 기회도 줄어들었다. 고전을 멀리하다 보니 그리스어

학습 필요성도 줄어들었다. 당연히 그리스어를 이해할 줄 아는 사람도 감소했다. 시간이 흐르면서 『성경』을 베껴 쓸 때 어려움을 호소하는 수도사들이 늘어났다. 『성경』 곳곳에 그리스어가 등장했기 때문이다. '도대체 무슨 말인지 모르겠다It's all Greek to me'라는 표현도 이때 생겼다. 그리스어를 전혀 모르는데 그리스어 표현이 나오니까 이해를 못하는 것은 당연했다."[3]

중남미인들이 외국인, 특히 미국인을 경멸적으로 부르는 단어인 gringo의 유래에 대해 여러 설이 있지만, 가장 유력한 건 "It's Greek to me"와 관련이 있다는 설이다. gringo는 1787년 스페인에서 쓰이던 단어였으며, 스페인어 greigo가 전와轉訛, corruption되어 생긴 말이라는 것이다. greigo는 Greek이라는 뜻인데, 영어에서 "It's Greek to me"의 용법과 비슷하다고 볼 수 있다는 이야기다.[4]

What you say is all Greek to me(네 말은 횡설수설이라 이해할 수 없다). I'm sorry I can't help, but it's Greek to me, too(도움을 못 줘서 미안하지만, 나도 뭔지 전혀 모르겠어요). The computer saleswoman explained how to install the DVD burner, but it was Greek to me(컴퓨터 세일즈우먼은 DVD 버너를 장착하는 법을 설명해주었지만, 도무지 무슨 말인지 알아들을 수 없었다).[5]

왜 gibberish는 '횡설수설'이란 뜻을 갖게 되었는가?

●
gibberish

gibberish는 "뭐가 뭔지 알 수 없는 말, 횡설수설橫說竪說"을 뜻한다. "(공문서 따위의) 알아먹기 힘든 딱딱한 표현(말투)"을 뜻하는 gobbledygook이 글과 관련된 것인 반면, gibberish는 말에 적용되는 단어다. gobbledygook은 1935년에서 1939년까지 민주당 하원의원(텍사스)을 지낸 모리 매버릭Maury Maverick, 1895~1954이 연방정부 관료들이 딱딱한 전문용어와 우회적인 완곡어법 등으로 도무지 알아먹기 힘든 글과 말을 쓰는 걸 가리켜 만든 말이다.[6]

gibberish는 8~9세기 아랍의 연금술사alchemist 게베르 Geber의 이름에서 비롯된 말이다. 게베르는 필명이며 그의 본명은 아부 무사 자비르 이븐 하이얀Abu Musa Jābir ibn Hayyān (721~815)이다. 게베르는 이단異端으로 몰려 박해받을 위험을 피하기 위해 그 누구도 자신의 글을 알아볼 수 없게끔 자기 나름의 암호화한 용어들을 사용한 것으로 유명하다.[7]

gibberish는 영어에서 16세기 초부터 사용되었는데, gibber(뜻 모를 말을 지껄이다)와 jabber(흥분해 빨리 지껄이다)는 이 단어에서 파생된 것으로 추정된다. 신빙성은 좀 떨어지지만, gab(수다 떨다, 잡담하다)와 gob(입, 침을 뱉다)도 gibberish에서 나온 단어라는 주장도 있다. gibberish의 동의 어인 bafflegab는 은어나 전문용어 등의 사용으로 도무지 알 아들을 수 없는 말을 가리킨다.[8]

You were talking gibberish in your sleep(네가 잠을 자면서 횡설수설했어). Of course, to most people, that sounds like gibberish(물론, 대부분 사람들에게, 그것은 횡설수설한 것처럼 들린다). I do not find it either gibberish or complex(나는 그것이 횡설수설이라고도 복잡하다고도 생각하지 않는다). It is facile gibberish of the worst possible kind(그것은 안이하게 내뱉는, 있을 수 있는 최악의 횡설수설이다). The little boy was so scared that his speech was incoherent(그 꼬마 아이는 너무 무서운 나머지 횡설수설했다).[9]

왜 저소득 소작농을
'셰어크라퍼'라고 하나?

●
sharecropper

sharecropper(셰어크라퍼)는 미국에선 남북전쟁 이후 등장한 소작농의 한 형태로, 말뜻 그대로 소작료를 현물로 납부했던 농민들을 말한다(crop엔 "잘라내다, 베어내다"라는 뜻이 있다). 해방 노예들은 소작인 **sharecropper**의 자격으로 농사를 지어 주인과 수확물을 나누어 가졌다. 보통 수확물의 3분의 1에서 2분의 1을 가질 수 있었다. 이를 정률소작**sharecropping**이라 했다. 그러나 흑인들은 주인에게 늘 빚을 지는 신세를 면치 못했다. 상당수 흑인들은 있지도 않은 일거리를 찾아 대거 도시로 몰려들어 사회적 혼란이 가중되었다.

sharecropper는 오늘날엔 저소득 소작농 계층을 통칭하는 뜻으로 쓰인다. 우리말로는 똑같이 소작농으로 번역되는 tenant farmer가 자신의 농기구를 갖고 단지 땅만 빌려 농사를 짓는 반면, sharecropper는 달랑 자신의 몸만 갖고 농사를 짓기 때문에 계층적으로 tenant farmer에 비해 낮은 위치를 점한다. 1944년엔 이들의 비참한 처지를 묘사하는 〈Sharecropper's Blues〉라는 노래가 만들어지기도 했다.[10]

sharecropping과 유사한 것으로 sharemilking이 있다. 주로 뉴질랜드의 낙농 분야에서 이루어지는 관행이다. 젖소들을 갖고 있지만 목초지와 낙농 설비가 전혀 없는 사람, 즉 sharemilker가 목초지와 낙농 설비를 빌려 이용한 후 판매한 우유 값을 설비를 빌려준 사람과 나누는 방식이다. sharecropping과 sharemilking을 가리켜 sharefarming이라고 한다.[11]

Most sharecroppers were locked in a cycle of debt, from which the only hope of escape was increased planting(대부분의 소작인들은 빚더미에서 헤어나지 못했는데, 이 곤경에서 벗어나는 유일한 희망은 농사를 더 많이 짓는 일이었다). The most significant of these was sharecropping, where tenant farmers "shared" up to half of their crop with the landowners in exchange for seed and essential supplies(그중에서 가장 큰 변화가 소작제도인데, 소작인들은 종자와 필수적인 영농 보급품을 제공받는 대신 수확고의 절반 정도까지를 지주에게 주었다).[12]

오늘날 IT 분야에서 아마추어들에게 콘텐츠를 공유하게 해주는 서비스의 경우, 수입은 콘텐츠 생산자에게 가지 않고 공유를 가능하게 하는 플랫폼 소유주에게 돌아간다. 니컬러스 카Nicholas Carr는 이를 '디지털 셰어크라핑digital sharecropping'이라고 했다. 매우 불공정하다는 뜻으로 붙인 이름이다.[13]

왜 멕시코계 미국인을
'치카노'라고 하는가?

●
Chicano

"'난 못된 선수였다. 쓰레기 같은
짓 많이 했다.' 정대세(31, 수원)가 달라졌다. 16일 호주 골드코
스트에 위치한 만트라 호텔에서 만난 그는 겸손했다.⋯⋯그는
치카노 랩을 즐겨 듣는다. 미국으로 이주한 멕시코 사람들의
노래다. 자이니치在日인 자신과 치카노의 삶이 닮아 공감할 수
있는 대목이 많기 때문이다. 정대세는 '투 페이스란 노래가 있
는데 우는 얼굴과 웃는 얼굴이 함께 있는 가면을 묘사했다. 가
면은 울거나 웃지만 그 안에 난 흔들리지 않아야 한다. 나 스스
로 단단한 정신을 갖고 올 시즌을 치르겠다'고 다짐했다."[14]

이 기사에 소개된 치카노Chicano는 "멕시코계 미국인"으
로, Mexican의 스페인어인 Mexicano의 발음 끝부분이 강조
되면서 나온 말이다. 즉, Meshicano→Xicano→Shicano→
Chicano의 과정을 거친 것이다. 미국 텍사스에 사는 치카노
들은 테하노Tejano라고 부르며, 일부 치카노들은 자신들의 원
래 표기법에 따라 Xicano로 쓰기도 한다. 그러나 이런 어원에
대한 반론도 존재한다. 스페인어에서 "Chica"와 "Chico"는
각각 "소녀"와 "소년"을 뜻하기 때문에 치카노는 낮은 신분의

Chicano Movement

사람을 어린이 다루듯이 부르는 옛 관습일 수 있다는 설도 있다.[15]

1960년대에 흑인 민권운동에 영향을 받은 멕시코계는 자신들을 폄하해 불렀던 '치카노'란 명칭을 자신들의 민족적 정체성으로 선택해 이른바 '치카노 운동Chicano Movement'을 전개했다. 순식간에 남서부 각지에 퍼져나간 치카노 운동은 텍사스의 호세 앙헬 구티에레스José Ángel Gutiérrez가 치카노 해방을 위한 정당을 목표로 한 '라 라자 우니다 파티La Raza Unida Party' 결성으로까지 이어졌다. 가장 널리 알려진 치카노 운동은 멕시코계 노동운동가 세자르 차베스Cesar Chavez, 1927~1993가 주도한 농업노동운동이었다.[16]

이런 운동의 유산으로 오늘날 많은 멕시코계 미국인이 Chicano라는 단어를 긍정적인 의미로 쓰고 있지만, 일부 멕시코계는 여전히 모욕적인 단어로 여기고 있다. 미국에서 멕시코계를 만나 이야기할 땐 어느 쪽인지 미리 알아보고 Chicano라는 단어를 쓰는 게 좋겠다.[17]

치카노가 많이 살고 있는 지역의 학교에선 '치카노 역사'와 '치카노 문학'을 가르치는데, 지난 2012년 애리조나주 공공교육 국장 존 허핀털이 '치카노 역사'와 '치카노 문학' 과목은 '불법'이라고 밝힌 데 이어 일부 지역에서 두 과목을 폐지해 논란을 빚었다. 멕시코와 국경을 맞댄 애리조나주는 밀입국하는 멕시코인을 막겠다며 지방 경찰에게 무제한 검문권을 부여하는 법률을 제정했다가 연방정부와 갈등을 빚기도 했다.[18]

왜 멕시코 불법 이민자들을
'웻백'이라고 하나?

●
wetback

wetback은 미국과 멕시코의 국
경인 리오그란데Rio Grande강을 불법으로 헤엄쳐 건너는 멕시
코인들을 경멸적으로 부르는 말이다. 강을 헤엄쳐 건넜으니
등이 젖을 수밖에 없지 않겠는가. wetback은 "수영으로 강을
건너 밀입국하다"라는 뜻의 동사로도 쓰이며, wetback
business(밀입국을 시켜주고 돈을 받는 사업)와 같이 형용사로
도 쓰인다.

반면 미국인들은 안락한 비행기나 차를 이용해 합법적으
로 국경을 넘어와 멕시코에서 취업 허가도 쉽게 따내 큰돈을
번다. 멕시코인들은 이런 미국인을 가리켜 dryback이라고 부
른다. wetback이라는 말을 뒤집어 조소를 보내는 것이다.

wetback은 1920년 6월 20일 『뉴욕타임스』에 의해 최초
로 사용되었다. 1949년 8월 미국-멕시코 양국은 웻백을 '말
려주는drying out(합법화) 정책'에 합의했는데, 주요 내용은 8월
1일 이전에 밀입국한 멕시코 노동자들에게 입국 허가 카드를
줘서 멕시코로 돌려보냈다가 재입국시켜 이들을 합법화하는
것이었다. 이로 인해 약 8만 7,000명의 멕시코인이 일자리를

얻었다.[19]

1954년 5월 미국 정부는 불법 이민으로 노동력을 빼앗기는 멕시코 정부의 단속 요청에 따라 애리조나, 캘리포니아, 텍사스 등에서 불법 이민자를 체포하고 추방하는 이른바 '웻백 작전Operation Wetback'을 전개했다. 첫해에 불법 이민자를 100만 명 넘게 체포하는 등 성과를 거두었지만, 그 과정에서 수많은 인권유린 사태가 벌어졌다. 1955년 7월엔 강제송환 과정에서 불법 이민자를 사막에 내버려 88명이 더위에 못 이겨 사망하는 등 상상을 초월하는 인권유린 사태가 있었지만, 그 진상은 제대로 밝혀지지 않았다.[20]

웻백은 오늘날까지도 여전히 리오그란데강에 나타나고 있다. 미국 정부는 1997년 8월에도 대대적인 '리오그란데 작전'을 전개했지만, 오히려 역효과를 낳고 있다. 한때는 국경을 몰래 넘는 단순한 범죄에 지나지 않았던 밀입국이 그런 단속 강화로 인해 전문적이고 조직적인 불법행위로 발전했기 때문이다. 즉, 밀입국 전문업자라는 새로운 직업이 탄생한 것이다. 그 결과 대부분 멕시코 사람들인 불법 체류자 인구는 1990년 350만 명에서 2000년에 840만 명으로 2배 넘게 늘었다.[21]

리오그란데Rio Grande는 스페인어로 Big River(큰 강)란 뜻이다. 미국 콜로라도주 중남부에서 멕시코만Gulf of Mexico까지 흐르는 리오그란데강은 길이가 약 3,000킬로미터인데, 측량 방법에 따라 달라져 북미 지역에서 4번째 또는 5번째로 긴 강으로 여겨지고 있다.[22]

마크 트웨인의 『허클베리 핀의 모험』은 인종차별주의 작품인가?

● **nigger**

"No Vietcong ever called me nigger(베트콩은 나를 검둥이라고 부른 적이 없습니다)." 미국 흑인 권투선수 무하마드 알리Muhammad Ali, 1942~가 1967년 자신이 베트남전 징병을 거부하는 이유를 설명하면서 한 말이다. 1968년에 제작된 베트남전 관련 다큐멘터리는 이 말을 다소 수정해 이런 제목을 붙였다. "No Vietnamese Ever Called Me Nigger(베트남인들은 나를 검둥이로 부른 적이 없습니다)."[23]

그로부터 약 반세기 후인 2015년 6월 22일, 미국 대통령 버락 오바마Barack Obama, 1961~가 코미디언 마크 마론Marc Maron, 1963~과의 팟캐스트(인터넷 방송) 인터뷰에서 미국 사회에 뿌리 깊은 인종차별을 지적하기 위해 '검둥이nigger'라는 금기어를 써 화제가 되었다. 그는 "우리는 인종주의에서 완전히 치유되지 않았다"라면서 "설사 그 인종주의란 게 공개적 장소에서 검둥이라 부를 정도로 무례한 수준이 아니라 해도 말이다"라고 말했다. 검둥이란 표현을 공개적으로 쓰지 않는다고 해서 인종차별 의식마저 사라진 것은 아니라는 뜻이다.

『뉴욕타임스』와 CNN 등 미국 언론들은 오바마의 단어

선택에 대한 찬반 논란을 비중 있게 다루었다. 남부 뉴올리언스 시장 출신의 흑인 인권운동가인 마크 모리얼Marc Morial은 『뉴욕타임스』 인터뷰에서 "검둥이는 증오에 가득 찬 혐오스런 단어로, 표현의 자유가 보장된 시인이나 소설가도 금기시하는 표현"이라며 "하물며 국가 전체에 모범이 돼야 할 대통령이 이런 말을 써서는 안 된다"라고 말했다. 반면 사우스캐롤라이나주 하원의원 출신의 바카리 셀러스는 "인종차별에 대한 논의가 제도나 시스템 측면에만 국한돼 있는 것이 사실"이라며 "미국인의 의식 저변에 자리 잡은 인종차별 문제를 지적한 오바마의 발언은 정곡을 찌른 것"이라고 말했다.[24]

17세기부터 사용된 nigger의 어원은 '검다'는 뜻의 라틴어 '니게르niger'로, 미국이 영국의 식민지였을 때 배에 실려 온 흑인 노예를 가리키는 말로 쓰였다. nigger는 negro보다 비하의 의미가 강해, 이미 1900년경부터 흑인에 대한 모욕어로 사용되었다.[25]

마크 트웨인Mark Twain, 1835~1910의 대표작 『허클베리 핀의 모험Adventures of Huckleberry Finn』(1885)에는 'nigger(깜둥이)'라는 표현이 215번 등장한다. 1982년과 1985년 흑인 학교들은 '니거'라는 표현이 사용되었다는 이유로 이 책을 인종 편견 작품으로 간주해 도서목록에서 제거했다. 이에 대해 김재신은 "이런 조치는 『허클베리 핀의 모험』을 제대로 이해하지 못한 결과이다. 실제로 이 작품은 스토우 부인의 '톰 아저씨의 오두막'에 버금가는 반노예제도를 강조한 작품으로 볼 수 있으며 인종 편견과 인간을 물질화하는 것을 풍자한 것으로 볼 수 있다"라고 말한다.[26]

1969년 존 레넌John Lennon, 1940~1980의 부인인 요코 오노

Yoko Ono는 한 잡지 인터뷰에서 "Woman is the nigger of the world(여자는 이 세상의 깜둥이죠)"라고 말했는데, 3년 후 레넌은 이 말을 제목으로 삼은 노래를 발표했다. 이는 여성에 대한 차별과 억압을 그린 노래임에도 제목과 가사에 등장하는 'nigger'라는 단어 때문에 여성계와 흑인사회의 엄청난 항의를 받았다.[27]

오늘날 미국 사회에서 nigger(또는 nigga)나 negro 등 소위 'N 단어'를 공식석상에서 사용하는 것은 인종차별주의자로 낙인찍힐 수 있는 위험한 일이지만, 흑인들끼리는 친근감을 표현하기 위해 사용하는 경우가 많다.[28] 교육자인 로버트 풀러Robert W. Fuller, 1936~는 "나는 아프리카계 미국인들이 서로를 향해 거리낌 없이 'n-word'를 주고받는 것을 처음 보았을 때 적지 않은 충격을 받았다"라며 다음과 같이 말한다.

"그러나 나에게는 모욕적인 언사로 보일지 몰라도 친구 사이에서는 단순한 애정의 표현에 지나지 않는다는 사실을 깨닫는 데는 그리 오랜 시간이 걸리지 않았다. 평소에는 그다지 듣기 좋다고 할 수 없는 말도 유머가 개입되면 원래의 의미와 달리 친근감의 표현으로 이해되기도 한다. 설령 쓰레기같은 말로 서로에 대한 모욕을 주고받는다 해도 재미있는 말장난쯤으로 치부할 수 있는 경우도 있다."[29]

wigger(백인 검둥이)는 white과 nigger의 합성어로, 흑인을 흉내내는 백인을 비하해서 부르는 말이다. 주로 흑인의 힙합 문화에 뛰어든 백인을 가리키는 말이다.[30] 특히 유대인들은 힙합 음악계에 진출해 인상적인 성과를 거두었는데, 비스티 보이즈Beasite Boys와 MC 서치Serch는 위거의 원형이 되는 인물로 평가받는다. 유대인 힙합 뮤지션에 대해 새디어스 러셀

Thaddeus Russsell은 이렇게 말한다. "그들을 '가짜' 흑인 워너비라고 마음껏 조롱해도 좋다. 그러나 유대인 위거들은 회계사, 변호사 혹은 의사로 일하는 어떤 유대인보다 유대인 선조들이 물려준 문화적 유산에 충실한 존재일 것이다."[31]

왜 '후드윙크'가 '속이다'는 뜻을 갖게 되었는가?

●
hoodwink

hoodwink는 "속이다, 현혹시키다, 눈가리개"란 뜻이다. 16세기에 윙크wink는 두 눈을 완전히 감는 것이었다고 한다. 후드hood는 옷에 달린 두건이나 머리쓰우개인데, 당시의 후드는 눈까지 가릴 정도의 것이어서 후드는 곧 윙크를 뜻하는 것이었다. 따라서 후드윙크는 같은 뜻이 반복된 단어인 셈인데, 이를 비유적으로 인간관계에 적용시킨 것이다.

좀더 적극적인 해석은 후드가 위로 뒤집어져 얼굴, 즉 눈을 가리는 경우를 가리킨다. 소매치기나 강도들이 피해자의 후드윙크로 얼굴을 가리고 소지품을 빼앗아 달아나는 일도 있었다고 한다. 길들인 매를 이동시킬 때 눈을 가리는 것도 hoodwink라고 한다.[32]

후드의 이미지는 오늘날에도 영 좋지 않다. 미국에선 "후드티 차림의 흑인은 위험하다"는 편견이 만연되어 있기 때문이다. 미국에선 후드가 달린 상의류를 hooded top이나 hoodie라고 하는데, 한국에선 주로 '후드티'라고 부른다.

후드티는 1930년대 챔피언사社가 뉴욕주 북부 냉동 창고에서 일하는 노동자들의 작업복으로 처음 만들었다. 추운 창고에 자주 드나들어야 하는 노동자들을 위해 상의에 쉽게 썼다 벗을 수 있는 모자를 부착한 것이 디자인의 핵심이었다. 초기엔 일용직 노동자들이 이 옷을 주로 입었고, 그래서 저소득층의 옷이라는 편견이 생겼다. 1976년 개봉해 전 세계적으로 히트한 복싱 영화 〈로키Rocky〉와 함께 후드티엔 '약자의 저항'이란 이미지가 더해졌으며, 1990년대쯤엔 '학생 패션'으로 완전히 자리를 잡았다.

그런데 2000년대 들어 보안용 CCTV가 널리 보급되면서 얼굴이 찍히지 않으려는 강도와 도둑들은 종종 후드티 모자를 뒤집어쓴 모습으로 카메라에 잡혔기 때문에, 후드티에 '범죄'라는 이미지가 추가되었다. 최근엔 대학생 시절 창업하는 젊은 벤처인들 덕분에 창의성의 상징으로 취급받는, 급級이 다른 후드티도 생겨나기 시작했지만, "후드티 차림의 흑인은 위험하다"는 편견은 계속 강화되고 있다. 이를 잘 보여준 것이 2012~2013년 미국을 떠들썩하게 만든, '트레이번 마틴 사건'이다.

2012년 2월 플로리다주 올랜도에서 후드티를 입은 17세 흑인 소년 트레이번 마틴Trayvon Martin, 1995~2012은 자경단원 조지 짐머먼George Zimmerman, 1983~에게 총으로 살해되었는데, 이듬해 7월 13일 짐머먼에 대해 무죄 평결이 내려지자 다음 날 미국 전역에서 분노한 시민들이 거리로 쏟아져 나와 "마틴을 위해 후드티를 입자"는 제목 아래 평결에 항의하는 시위를 벌였다. 『허핑턴포스트』 등 미국 언론들은 이 날을 '후드티의 일요일Hoodie Sunday'이라고 불렀다.[33]

2015년 1월 오클라호마주에선 후드티 착용을 제한하는 법, 일명 '후드 금지법Hoodie Ban Law'을 추진해 논란이 일었다. 주 상원의원인 돈 배링턴Don Barrington, 1947~은 공공장소에서 자신의 신분을 감추기 위한 목적으로 모자, 마스크 등을 착용할 경우 범칙금 500달러(약 55만 원)를 부과하는 법안을 제출했다. 그는 "상인들이 안전에 위협을 느껴 이 같은 법안을 요청해왔다"라며 "이 법안이 통과될 경우 범죄가 줄어들 것"이라고 주장했다. 그러나 주민들 사이에서는 "개인의 자유를 억압하는 것 아니냐", "황당하다" 등의 반발이 빗발쳤다.[34]

왜 정당방위를 '스탠드 유어 그라운드'라고 하는가?

●

stand-your-ground law

stand엔 "고수(고집)하다"라는 뜻이 있다. 그래서 "Stand your ground. Don't retreat"라고 말하면, 이는 "입장을 고수해 물러서지 마라"는 뜻이다. 이런 용법에서 비롯된 stand-your-ground law는 우리말로 옮기자면 '정당방위법'이다.

정당방위법은 미국 플로리다주가 2005년에 도입한 법으로, 이른바 '캐슬 독트린castle doctrine'에서 유래했다. 캐슬 독트린은 집이나 차와 같은 고유영역을 침범한 사람에게 총기를 사용할 수 있다는 것이다. '스탠드 유어 그라운드'는 이를 길거리까지 확대한 것인데, 정당하게 있을 수 있는 장소에서 위협받을 경우 상대방을 공격할 수 있다. 생명의 위협을 느꼈다면 도망갈 수 있는 상황에서도 총기를 사용할 수 있다.[35]

인권단체는 강력 반발했다. 총기 사용 범위가 지나치게 자의적이고 넓다는 이유에서였다. 그러나 보수 색채가 강했던 플로리다주에선 이 같은 여론이 묵살되었다. 플로리다주에 이어 30개 보수적 주정부가 비슷한 정당방위법을 도입했다. 애초 강력 범죄를 예방하자는 취지와 달리 이 법은 흑인에게 불리한 인종차별적 성향을 띠게 되었다. 미 연방수사국FBI에 따르면 2005년 이후 4년간 흑인을 사살한 백인에게 정당방위가 인정되는 비율은 34퍼센트인데 반해 백인을 사살한 흑인의 구제 비율은 3.3퍼센트에 불과했기 때문이다.[36]

2013년 7월 미국 플로리다 순회재판소 배심원단은 비무장 상태의 17세 흑인 청년 트레이번 마틴Trayvon Martin을 사살한 히스패닉계 자경단원 조지 짐머먼George Zimmerman에게 이 법을 적용해 무죄를 평결했다. 사건 당시 흑인 청년은 편의점에서 과자를 산 뒤 집에 가는 길이었고, 자경단원은 "의심스런 남자가 있다"고 911에 신고한 뒤 뒤쫓아가 격투 끝에 그를 살해했다.[37]

짐머먼 무죄 평결에 항의하는 흑인 시위가 미국 전역에서 일어났으며 일부 시위는 폭력 사태를 빚었다. 그러자 버락 오바마Barack Obama, 1961~ 대통령은 7월 19일 백악관 기자실에 사전 예고 없이 나타나 "흑인들은 두려움의 대상이란 사실에 익숙해져 있고 법 적용에 불평등함이 있다는 점을 알고 있다"라며 "이번 사건을 계기로 '정당방위법Stand Your Ground'을 재고해야 한다"라고 했다. 오바마는 하지만 "플로리다 법원의 (짐머먼 무죄) 판결에 폭력으로 대처하는 것은 마틴의 죽음을 모독하는 것"이라고 했다.

'짐머먼 무죄' 평결이 나온 지 1주일이 되는 7월 20일 뉴욕·워싱턴 D.C.·마이애미·로스앤젤레스·보스턴·오클랜드 등 미 전역 100여 곳이 넘는 도시에서는 수백에서 수천 명이 연방정부 건물 앞에 모였다. 이들은 트레이번을 추모하면서, 짐머먼을 기소하고 정당방위법을 개정하라고 촉구했다. 이날 대부분 지역이 섭씨 30도가 넘는 더운 날씨였지만, 많은

Stand your ground.
Don't retreat

참가자가 트레이번의 상징이 된 '후디(모자 달린 옷)'를 입고 나왔다.[38]

　뉴욕경찰NYPD 본부 건물 앞에 모인 2,000여 명은 '내가 트레이번이다', '다음은 누구 차례인가', '트레이번에게 정의를' 등이 쓰인 피켓을 들고 거리를 행진했다. 수도 워싱턴에서도 600여 명의 시민이 연방법원 앞에 모여 '트레이번에게 정의를' 등의 구호가 적힌 피켓을 들고 시위를 벌였다. 로스앤젤레스 연방법원 청사 앞 광장에서는 '정의는 없다, 평화도 없다'라는 구호가 울려 퍼졌다. '트레이번에게 정의를'이라고 명명된 이 시위는 흑인 인권운동가인 앨 샤프턴Al Sharpton, 1954~ 목사가 이끄는 인권단체 내셔널액션네트워크NAN가 주도했다.[39]

왜 hoodlum이 '깡패'라는 뜻을 갖게 되었을까?

●
hoodlum

　　　　　　　　　　　　　"한국MS(마이크로소프트)는 '레이맨3: 후드럼 대소동', '배트맨: 신주의 등장', '와호장룡' 등 X박스 가족용 액션게임 3가지를 발매했다. 인기 액션게임 레이맨 시리즈의 최신작인 레이맨3는 귀여운 캐릭터와 동화적이고 아름다운 그래픽이 특징으로 음성이 한글화돼 어린이들도 쉽게 즐길 수 있다."[40]

　　지난 2004년에 소개된 새로운 게임 안내 기사의 일부다. Hoodlum은 〈Rayman 3: Hoodlum Havoc〉와 같은 게임 이름은 물론 영화와 노래 제목 등으로도 쓰여 우리에게 낯설지 않은 단어다. Hoodlum은 국내 한 인터넷 카페의 이름으로도 쓰이고 있다. 도대체 무슨 뜻일까?

　　hoodlum은 "건달, 깡패, 폭력단원"을 뜻하는데, 1870년 대 미국 샌프란시스코의 조직폭력단과 관련해 만들어진 말이다. 여러 설이 있는데, 2가지 설만 살펴보자. 첫 번째는 샌프란시스코의 한 신문 기자가 조직폭력단의 우두머리에 대해 보도하면서 보복이 두려워 이름의 철자를 거꾸로 한 데서 유래되었다는 설이다. 그 우두머리의 이름은 Muldoon이었는데, 철자를 거꾸로 하면 Noodlum이 된다. 그런데 인쇄 과정에서 실수로 N을 H로 착각했기 때문에 Hoodlum이 되었다는 이야기다. 두 번째는 당시 샌프란시스코엔 독일 바바리아Bavaria (바이에른) 지역에서 이민을 온 독일계가 많이 살고 있었는데, 바바리아에서 조직폭력배를 가리키는 hodalump라는 단어에서 비롯되었다는 설이다.[41]

미국에선 1950년대에 노동계급 출신 불량소년을 hoodlum이라고 불렀다. 이들은 사회의 적敵 같은 존재였지만, 1960년대의 대항문화counterculture 시절에 저항의 상징으로 다소 미화되었다. 대항문화의 주역인 대학생들의 다수는 hoodlum을 두려워했을 가능성이 높으며, 그들과 같은 사회계급 출신일 가능성은 낮았음에도 복고 열풍에 따라 그런 신화가 만들어진 것이다.[42]

With all that cocky swagger, he looks like a hoodlum(그는 건들거리는 모습이 뒷골목 깡패 같다). The quarter is notorious for hoodlums(그 지역은 깡패 때문에 평판이 좋지 않다). I was mugged by hoodlums on the way back home(집에 오는 길에 불량배들한테 돈을 뜯겼다). The hoodlums defiled the church with their scurrilous writing(불량배들은 상스러운 글로 그 교회를 모독했다). A bunch of hoodlums picked a fight with me(한 무리의 불량배들이 내게 시비를 걸어왔다).[43]

로빈슨 크루소의
하인 이름을 기억하십니까?

●
Friday

Friday(금요일)는 스칸디나비아 신들의 지배자인 Woden(보단)의 아내로 사랑의 여신인 Frigga(프리가)의 날이란 뜻에서 유래했지만, 로마신화에선 '비너스의 날day of Venus'이란 뜻이다. 태양계의 두 번째 행성인 금성金星은 비너스 여신의 이름을 따 Venus라고 하는데, 금요일은 천문학적으로 금성과 관련이 있다.[44]

매년 1~3차례 생기는 13일의 금요일은 서양 미신에서 불길한 날로 여겨진다. 그래서 병원은 13호실, 고층빌딩은 13층을 건너뛰고, 공항 터미널과 여객기 좌석은 13번 게이트와 13번 줄을 빼버리는 경우가 있다. 왜 이런 미신이 생겨난 걸까?

예수가 십자가에 못 박혀 죽은 날이 13일의 금요일이기 때문이라는 설이 있다. 에덴동산에서 이브가 아담에게 금단의 열매를 준 날도 금요일이었다. 13에 대한 반감은 초기 인류가 숫자를 세면서 비롯되었다는 설도 있다. 손가락 10개와 다리 2개를 전부로 생각해 12 이상은 셀 수 없었기에 그걸 뛰어넘는 13은 선사시대 사람들에겐 불가해한 것이었고, 그래서 미신의 대상이 되었다는 이야기다. 그 밖에도 여러 설이 있지만

뭐 그렇게 썩 와닿진 않는 이야기들이다.[45]

직장에서 자유 복장을 하는 금요일을 'Casual Fridays'라고 부른다. 반면 Dressup은 '정장을 차려 입는 것, dressdown은 아무거나 입는 것이고, 완전한 캐주얼과 정장의 중간은 third wardrobe라고 부른다.[46] 캐주얼을 입기 싫어하는 사람들은 casual Friday가 캐주얼 의류 업체들의 음모에 의해 생겨났다고 주장한다는 우스갯소리가 있다.[47]

man Friday는 "충실한 종, 충복, 심복, 측근, 허드렛 일꾼factotum, 잡역부handyman"란 뜻이다. 영국 작가 대니얼 디포Daniel Defoe, 1660~1731의 『로빈슨 크루소Robinson Crusoe』(1719)에서 크루소의 하인 이름인 Man Friday에서 비롯된 말이다. 상호 의사소통이 되지 않자 크루소가 단지 금요일에 만났다는 이유로 Man Friday라는 이름을 붙여주었다. 나중엔 비슷한 의미로 girl Friday(여비서)라는 말이 만들어졌으며, 1940년 〈His Girl Friday〉라는 제목의 영화도 개봉되면서 널리 쓰이게 되었다.[48]

프라이데이는 주인에게 절대적 충성을 보이며 그의 종교와 말을 배우지만, 크루소는 프라이데이의 문화에 대해 조금이나마 이해해보려는 시도를 하지 않았다. 이 점에 착안한 프랑스 소설가 미셸 투르니에Michel Tournier, 1924~는 『프라이데이(방드르디, 태평양의 끝)』(1967)라는 소설에서 프라이데이를 주인공으로 등장시켰는데, 이 소설은 로빈슨 크루소가 그에게 깊이 감화되어 결국 섬을 떠나지 않는다는 결말로 이어진다.[49]

주

머리말

1   이윤기, 『그리스 로마 신화 2』(웅진지식하우스, 2002), 211~223쪽; 「에코」, 『다음 백과사전』; 「Echo(mythology)」, 『Wikipedia』.

2   「Echo」, 『Wikipedia』; 「echo」, 『다음 영어사전』.

3   William Safire, 『Safire's Political Dictionary』(New York: Random House, 1978), p.114.

4   「Echo chamber(media)」, 『Wikipedia』.

5   캐스 R. 선스타인(Cass R. Sunstein), 이정인 옮김, 『우리는 왜 극단에 끌리는가』(프리뷰, 2009/2011), 79쪽.

6   클라이브 톰슨(Clive Thompson), 이경남 옮김, 『생각은 죽지 않는다』(알키, 2013/2015), 373~374쪽.

7   박상현, 「페북이 보여주는 세상, 진짜 세상이 아닐 수도 있다」, 『미디어오늘』, 2015년 6월 17일.

8   셰리 터클(Sherry Turkle), 이은주 옮김, 『외로워지는 사람들: 테크놀로지가 인간관계를 조정한다』(청림출판, 2010/2012), 93쪽.

제1장 인간관계와 소통

1   안혁모, 「이름값 하며 사는 사람들」, 『뉴시스』, 2015년 6월 29일.

2   「detached」, 『다음 영어사전』.

3   필립 짐바르도(Philip Zimbardo), 이충호 · 임지원 옮김, 『루시퍼 이펙트: 무엇이 선량한 사람을 악하게 만드는가』(웅진지식하우스, 2007), 357쪽.

4   대니얼 골먼(Daniel Goleman), 박세연 옮김, 『포커스: 당신의 잠재된 탁월함을 깨우는 열쇠』(리더스북, 2013/2014), 161~163쪽.

5   대니얼 골먼(Daniel Goleman), 박세연 옮김, 『포커스: 당신의 잠재된 탁월함

을 깨우는 열쇠』(리더스북, 2013/2014), 163~164쪽.

6 「Renée Fox」, 『Wikipedia』.

7 「Prosection」, 『Wikipedia』.

8 대니얼 골먼(Daniel Goleman), 박세연 옮김, 『포커스: 당신의 잠재된 탁월함 을 깨우는 열쇠』(리더스북, 2013/2014), 164쪽.

9 김헌식, 「'또라이' 아닌 '젖은 낙엽' 조직 성취와 살길 찾는 舌」, 『주간동아』, 2014년 6월 2일, 22~23면.

10 스티븐 존슨(Steven Johnson), 서영조 옮김, 『탁월한 아이디어는 어디서 오는 가』(한국경제신문, 2010/2012), 293쪽; 「Elevator」, 『Wikipedia』.

11 임귀열, 「[임귀열 영어] Elevators and Floor Buttons(엘리베이터 층수 구분)」, 『한국일보』, 2011년 9월 26일; 임귀열, 「[임귀열 영어] American English more traditional, British English more progressive?(미국 영어는 보수 영국 영어는 진 보?)」, 『한국일보』, 2012년 10월 8일; 임귀열, 「[임귀열 영어] Floor vs. Story vs. Level(층수 표기)」, 『한국일보』, 2014년 10월 30일.

12 잭 웰치(Jack Welch)・수지 웰치(Suzy Welch), 김주현 옮김, 『위대한 승리』(청 림출판, 2005), 287쪽; 「Elevator pitch」, 『Wikipedia』.

13 에릭 슈밋(Eric Schmidt) 외, 박병화 옮김, 『구글은 어떻게 일하는가』(김영사, 2014), 197쪽.

14 루크 도멜(Luke Dormehl), 노승영 옮김, 『만물의 공식』(반니, 2014), 202쪽.

15 잭 보웬(Jack Bowen), 이수경 옮김, 『범퍼스티커로 철학하기』(민음인, 2010/2012), 11쪽.

16 크리스토퍼 해드너지(Christopher Hadnagy), 민병교 옮김, 『사회공학과 휴먼 해킹: 인간의 심리를 이용해 어떻게 원하는 것을 얻는가?』(에이콘, 2011/2012), 199~204쪽.

17 「rapport」, 『네이버 영어사전』.

18 고진석, 『우리는 어떻게 프로그래밍 되었는가: 한국인으로 태어난 우리를 지 배하고 명령내리는 것들』(갤리온, 2012), 26~27쪽.

19 「rapport」, 『네이버 지식백과』; 이시이 히로유키(石井裕之), 김윤희 옮김, 『콜 드리딩: 전 세계 1%만이 사용해온 설득의 기술』(엘도라도, 2005/2012), 43쪽.

20 강현식, 『꼭 알고 싶은 심리학의 모든 것』(소울메이트, 2010), 144쪽.

21 크리스토퍼 해드네기(Christopher Hadnagy), 민병교 옮김, 『사회공학과 휴먼 해킹: 인간의 심리를 이용해 어떻게 원하는 것을 얻는가?』(에이콘, 2011/2012), 199~204쪽.

22 정희진, 『페미니즘의 도전』(교양인, 2005), 76쪽.

23 김충식, 『정치공작사령부 남산의 부장들 1』(동아일보사, 1992), 376~377쪽.

24 김명환, 「광복 70년…물건의 추억 [15] '웃으며 살자' 외친 스마일 배지…'정 치의 겨울' 1972년 유행 시작」, 『조선일보』, 2015년 4월 15일.

25 이철우, 『관계의 심리학』(경향미디어, 2008), 187쪽; 진 트웬지(Jean M. Twenge)・키스 캠벨(W. Keith Campbell), 이남석 편역, 『나는 왜 나를 사랑하

는가』(옥당, 2009/2010), 20쪽; 「Smile」, 『Wikipedia』.

26 대처 켈트너(Dacher Keltner), 하윤숙 옮김, 『선의 탄생』(옥당, 2009/2011), 183쪽.

27 박양근 · 정혜욱, 『미국문화의 이해』(부경대학교출판부, 2013), 257쪽.

28 이정규, 「갑(甲)의 저주… "뿌린 대로 거두리라"」, 『지디넷코리아』, 2012년 7월 3일.

29 Myron Korach, 『Common Phrases and Where They Come From』, 2nd ed.(Guilford, CT: The Lyons Press, 2008), p.161.

30 서옥식 편저, 『오역의 제국: 그 거짓과 왜곡의 세계』(도리, 2013), 597쪽; 「make a killing」, 『네이버 영어사전』.

31 Nigel Rees, 『The Cassell Dictionary of Cliches』(New York: Cassell, 1996), p.142.

32 필립 짐바르도(Philip Zimbardo), 이충호 · 임지원 옮김, 『루시퍼 이펙트: 무엇이 선량한 사람을 악하게 만드는가』(웅진지식하우스, 2007), 599쪽.

33 마이클 브린(Michael Breen), 김기만 옮김, 『한국인을 말한다』(홍익출판사, 1998/1999), 83~84쪽.

34 임귀열, 「임귀열 영어] She is a cow!」, 『한국일보』, 2010년 11월 2일.

35 장상진, 「美 한인교수, '무차별 살인' 농담했다가 중징계 당해」, 『조선일보』, 2013년 5월 1일.

36 「클리셰[Cliché]」, 『네이버 지식백과』.

37 「연판」, 『네이버 국어사전』; 「cliché」, 『Wikipedia』; Phil Cousineau, 『Word Catcher』(Berkeley, CA: Viva, 2010), p.74.

38 「클리셰[Cliché]」, 『네이버 지식백과』.

39 방연주, 「뻔한 클리셰, 드라마 시청률 '떼 논 당상?'」, 『피디저널』, 2013년 6월 25일.

40 김효실, 「너무나 진부한…이런 간접광고 꼭 있다」, 『한겨레』, 2014년 11월 24일.

41 이소담, 「'라스' 단춧구멍 특집 홍진경 출연, 별그대 비화 대방출」, 『뉴스엔』, 2014년 2월 25일.

42 「Buttonhole」, 『Wikipedia』.

43 Albert Jack, 『Red Herrings and White Elephants: The Origins of the Phrases We Use Every Day』(New York: HarperCollins, 2004), p.198.

44 Nigel Rees, 『Cassell's Dictionary of Word and Phrase Origins』(London: Cassell, 2002), p.42; 『시사영어사/랜덤하우스 영한대사전』(시사영어사, 1991), 319쪽; 「buttonhole」, 『네이버 영어사전』; http://dictionary.reference.com/browse/buttonhole+someone; http://www.thefreedictionary.com/buttonhole.

45 Adam Makkai, 『Barron's Handbook of Commonly Used American Idioms』(Woodbury, NY: Barron's Educational Series, 1984), p.13; 「at sixes and sevens」, 『다음 영어사전』.

46 James Rogers, 월드플러스사전편찬 옮김, 『Cliche Dictionary: 통역 · 번역을 위한 클리쉐이 사전 (하)』(월드플러스, 2012), 120~121쪽.

47 Myron Korach, 『Common Phrases and Where They Come From』, 2nd

ed.(Guilford, CT: The Lyons Press, 2008), pp.4~5; Neil Ewart, 『Everyday Phrases: Their Origins and Meanings』(Poole · Dorset, UK: Blandford Press, 1983), pp.131~132; 「Backgammon」, 『Wikipedia』.

48 James Rogers, 『The Dictionary of Cliches』(New York: Ballantine Books, 1985), pp.282~283.

49 황준범, 「김무성−서청원 '상도동 한솥밥 동지'가 '앙숙'으로」, 『한겨레』, 2015년 1월 8일.

50 김창룡, 「기득권층의 탐욕, 전관예우」, 『피디저널』, 2014년 6월 1일.

51 Charles Earle Funk, 『Heavens to Betsy!: And Other Curious Sayings』(New York: Quill, 1955/2001), p.194; Georgia Hole, 『The Real McCoy: The True Stories Behind Our Everyday Phrases』(New York: Oxford University Press, 2005), pp.29~30; Phil Cousineau, 『Word Catcher』(Berkeley, CA: Viva, 2010), pp.57~58; 『시사영어사/랜덤하우스 영한대사전』(시사영어사, 1991), 327쪽; 「cahoots」, 『다음 영어사전』.

52 최재천, 「최재천의 자연과 문화 (151) 윌리엄 휴얼(William Whewell)」, 『조선일보』, 2012년 3월 6일, A34면; 최재천, 『통섭의 식탁』(명진출판, 2011), 11쪽; 고인석, 「'통섭'이라는 말과 그 안에 담긴 생각」, 이인식 외, 『통섭과 지적 사기: 통섭은 과학과 인문학을 어떻게 배신했는가』(인물과사상사, 2014), 89쪽; 「Consilience」, 『Wikipedia』.

53 이인식 외, 『통섭과 지적 사기: 통섭은 과학과 인문학을 어떻게 배신했는가』(인물과사상사, 2014).

54 최보식, 「최보식이 만난 사람: "휴대폰 · 카드 · 운전면허 없고···아직 원고지 쓰는 내가 '과학'으로 먹고살아"」, 『조선일보』, 2014년 2월 10일.

55 김경만, 『글로벌 지식장과 상징폭력: 한국 사회과학에 대한 비판적 성찰』(문학동네, 2015), 77쪽.

56 신준봉, 「자기만의 상자 속에 갇힌 과학 · 인문학 만나야 할 때」, 『중앙일보』, 2014년 1월 28일.

57 최재천, 「옮긴이 서문: 설명한다, 그러므로 나는 존재한다」, 에드워드 윌슨(Edward O. Wilson), 최재천 · 장대익 옮김, 『통섭: 지식의 대통합』(사이언스북스, 1998/2005), 21쪽.

제2장 정신 · 감정 · 심리

1 http://cafe.daum.net/nowwetalk/Kfz/192444?q=%C1%B6%C6%F8%2C%20%B8%F6%C1%FD&re=1.

2 하지현, 『도시심리학: 심리학의 잣대로 분석한 도시인의 욕망과 갈등』(해냄, 2009), 107쪽.

3 이인식, 『이인식의 멋진 과학 1』(고즈윈, 2011), 44~45쪽.

4   이인식, 『이인식의 멋진 과학 1』(고즈윈, 2011), 45쪽.

5   스티븐 브라이어스(Stephen Briers), 구계원 옮김, 『엉터리 심리학』(동양북스, 2012/2014), 33쪽.

6   「uncanny」, 『다음 영어사전』; 「uncanny」, 『네이버 영어사전』.

7   「canny, uncanny」, 『Wiktionary』.

8   셰리 터클(Sherry Turkle), 이은주 옮김, 『외로워지는 사람들: 테크놀로지가 인간관계를 조정한다』(청림출판, 2010/2012), 301, 409쪽; 「Uncanny」, 『Wikipedia』; 「기이한 느낌[UNCANNY]」, 『정신분석용어사전』(한국심리치료연구소, 2002); 『네이버 지식백과』에서 재인용.

9   올리버 버크먼(Oliver Burkeman), 김민주·송희령 옮김, 『행복중독자: 사람들은 왜 돈, 성공, 관계에 목숨을 거는가』(생각연구소, 2011/2012), 323쪽; 「Uncanny valley」, 『Wikipedia』.

10 로런스 로젠블룸(Lawrence D. Rosenblum), 김은영 옮김, 『오감 프레임: 몸으로 생각하라』(21세기북스, 2009/2011), 267쪽; 「Uncanny valley」, 『Wikipedia』.

11 로런스 로젠블룸(Lawrence D. Rosenblum), 김은영 옮김, 『오감 프레임: 몸으로 생각하라』(21세기북스, 2009/2011), 268쪽.

12 「Uncanny」, 『Wikipedia』; 「Uncanny valley」, 『Wikipedia』.

13 http://blog.naver.com/PostView.nhn?blogId=khrireg&logNo=200000442112.

14 올리버 버크먼(Oliver Burkeman), 김민주·송희령 옮김, 『행복중독자: 사람들은 왜 돈, 성공, 관계에 목숨을 거는가』(생각연구소, 2011/2012), 323쪽.

15 노리나 허츠(Noreena Hertz), 이은경 옮김, 『누가 내 생각을 움직이는가: 일상을 지배하는 교묘한 선택의 함정들』(비즈니스북스, 2013/2014), 40쪽. 강준만, 「왜 "백문이 불여일견"이란 말은 위험한가?: 무주의 맹시」, 『생각의 문법: 세상을 꿰뚫는 50가지 이론 3』(인물과사상사, 2015), 121~128쪽 참고.

16 「inattention」, 『네이버 영어사전』.

17 디팩 맬호트라(Deepak Malhotra)·맥스 베이저먼(Max H. Bazerman), 안진환 옮김, 『협상 천재』(웅진지식하우스, 2007/2008), 274쪽.

18 캐스 선스타인(Cass R. Sunstein), 장경덕 옮김, 『심플러: 간결한 넛지의 힘』(21세기북스, 2013), 253~254쪽.

19 「Inattentional blindness」, 『Wikipedia』.

20 브레네 브라운(Brene Brown), 최원규 옮김, 『완벽을 강요하는 세상의 틀에 대담하게 맞서기』(명진출판, 2012/2013), 36쪽.

21 임귀열, 「[임귀열 영어] Life is a sum of choices(인생은 선택의 연속)」, 『한국일보』, 2014년 9월 24일.

22 이남석, 『편향: 나도 모르게 빠지는 생각의 함정』(옥당, 2013), 324-326쪽; 데이비드 맥레이니(David McRaney), 박인균 옮김, 『착각의 심리학』(추수밭, 2011/2012), 186쪽; 「Choice-supportive bias」, 『Wikipedia』. 강준만, 「왜 30퍼센트 할인 세일을 놓친 사람은 20퍼센트 할인 세일을 외면하나?: 후회 이론」, 『생각의 문법: 세상을 꿰뚫는 50가지 이론 3』(인물과사상사, 2015), 103~107쪽

참고.

23 김난도 외, 『트렌드코리아 2015』(미래의창, 2014), 213쪽.

24 홍성태, 『위험사회를 진단한다: 사고사회를 넘어 안전사회로』(아로파, 2014), 16~17쪽; 「Risk」, 『Wikipedia』.

25 홍성태, 『위험사회를 진단한다: 사고사회를 넘어 안전사회로』(아로파, 2014), 43쪽.

26 임귀열, 「임귀열 영어] Experts are clueless」, 『한국일보』, 2014년 7월 16일.

27 프레더릭 L. 앨런(Frederick Lewis Allen), 박진빈 옮김, 『원더풀 아메리카』(앨피, 1931/2006), 285~286쪽.

28 Erich Fromm, 『The Art of Loving』(New York: Bantam Books, 1956/1963), p.106.

29 조승연, 「[Weekly BIZ] [인문학으로 배우는 비즈니스 영어] crisis」, 『조선일보』, 2014년 1월 4일; 레베카 솔닛(Rebecca Solnit), 정해영 옮김, 『이 폐허를 응시하라: 대재난 속에서 피어나는 혁명적 공동체에 대한 정치사회적 탐사』(펜타그램, 2009/2012), 217쪽; 임귀열, 「임귀열 영어] Opportunity does not knock(기회는 조용히 온다)」, 『한국일보』, 2014년 2월 12일.

30 임귀열, 「임귀열 영어] Opportunity does not knock(기회는 조용히 온다)」, 『한국일보』, 2014년 2월 12일.

31 Joe Klein, 「Passing the Torch」, 『Time』, November 17, 2008, p.15.

32 김봉수 외, 『평판사회: 땅콩회항 이후, 기업경영은 어떻게 달라져야 하는가』(알에이치코리아, 2015), 199쪽.

33 Christine Ammer, 『The Facts on File Dictionary of Clichés』(New York: Checkmark Books, 2001), p.134.

34 데이비드 하비(David Harvey), 한상연 옮김, 『반란의 도시』(에이도스, 2012/2014), 106쪽; 「Flipping」, 『Wikipedia』.

35 로버트 실러(Robert Shiller), 이강국 옮김, 『비이성적 과열』(알에이치코리아, 2005/2014), 179쪽.

36 김윤종 외, 「살짝 맛보고 옆으로 톡… '디지털 메뚜기족' 는다」, 『동아일보』, 2009년 9월 29일.

37 정지섭, 「팀 쿡 "잡스 성공은 세계 최고 변덕 덕"」, 『조선일보』, 2015년 3월 21일; 인지현, 「팀 쿡 "애플 신화 만든 건 잡스의 변덕"」, 『문화일보』, 2015년 3월 20일.

38 하워드 민즈(Howard Means), 황진우 옮김, 『머니 & 파워: 지난 천년을 지배한 비즈니스의 역사』(경영정신, 2001/2002), 109쪽.

39 제러미 리프킨(Jeremy Rifkin), 안진환 옮김, 『3차 산업혁명: 수평적 권력은 에너지, 경제, 그리고 세계를 어떻게 바꾸는가』(민음사, 2011/2012), 336쪽.

40 임귀열, 「임귀열 영어] Ambiguity Fallacy(모호성의 문제)」, 『한국일보』, 2013년 11월 8일.

41 「Ambiguity」, 『Wikipedia』.

42 강준만, 『춤추는 언론 비틀대는 선거: 언론과 선거의 사회학』(아침, 1992), 23쪽.

43 「Policy of deliberate ambiguity」, 『Wikipedia』.

44 김보일, 「[키워드로 보는 사설] 전략적 모호성」, 『한겨레』, 2015년 6월 2일.

45 「[사설] 사드에 관한 미국의 확실한 입장은 뭔가」, 『중앙일보』, 2015년 5월 20일.

46 김대중, 「대통령의 決斷」, 『조선일보』, 2015년 6월 23일.

47 조기원, 「그리스 정권 붕괴냐, 디폴트냐」, 『한겨레』, 2015년 6월 29일.

48 「Default (finance)」, 『Wikipedia』; 「Default(computer science)」, 『Wikipedia』.

49 클레이 서키(Clay Shirky), 이충호 옮김, 『많아지면 달라진다』(갤리온, 2010/2011), 174~175쪽.

50 엠 그리핀(Em Griffin), 김동윤·오소현 옮김, 『첫눈에 반한 커뮤니케이션 이론』(커뮤니케이션북스, 2012), 84쪽.

51 「Ms.」, 『Wikipedia』.

제3장 가족·세대·인생

1 샐리 호그셰드(Sally Hogshead), 이한이 옮김, 『세상을 설득하는 매혹의 법칙』(오늘의책, 2010), 218쪽.

2 에릭 펠턴(Eric Felten), 윤영삼 옮김, 『위험한 충성: 충성과 배신의 딜레마』(문학동네, 2011/2013), 104~107쪽.

3 William Morris & Mary Morris, 『Morris Dictionary of Word and Phrase Origins』, 2nd ed.(New York: Harper & Row, 1971), p.214; Daniel J. Boorstin, 『The Image: A Guide to Pseudo-Events in America』(New York: Atheneum, 1961/1964), p.76.

4 「Gerontophobia」, 『Wikipedia』.

5 「Gerascophobia」, 『Wikipedia』.

6 「Death anxiety(psychology)」, 『Wikipedia』.

7 마이클 힐트(Michael L. Hilt)·제러미 립슐츠(Jeremy H. Lipschultz), 홍명신 옮김, 『늙어가는 미국: 미디어, 노인, 베이비붐』(커뮤니케이션북스, 2005/2008), 158~159쪽.

8 마이클 힐트(Michael L. Hilt)·제러미 립슐츠(Jeremy H. Lipschultz), 홍명신 옮김, 『늙어가는 미국: 미디어, 노인, 베이비붐』(커뮤니케이션북스, 2005/2008), 9, 14쪽.

9 마이클 힐트(Michael L. Hilt)·제러미 립슐츠(Jeremy H. Lipschultz), 홍명신 옮김, 『늙어가는 미국: 미디어, 노인, 베이비붐』(커뮤니케이션북스, 2005/2008), 153~154쪽.

10 양모듬, 「사우디의 왕위 계승…왜 長子 아닌 형제일까?」, 『조선일보』, 2015년 1월 24일.

11 「Gerontocracy」, 『Wikipedia』.

12 김회승, 「유레카 제론토크라시」, 『한겨레』, 2015년 5월 14일.

13 조의준, 「'票퓰리즘' 함정에 빠진 與野」, 『조선일보』, 2015년 5월 5일.

14 김영욱, 「표〈票〉퓰리즘의 종말」, 『중앙일보』, 2015년 5월 7일.

15 이상언, 「할아버지 세대의 파탄」, 『중앙일보』, 2015년 5월 7일.

16 제러미 리프킨(Jeremy Rifkin), 이원기 옮김, 『유러피언 드림: 아메리칸 드림의 몰락과 세계의 미래』(민음사, 2004/2005), 328쪽; 박종훈, 『지상최대의 경제사기극, 세대 전쟁』(21세기북스, 2013), 292쪽.

17 베르나드 스피츠(Bernard Spitz), 박은태·장유경 옮김, 『세대 간의 전쟁』(경연사, 2009), 16, 26~27쪽.

18 토드 부크홀츠(Todd G. Buchholz), 이성훈 옮김, 『유쾌한 경제학』(김영사, 1995/1996), 60쪽; 「Generational accounting」, 『Wikipedia』.

19 로런스 코틀리코프(Laurence J. Kotlikoff)·스콧 번스(Scott Burns), 김정혜·장환 옮김, 『다가올 세대의 거대한 폭풍』(한언, 2004), 19쪽.

20 로런스 코틀리코프(Laurence J. Kotlikoff)·스콧 번스(Scott Burns), 정명진 옮김, 『세대 충돌』(부글북스, 2012), 60, 63, 186쪽.

21 박종훈, 『지상최대의 경제사기극, 세대 전쟁』(21세기북스, 2013), 293~294쪽; Michael D. Eisner & Marc Freedman, 「Generational Warfare Is a Media Myth: Seniors and Kids Need Each Other」, 『Huffington Post』, January 14, 2014; 「Intergenerational equity」, 『Wikipedia』.

22 박종훈, 『지상최대의 경제사기극, 세대 전쟁』(21세기북스, 2013), 301쪽.

23 박종훈, 『지상최대의 경제사기극, 세대 전쟁』(21세기북스, 2013), 4~9쪽.

24 Charles Earle Funk, 『Thereby Hangs a Tale: Stories of Curious Word Origins』 (New York: Quill, 2002), pp.157~158; Webb Garrison, 『What's in a Word?』 (Dallas, TX: Thomas Nelson, 2000), p.97; 『엣센스 영한사전』, 제6정판(민중서림, 1995), 1393쪽; 임귀열, 「임귀열 영어] Authority shows the man(권력을 쥐면 본성이 나온다)」, 『한국일보』, 2009년 9월 16일.

25 David Brooks, 『On Paradise Drive: How We Live Now (And Always Have) in the Future Tense』(New York: Simon & Schuster, 2004), p.229; 데이비드 브룩스(David Brooks), 김소희 옮김, 『보보스는 파라다이스에 산다』(리더스북, 2004/2008), 272~273쪽.

26 「toxic」, 『네이버 영어사전』; 「toxic」, 『다음 영어사전』.

27 차현진, 『금융 오디세이』(인물과사상사, 2013), 247쪽.

28 「Toxic leader, Toxic workplace」, 『Wikipedia』.

29 에드워드 할로웰(Edward Hallowell), 박선령 옮김, 『하버드 집중력 혁명: 일과 삶의 모든 것을 결정하는 1% 차이』(토네이도, 2015), 155~156쪽; https://hbr.org/1999/07/the-toxic-handler-organizational-hero-and-casualty.

30 수전 포워드(Susan Forward), 김형섭·지성학·황태연 옮김, 『독이 되는 부모가 되지 마라』(푸른육아, 2002/2015), 17쪽.

31 최경운, 「내가 모르는 내 아이」[1] '자신의 삶'을 '자식의 삶'에 심으려고만 하

는 부모들」, 『조선일보』, 2014년 11월 20일.

32 최재훈, 「내가 모르는 내 아이」 [3] 부모 등쌀에…성적표까지 고치는 아이들」, 『조선일보』, 2014년 11월 22일.

33 최재훈 · 최경운, 「내가 모르는 내 아이」 [1] '毒親(독친 · toxic parents: 자녀 인생에 독이 되는 부모)'이 된 부모…당신은 아닙니까」, 『조선일보』, 2014년 11월 20일.

34 문요한, 『스스로 살아가는 힘: 내가 선택하고 결정하는 인생법』(더난출판, 2014), 41~43쪽; 진 트웬지(Jean M. Twenge) · 키스 캠벨(W. Keith Campbell), 이남석 편역, 『나는 왜 나를 사랑하는가』(옥당, 2009/2010), 222쪽.

35 「Slow parenting」, 『Wikipedia』; 이정환, 「자녀 방목」, 『한국경제』, 2009년 11월 23일.

36 브리짓 슐트(Brigid Schulte), 안진이 옮김, 『타임푸어: 항상 시간에 쫓기는 현대인을 위한 일 · 가사 · 휴식 균형잡기』(더퀘스트, 2014/2015), 300~301쪽.

37 캐서린 스타이너 어데어(Catherine Steiner-Adair) · 테레사 바커(Teresa H. Barker), 이한이 옮김, 『디지털 시대, 위기의 아이들: 디지털 세상에서 아이는 어떻게 자라는가』(오늘의책, 2013/2015), 111~114쪽.

38 뵈르벨 바르데츠키(Bärbel Wardetzki), 박규호 옮김, 『너에게 닿기를 소망한다: 따귀 맞은 영혼들을 위한 관계의 심리학』(21세기북스, 2009/2010), 178~179쪽; 「Parentification」, 『Wikipedia』.

39 전수민, 「'셰어런팅을 아시나요?' 사이버에 올린 내 아이의 얼굴은 어떻게 될까」, 『국민일보』, 2013년 5월 21일.

40 오영재, 「SNS 이용 백서, 좋은 예 vs 나쁜 예」, 『레몬트리』, 2013년 10월 16일.

41 「Sharenting」, 『Wikipedia』; 「Online predator」, 『Wikipedia』; 「Child grooming」, 『Wikipedia』; 김난도 외, 『트렌드코리아 2015』(미래의창, 2014), 167쪽; 송원형, 「'경찰관 딸 성폭행' 사건 알고 보니 무속인이 범인」, 『조선일보』, 2011년 4월 21일.

42 해리 S. 덴트(Harry S. Dent), 최태희 옮김, 『버블 붐: 세계경제 대예측 2005-2009』(청림출판, 2004/2005), 65~97쪽; 차현진, 『금융 오디세이』(인물과사상사, 2013), 206~207쪽; 앤서니 퍼킨스(Anthony Perkins) · 마이클 퍼킨스(Michael Perkins), 형선호 옮김, 『인터넷 거품: 거품을 알면 전략이 보인다』(김영사, 1999/2000), 60쪽.

43 임석규, 「러셀의 경고」, 『한겨레』, 2014년 4월 28일.

44 엘리 패리저(Eli Pariser), 이현숙 · 이정태 옮김, 『생각 조종자들』(알키, 2011), 15, 129~130쪽.

45 배정원, 「Weekly BIZ] 다 버려라…핵심만 빼고」, 『조선일보』, 2015년 1월 31일.

46 조승연, 「Weekly BIZ] [인문학으로 배우는 비즈니스 영어] finance」, 『조선일보』, 2013년 11월 2일.

47 필립 맥마이클(Philip McMichael), 조효제 옮김, 『거대한 역설: 왜 개발할수록 불평등해지는가』(교양인, 2012/2013), 413쪽.

48 「Financialization」, 『Wikipedia』.

49 서동진, 「정동의 경제, 경제의 정동: 금융화된 주체의 증오와 환멸 그리고 분노」, 최기숙·소영현·이하나 엮음, 『감성사회: 감성은 어떻게 문화동력이 되었나』(글항아리, 2014), 22쪽.

50 박성일, 「일상을 잠식한 금융자본주의」, 김현미 외, 『친밀한 적: 신자유주의는 어떻게 일상이 되었나』(이후, 2010), 50~51쪽.

제4장 건강·음식·라이프스타일

1 테리 이글턴, 김준환 옮김, 『포스트모더니즘의 환상』(실천문학사, 2000), 184~185쪽.

2 폴 블룸(Paul Bloom), 문희경 옮김, 『우리는 왜 빠져드는가?: 인간 행동의 숨겨진 비밀을 추적하는 쾌락의 심리학』(살림, 2010/2011), 39~40쪽.

3 폴 블룸(Paul Bloom), 문희경 옮김, 『우리는 왜 빠져드는가?: 인간 행동의 숨겨진 비밀을 추적하는 쾌락의 심리학』(살림, 2010/2011), 43쪽.

4 정성훈, 『사람을 움직이는 100가지 심리법칙』(케이앤제이, 2011), 171쪽.

5 Editors of the American Heritage Dictionaries, 『More Word Histories and Mysteries: From Aardvark to Zombie』(New York: Houghton Mifflin, 2006), pp.67~68.

6 조승연, 「인문학으로 배우는 비즈니스 영어」 Diet」, 『조선일보』, 2015년 1월 10일; 「Dieting」, 『Wikipedia』.

7 임귀열, 「임귀열 영어」 Specs vs. Career build-up」, 『한국일보』, 2011년 3월 24일.

8 「Dieting」, 『Wikipedia』; 임귀열, 「임귀열 영어」 Organic Food and buzz words(친환경 식품과 유행어)」, 『한국일보』, 2013년 5월 10일.

9 정충신, 「Digital Diet, 두뇌를 말끔히 청소 창조성을 발산하라!」, 『문화일보』, 2011년 8월 12일; 리처드 왓슨(Richard Watson), 이진원 옮김, 『퓨처마인드: 디지털 문화와 함께 진화하는 생각의 미래』(청림출판, 2010/2011), 42, 222, 259, 267쪽.

10 Erin Barrett & Jack Mingo, 『Random Kinds of Factness 1001』(San Francisco, CA: Conari Press, 2005), p.156; Editors of the American Heritage Dictionaries, 『More Word Histories and Mysteries: From Aardvark to Zombie』(New York: Houghton Mifflin, 2006), p.246.

11 「anti-vaxxer」, 『Wiktionary』.

12 박봉권, 「미국 홍역 확산 막기 위한 백신 접종 정치 이슈화 왜?」, 『매일경제』, 2015년 2월 4일; 김지은, 「미국 홍역 확산은 엄마들 때문?」, 『한겨레』, 2015년 2월 23일; 「Vaccine controversies」, 『Wikipedia』; 「Jenny McCarthy」, 『Wikipedia』.

13 조나 버거(Jonah Berger), 정윤미 옮김, 『컨테이저스: 전략적 입소문』(문학동

네, 2013), 285~286쪽.

14 서수민, 「언론의 불편부당 객관주의가 키운 '홍역 확산'」, 『신문과방송』, 제 531호(2015년 3월), 105~107쪽; Brendan Nyhan, 「When 'he said,' 'she said' is dangerous」, 『Columbia Journalism Review』, July 16, 2013.

15 Charles Earle Funk & Charles Earle Funk, Jr., 『Horsefeathers and Other Curious Words』(New York: Quill, 1958/2002), p.98; 김석종, 「[여적] 땅콩」, 『경향신문』, 2014년 12월 11일.

16 로버트 프랭크(Robert H. Frank), 이한 옮김, 『사치 열병: 과잉시대의 돈과 행복』(미지북스, 1999/2011), 317~320쪽.

17 김석종, 「[여적] 땅콩」, 『경향신문』, 2014년 12월 11일.

18 홍원상, 「마카다미아 등 견과류 '땅콩 回航' 특수」, 『조선일보』, 2014년 12월 11일.

19 김지은, 「'땅콩'이 뭐길래…이번엔 미국 비행기 멈춰 세워」, 『한겨레』, 2015년 6월 24일.

20 「Crunchiness」, 『Wikipedia』; 「Nestlé Crunch」, 『Wikipedia』.

21 Max Cryer, 『Common Phrases』(New York: Skyhorse, 2010), pp.60~61; John Ayto, 『Movers and Shakers: A Chronology of Words That Shaped Our Age』 (New York: Oxford University Press, 2006), p.171; 이주형, 『지적인 생각법: 영리하게 세상을 살아가는 힘』(위즈덤하우스, 2014), 266쪽.

22 마이클 루이스(Michael Lewis) 편저, 이규장·조진경·이건식 옮김, 『패닉 이후』(21세기북스, 2008), 490쪽.

23 로리 에시그(Laurie Essig), 이재영 옮김, 『유혹하는 플라스틱: 신용카드와 성형수술의 달콤한 거짓말』(이른아침, 2010/2014), 193~194쪽.

24 「American bison」, 『Wikipedia』.

25 앨런 브링클리(Alan Brinkley), 황혜성 외 옮김, 『미국인의 역사 2』(비봉출판사, 1993/1998), 180쪽; 제러미 리프킨(Jeremy Rifkin), 신현승 옮김, 『육식의 종말』(시공사, 1993/2002), 98쪽.

26 제러미 리프킨(Jeremy Rifkin), 신현승 옮김, 『육식의 종말』(시공사, 1993/2002), 109~110쪽.

27 「American bison」, 『Wikipedia』.

28 「Buffalo, New York」, 『Wikipedia』.

29 임귀열, 「[임귀열 영어] Funny Food Names」, 『한국일보』, 2014년 11월 20일.

30 「버펄로 윙」, 『위키백과』.

31 임귀열, 「[임귀열 영어] Vintage and Antique(고풍에서 골동품까지)」, 『한국일보』, 2013년 1월 10일; 임귀열, 「[임귀열 영어] Vintage-an elegant variation(빈티지 용어의 남용)」, 『한국일보』, 2013년 10월 31일; 「Vintage」, 『Wikipedia』.

32 엘리자베스 L. 클라인(Elizabeth L. Cline), 윤미나 옮김, 『나는 왜 패스트 패션에 열광했는가: 어느 쇼퍼홀릭의 무분별한 쇼핑 탈출기』(세종서적, 2012/2013), 183~184쪽.

33 사이먼 레이놀즈(Simon Reynolds), 최성민 옮김, 『레트로 마니아: 과거에 중독된 대중문화』(작업실유령, 2011/2014), 89~90쪽.

34 김경진, 「오래된 새로움, 빈티지」, 『중앙일보』, 2015년 4월 20일.

35 Charles Earle Funk, 『A Hog on Ice and Other Curious Expressions』(New York: HarperResource, 2001), pp.139~140; Rosemarie Ostler, 『Let's Talk Turkey: The Stories behind America's Favorite Expressions』(New York: Prometheus Books, 2008), pp.82~83.

36 「주식스와핑」, 『다음 백과사전』.

37 「Book swapping」, 『Wikipedia』.

38 「Clothing swap」, 『Wikipedia』; 「Swishing」, 『Wikipedia』.

39 엘리자베스 L. 클라인(Elizabeth L. Cline), 윤미나 옮김, 『나는 왜 패스트 패션에 열광했는가: 어느 쇼퍼홀릭의 무분별한 쇼핑 탈출기』(세종서적, 2012/2013), 271~272쪽.

40 「Swinging(sexual practice)」, 『Wikipedia』; 윤가현, 「정확한 용어는 '스윙잉' … 전문·관리직 종사자 많아」, 『주간동아』, 2005년 4월 5일, 37면.

41 황근, 「스와핑 보도, 고발보다 선정성 치우쳐: MBC의 '아주 특별한 아침'」, 『신문과방송』, 제395호(2003년 11월), 132쪽.

42 권기정, 「'스와핑' 회원 5,000명 충격」, 『경향신문』, 2005년 3월 23일, 9면; 「[사설] '스와핑' 범람은 방치할 수 없는 수치」, 『세계일보』, 2005년 3월 24일; 조승호, 「스와핑이 어때서?」, 『내일신문』, 2005년 3월 23일, 21면.

43 김현섭, 「집단으로 마약에 '스와핑' 성관계…광란의 파티 벌인 모델 지망생 등 무더기 검거」, 『큐키뉴스』, 2015년 5월 7일.

44 김경무, 「'평온의 여왕' 위기 때마다 '바로 그 퍼팅'」, 『한겨레』, 2013년 7월 2일.

45 김세훈, 「박인비 퍼트의 비밀은 달라이 라마의 평정심」, 『경향신문』, 2013년 7월 10일.

46 John Ayto, 『Word Origins: The Hidden Histories of English Words from A to Z』, 2nd ed.(London, UK: A & C Black, 2005), p.55.

47 토드 부크홀츠(Todd G. Buchholz), 장석훈 옮김, 『러쉬!: 우리는 왜 도전과 경쟁을 즐기는가』(청림출판, 2011/2012), 113쪽.

48 필 로젠츠바이크(Phil Rosenzweig), 김상겸 옮김, 『올바른 결정은 어떻게 하는가: 모두를 살리는 선택의 비밀』(엘도라도, 2014), 51~52쪽.

제5장 스포츠·게임·여가

1 「테니스」, 『위키백과』.

2 Douglas B. Smith, 『Ever Wonder Why?』(New York: Fawcett Gold Medal, 1991), p.3; 「Tennis scoring system」, 『Wikipedia』.

3 조승연, 『이야기 인문학』(김영사, 2013), 47~48쪽.

4 「Tennis scoring system」, 『Wikipedia』.

5 William Safire, 『I Stand Corrected: More 'On Language'』(New York: Avon, 1984), p.22; Marvin Terban, 『Scholastic Dictionary of Idioms』(New York: Scholastic, 1996), p.10; William Safire, 『Take My Word For It』(New York: Owl Book, 1986), p.19; Adrian Room, 『Brewer's Dictionary of Modern Phrase & Fable』(London: Cassell, 2002), p.351; 「a ballpark figure」, 『다음 영어사전』.

6 Barbara Ann Kipper, 『Phraseology』(Naperville, IL.: Sourcebooks, 2008), p.22; 『시사영어사/랜덤하우스 영한대사전』(시사영어사, 1991), 169쪽.

7 「order of magnitude」, 『다음 영어사전』; 「order of magnitude」, 『네이버 영어사전』.

8 「Canter」, 『Wikipedia』; 「캔터[Canter]」, 『네이버 지식백과』.

9 Jordan Almond, 『Dictionary of Word Origins: A History of the Words, Expressions, and Cliches We Use』(Secaucus, NJ: Citadel Press, 1997), p.53; Charles Earle Funk, 『Thereby Hangs a Tale: Stories of Curious Word Origins』(New York: Quill, 2002), pp.60~61; 『Webster's New Explorer Dictionary of Word Origins』(Springfield, MA: Federal Street Press, 2004), p.85.

10 윤경남, 「캔터베리 대성당과 '캔터베리 이야기'」, 『한국기독공보』, 2010년 11월 11일.

11 「Canter」, 『Wikipedia』.

12 Neil Ewart, 『Everyday Phrases: Their Origins and Meanings』(Poole·Dorset, UK: Blandford Press, 1983), p.33; 「canter」, 『다음 영어사전』.

13 「choke」, 『네이버 영어사전』; 「choke」, 『다음 영어사전』

14 Naomi Klein, 『The Shock Doctrine: The Rise of Disaster Capitalism』(New York: Picador, 2007/2008), p.215.

15 더글러스 러시코프(Douglas Rushkoff), 박종성·장석훈 옮김, 『현재의 충격: 모든 것이 지금 일어나고 있다』(청림출판, 2013/2014), 69쪽.

16 마이크 스태들러(Mike Stadler), 배도희 옮김, 『야구의 심리학』(지식채널, 2007/2011), 229~230쪽.

17 사이언 베일락(Sian Beilock), 박선령 옮김, 『어떤 상황에도 긴장하지 않는 부동의 심리학』(21세기북스, 2010/2011), 329~332쪽.

18 「Beer Pong」, 『Wikipedia』.

19 리처드 L. 브랜트(Richard L. Brandt), 안진환 옮김, 『원클릭』(자음과모음, 2011/2012), 56~57쪽.

20 데이비드 커크패트릭(David Kirkpatrick), 임정민·임정진 옮김, 『페이스북 이펙트』(에이콘, 2010), 87~88쪽.

21 유병연, 「술 먹는 게임 '비어퐁' …美 대학 선풍적 인기」, 『한국경제』, 2007년 8월 31일.

22 「저스틴 비버, 민증 나오기도 전에 음주?」, 『조선일보』, 2012년 10월 11일.

23 임귀열, 「[임귀열 영어] 쿠판 vs. 큐판(coopon vs. Q-pon)」, 『한국일보』, 2011년 8월 5일.

24 「Coupon」, 『Wikipedia』.

25 마크 엘우드(Mark Ellwood), 원종민 옮김, 『할인시대: 소비 3.0 시대의 행동지침서』(처음북스, 2013/2014), 55~61쪽; 「Extreme Couponing」, 『Wikipedia』.

26 최희원, 「쿠폰과 맞바꾼 '개인 정보 파산'의 위험성」, 『경향신문』, 2015년 3월 6일.

27 「Social Commerce」, 『Wikipedia』.

28 김경준 · 이성욱 · 이정우, 『기업의 미래를 바꾸는 모바일 빅뱅』(원앤원북스, 2010), 265쪽.

29 마크 엘우드(Mark Ellwood), 원종민 옮김, 『할인시대: 소비 3.0 시대의 행동지침서』(처음북스, 2013/2014), 195쪽.

30 데이비드 레스터(David Lester) 엮음, 한수영 옮김, 『아이디어 하나로 시작된 디지털 기업: 세상을 뒤흔든 디지털 스타트업 25』(재승출판, 2012/2013), 221~222쪽.

31 「Andrew Mason」, 『Wikipedia』.

32 「Groupon」, 『Wikipedia』.

33 박순찬, 「"나 오늘 해고당했다" 美 그루폰 창업자 트위터」, 『조선일보』, 2013년 3월 2일; 「그루폰코리아, 3년 만에 철수… '임직원 160명 고용승계 없다'」, 『한국일보』, 2014년 3월 31일; 최은혜, 「아이스버킷과 그루폰의 공통점? '대박'의 교훈」, 『머니투데이』, 2014년 9월 17일.

34 최광, 『주커버그의 야망 윌리엄스의 열정: facebook & twitter』(머니플러스, 2011), 186~187쪽.

35 이성희, 「타파웨어 한국지사, 5년 내 톱10 진입」, 『경향신문』, 2015년 4월 14일.

36 「타파웨어[Tupperware]」, 『네이버 지식백과』; 「Earl Tupper」, 『Wikipedia』; 「Brownie Wise」, 『Wikipedia』.

37 로버트 치알디니(Robert Cialdini), 황혜숙 옮김, 『설득의 심리학』(개정5판, 21세기북스, 2009/2013), 247~248쪽.

38 로버트 치알디니(Robert Cialdini), 황혜숙 옮김, 『설득의 심리학』(개정5판, 21세기북스, 2009/2013), 248~249쪽.

39 「Tupperware」, 『Wikipedia』.

40 정지훈, 『스마트 IT, 스마트 혁명』(자음과모음, 2012), 98쪽.

41 애덤 페넨버그(Adam L. Pennenberg), 손유진 옮김, 『바이럴 루프: 터퍼웨어 · 핫메일 · 이베이 · 페이스북은 어떻게 소비자를 마케터로 만들었는가』(틔움, 2009/2010), 67~68쪽.

42 「Tupperware」, 『Wikipedia』.

43 김규원, 「밤 11시 지나서야 겨우 눕는다…국민 80% "일상이 피곤해"」, 『한겨레』, 2015년 6월 30일.

44 리처드 왓슨(Richard Watson), 이진원 옮김, 『퓨처마인드: 디지털 문화와 함께 진화하는 생각의 미래』(청림출판, 2010/2011), 258쪽.

45 「Conspicuous leisure」, 『Wikipedia』.

46 소스타인 베블런, 이완재 · 최세양 옮김, 『한가한 무리들』(동인, 1899/1995), 21쪽.

47 올리버 버크먼(Oliver Burkeman), 김민주 · 송희령 옮김, 『행복중독자: 사람들은 왜 돈, 성공, 관계에 목숨을 거는가』(생각연구소, 2011/2012), 175쪽.

48 울리히 슈나벨(Ulrich Schnabel), 김희상 옮김, 『행복의 중심 휴식』(걷는나무, 2010/2011), 108~109쪽.

49 울리히 슈나벨(Ulrich Schnabel), 김희상 옮김, 『행복의 중심 휴식』(걷는나무, 2010/2011), 99~100쪽.

50 그레그 매커운(Greg McKeown), 김원호 옮김, 『에센셜리즘: 본질에 집중하는 힘』(알에이치코리아, 2014), 129쪽.

51 조현미, 「한국인 10명 중 4명 "일 걱정에 잠 못 자"」, 『아주경제』, 2015년 3월 15일.

52 곽아람, 「졸면 정말 죽는다…반드시 代價 치르는 '수면 빚(sleep debt)'」, 『조선일보』, 2015년 5월 23일.

53 조너선 크레리(Jonathan Crary), 김성호 옮김, 『24/7 잠의 종말』(문학동네, 2013/2014), 25쪽; 한승동, 「잠의 종말이냐 자본주의의 종말이냐」, 『한겨레』, 2014년 11월 28일.

54 곽아람, 「졸면 정말 죽는다…반드시 代價 치르는 '수면 빚(sleep debt)'」, 『조선일보』, 2015년 5월 23일; 「Sleep debt」, 『Wikipedia』.

55 그레그 매커운(Greg McKeown), 김원호 옮김, 『에센셜리즘: 본질에 집중하는 힘』(알에이치코리아, 2014), 126쪽.

56 아리아나 허핑턴(Ariana Huffington), 강주헌 옮김, 『제3의 성공』(김영사, 2014), 105쪽.

제6장 경영과 경제

1 김평희, 「제12장: 문화와 비즈니스」, 김숙현 외, 『한국인과 문화 간 커뮤니케이션』(커뮤니케이션북스, 2001), 344~345쪽.

2 조승연, 「[Weekly BIZ] [인문학으로 배우는 비즈니스 영어] management」, 『조선일보』, 2013년 7월 27일.

3 필 로젠츠바이크(Phil Rosenzweig), 김상겸 옮김, 『올바른 결정은 어떻게 하는가: 모두를 살리는 선택의 비밀』(엘도라도, 2014), 61~62쪽.

4 서동진, 『자유의 의지 자기계발의 의지』(돌베개, 2009), 284~286쪽.

5 마크 고울스톤(Mark Goulston), 황혜숙 옮김, 『뱀의 뇌에게 말을 걸지 마라: 이제껏 밝혀지지 않았던 설득의 논리』(타임비즈, 2009/2010), 19쪽.

6 너새니얼 브랜든(Nathaniel Branden), 김세진 옮김, 『자존감의 여섯 기둥: 어떻게 나를 사랑할 것인가』(교양인, 1994/2015), 402쪽; 「Micromanagement」, 『Wikipedia』.

7 린다 그래튼(Lynda Gratton), 조성숙 옮김, 『일의 미래: 10년 후, 나는 어디서

누구와 어떤 일을 하고 있을까』(생각연구소, 2011/2012), 127~128쪽.

8 「Micromanagement」, 『Wikipedia』.

9 「Control freak」, 『Wikipedia』.

10 애덤 라신스키(Adam Lashinsky), 임정욱 옮김, 『인사이드 애플: 비밀제국 애플 내부를 파헤치다』(청림출판, 2012), 30쪽.

11 월터 아이작슨(Walter Isaacson), 안진환 옮김, 『스티브 잡스(Steve Jobs)』(민음사, 2011), 374, 601쪽.

12 「스티브 잡스, 에디슨 반열에 놓을 순 없다고?」, 『세계일보』, 2011년 10월 9일.

13 월터 아이작슨(Walter Isaacson), 안진환 옮김, 『스티브 잡스(Steve Jobs)』(민음사, 2011), 876쪽.

14 류영호, 『아마존닷컴 경제학: 인터넷 거상 제프 베조스의 성공신화』(에이콘, 2013), 89쪽.

15 임귀열, 「임귀열 영어] Thank you for shopping with us(이용해 주셔서 감사합니다)」, 『한국일보』, 2015년 5월 13일.

16 양윤직, 『TGIF 스토리』(커뮤니케이션북스, 2011), 164쪽.

17 「Customer satisfaction」, 『Wikipedia』; 「Customer delight」, 『Wikipedia』.

18 조승연, 『비즈니스 인문학』(김영사, 2015), 253~260쪽.

19 「Customer」, 『Wikipedia』.

20 배정원, 「[Weekly BIZ] 다들 미쳤다고 할 때 깨고 나갔다」, 『조선일보』, 2015년 5월 2일.

21 정현정, 「삼성 사장단 'IoT 시대 UX 비즈니스' 고민: 연세대 조광수 교수 'UX로 보는 현재와 미래' 강연」, 『지디넷코리아』, 2015년 4월 8일.

22 라즐로 복(Laszlo Bock), 이경식 옮김, 『구글의 아침은 자유가 시작된다: 구글 인사 책임자가 직접 공개하는 인재 등용의 비밀』(알에이치코리아, 2015), 539쪽; 스탠 데이비스(Stan Davis), 김승욱 옮김, 『미래의 지배』(경영정신, 2001/2002), 32쪽.

23 「Customization(anthropology)」, 『Wikipedia』.

24 양은영, 「기업들 'CSV' 경영 확대…사회적 책임 회피 수단은 아니겠죠?」, 『한겨레』, 2014년 11월 4일.

25 조재희, 「"공유 가치 창출이 자본주의 5.0 만들어낼 것"」, 『조선일보』, 2013년 7월 3일.

26 송기홍, 「[실전 MBA] '사회적 공헌+이윤 극대화' 두 토끼 잡는 '마법의 CSV'」, 『조선일보』, 2015년 4월 2일.

27 양은영, 「기업들 'CSV' 경영 확대…사회적 책임 회피 수단은 아니겠죠?」, 『한겨레』, 2014년 11월 4일.

28 「Creating shared value」, 『Wikipedia』.

29 「Myopia, Hyperopia」, 『Wikipedia』.

30 Rob Walker, 『Buyingin: The Secret Dialogue Between What We Buy and Who We Are』(New York: Random House, 2008), p.97; 김병도, 『코카콜라는 어떻게

산타에게 빨간 옷을 입혔는가: 위기를 돌파하는 마케팅』(21세기북스, 2003), 220~221쪽;「Marketing myopia」,『Wikipedia』.

31 루크 도멜(Luke Dormehl), 노승영 옮김,『만물의 공식』(반니, 2014), 263~264쪽.

32 문병주,「여기…백화점입니다」,『중앙일보』, 2014년 7월 15일.

33 존 캐서디(John Cassidy), 이경남 옮김,『시장의 배반』(민음사, 2009/2011), 253~255쪽.

34 「trickle」,『다음 영어사전』.

35 「낙수효과落水效果, trickle down effect]」,『네이버 지식백과』.

36 오언 존스(Owen Jones), 이세영·안병률 옮김,『차브: 영국식 잉여 유발사건』(북인더갭, 2011/2014), 93쪽.

37 김회승,「[유레카] 상속예찬」,『한겨레』, 2014년 7월 28일.

38 라비 바트라(Ravi Batra), 송택순·김원옥 옮김,『뉴 골든 에이지: 미 비즈니스 제국의 몰락, 그 다음 세상』(리더스북, 2007/2009), 196쪽.

39 데이비드 하비(David Harvey), 한상연 옮김,『반란의 도시』(에이도스, 2012/2014), 66쪽.

40 김순덕,「'미들아웃 경제학'」,『동아일보』, 2013년 8월 30일; 조지프 스티글리츠(Joseph E. Stiglitz), 이순희 옮김,『불평등의 대가: 분열된 사회는 왜 위험한가』(열린책들, 2012/2013), 89쪽;「Trickle-up effect」,『Wikipedia』.

41 마거릿 헤퍼넌(Margaret Heffernon), 김성훈 옮김,『경쟁의 배신: 경쟁은 누구도 승자로 만들지 않는다』(알에이치코리아, 2014), 487쪽.

42 임귀열,「[임귀열 영어] Ambiguity in Translation and Interpretation(번역과 해석의 모호성)」,『한국일보』, 2014년 2월 6일.

43 김태근,「[美, 달러 풀기 축소] 美, 3차례 걸쳐 3조 2000억 달러 풀어…G7 합치면 10조 달러」,『조선일보』, 2013년 12월 20일.

44 송기균,『고환율의 음모: 서민지갑을 강탈한 검은 손의 실체』(21세기북스, 2012), 210~216쪽;「Quantitative easing」,『Wikipedia』.

45 손제민,「버냉키 전 연준 의장 "미 양적완화가 불평등 심화시켰을 수도"」,『경향신문』, 2015년 6월 4일.

46 신영복,『담론: 신영복의 마지막 강의』(돌베개, 2015), 352쪽.

47 크리스 마틴슨(Chris Martenson), 이은주 옮김,『크래시 코스: 시한부 세계경제의 진실을 말하다』(미래의창, 2011), 177~178쪽.

48 차현진,『금융 오디세이』(인물과사상사, 2013), 46~50쪽; 곽인찬,「악화는 양화를 구축한다: 지금은 종이돈 양껏 뿌려…예전엔 금·은화 함량 조작」,『파이낸셜뉴스』, 2013년 6월 28일;「Methods of coin debasement」,『Wikipedia』.

49 「sequester」,『다음 영어사전』.

50 「시퀘스터[Sequester]」,『네이버 지식백과』.

51 강혜란,「미국인들 "시퀘스터가 뭐냐"」,『중앙일보』, 2013년 2월 15일.

52 박수찬,「미국, 시퀘스터 압박에 군 규모 대폭 축소」,『세계일보』, 2014년 2월 25일.

53 「오바마, 내년 예산 7% 인상…시퀘스터 무력화 나서」, 『연합뉴스』, 2015년 1월 30일.

54 최준호, 「[이번 주 경제 용어] 페이고(Pay-Go)」, 『중앙일보』, 2013년 10월 30일; 방현철·김태근, 「"빚 많은 공기업, 번 만큼만 써라"」, 『조선일보』, 2013년 12월 6일.

55 김소연, 「재정지출 늘리는 법안 만들 때 재원대책 의무화…'페이고' 법제화 논란 시끌」, 『한겨레』, 2015년 5월 19일.

56 로런스 코틀리코프(Laurence J. Kotlikoff)·스콧 번스(Scott Burns), 김정혜·장환 옮김, 『다가올 세대의 거대한 폭풍』(한언, 2004), 21~22쪽.

제7장 정보와 디지털 문화

1 김대식, 『김대식의 빅퀘스천: 우리 시대의 31가지 위대한 질문』(동아시아, 2014), 277쪽; 크리스 앤더슨(Chris Anderson), 정준희 옮김, 『프리: 비트 경제와 공짜 가격이 만드는 혁명적 미래』(랜덤하우스, 2009), 159~160쪽; 「Information」, 『Wikipedia』.

2 Alvin Toffler, 『Future Shock』(New York: Bantam Books, 1970), p.353.

3 「Information overload」, 『Wikipedia』.

4 에드워드 할로웰(Edward Hallowell), 박선령 옮김, 『하버드 집중력 혁명: 일과 삶의 모든 것을 결정하는 1% 차이』(토네이도, 2015), 20쪽.

5 Alvin Toffler, 『Future Shock』(New York: Bantam Books, 1970), pp.350~355; 네이트 실버(Nate Silver), 이경식 옮김, 『신호와 소음: 미래는 어떻게 당신 손에 잡히는가』(더퀘스트, 2012/2014), 29~30쪽.

6 네이트 실버(Nate Silver), 이경식 옮김, 『신호와 소음: 미래는 어떻게 당신 손에 잡히는가』(더퀘스트, 2012/2014), 30쪽.

7 마이클 르고(Michael LeGault), 임옥희 옮김, 『씽크! 위대한 결단으로 이끄는 힘』(리더스북, 2006), 213~214쪽.

8 클레이 존슨(Clay Johnson), 김상현 옮김, 『똑똑한 정보 밥상: 몸에 좋은 정보 쏙쏙 가려먹기』(에이콘, 2012), 33쪽.

9 김난도 외, 『트렌드코리아 2013』(미래의창, 2012), 330~331쪽; 「Detoxification」, 『Wikipedia』.

10 김태형, 「디지털 위험사회·디톡스란 무엇인가?」, 『보안뉴스』, 2012년 12월 12일; 「Digital detox」, 『Wikipedia』.

11 김신영, 「너는 지치고 나는 중독됐다 우리, 잠시 헤어지자」, 『조선일보』, 2008년 12월 18일.

12 김홍탁, 『디지털 놀이터: 만나서 놀고 퍼뜨리는 디지털 마케팅 키워드 10』(중앙엠앤비, 2014), 174쪽.

13 김홍탁, 『디지털 놀이터: 만나서 놀고 퍼뜨리는 디지털 마케팅 키워드 10』(중

앙엠앤비, 2014), 174~175쪽.

14 폴 돌런(Paul Dolan), 이영아 옮김, 『행복은 어떻게 설계되는가: 경제학과 심리학으로 파헤친 행복의 성장 조건』(와이즈베리, 2014/2015), 220~222쪽.

15 Wilfred Funk, 『Word Origins and Their Romantic Stories』(New York: Funk & Wagnalls, 1968), p.60.

16 조승연, 「[Weekly BIZ] [인문학으로 배우는 비즈니스 영어] free」, 『조선일보』, 2014년 2월 15일.

17 크리스 앤더슨(Chris Anderson), 정준희 옮김, 『프리: 비트 경제와 공짜 가격이 만드는 혁명적 미래』(랜덤하우스, 2009), 23쪽.

18 크리스 앤더슨(Chris Anderson), 정준희 옮김, 『프리: 비트 경제와 공짜 가격이 만드는 혁명적 미래』(랜덤하우스, 2009), 27~34쪽.

19 이케다 준이치(池田純一), 서라미 옮김, 『왜 모두 미국에서 탄생했을까: 히피의 창조력에서 실리콘밸리까지』(메디치, 2011/2013), 31쪽; 척 마틴(Chuck Martin), 장세현 옮김, 『서드 스크린: 비즈니스 패러다임을 바꾸는 모바일 혁명』(비즈니스북스, 2011), 156쪽; 「Freemium」, 『Wikipedia』.

20 크리스 앤더슨(Chris Anderson), 정준희 옮김, 『프리: 비트 경제와 공짜 가격이 만드는 혁명적 미래』(랜덤하우스, 2009), 54~55쪽.

21 크리스 앤더슨(Chris Anderson), 정준희 옮김, 『프리: 비트 경제와 공짜 가격이 만드는 혁명적 미래』(랜덤하우스, 2009), 275~276쪽.

22 프리미엄 모델을 도입한 일부 게임은 돈을 많이 내는 사용자에게 유리하게끔 되어 있다는 비판의 목소리도 높다. 「Freemium」, 『Wikipedia』.

23 최원석, 「[Weekly BIZ] [Cover Story] 제조업의 民主化 革命」, 『조선일보』, 2014년 3월 29일.

24 이신영, 「[Weekly BIZ] 별★을 따고 싶나요? 대작 만들어야 대박 난다」, 『조선일보』, 2013년 7월 13일.

25 이신영, 「[Weekly BIZ] 美도 한국도…中을 벌리하라」, 『조선일보』, 2013년 12월 14일.

26 임귀열, 「[임귀열 영어] Thank you for shopping with us(이용해 주셔서 감사합니다)」, 『한국일보』, 2015년 5월 13일.

27 김난도 외, 『트렌드코리아 2015』(미래의창, 2014), 248~250쪽.

28 배정원, 「[Weekly BIZ] 共存共生 온·오프라인의 경계가 무너진다」, 『조선일보』, 2015년 1월 31일; 「Shopkick」, 『Wikipedia』.

29 빅토르 마이어 쇤베르거(Viktor Mayer-Schönberger)·케네스 쿠키어(Kenneth Neil Cukier), 이지연 옮김, 『빅데이터가 만드는 세상: 데이터는 알고 있다』(21세기북스, 2013), 147쪽.

30 임귀열, 「[임귀열 영어] Data: 데이터 vs 다―타」, 『한국일보』, 2015년 5월 19일; 「Data」, 『Wikipedia』.

31 박순찬, 「통신社, 데이터 마케팅…스마트폰 '데이터 중독' 불러」, 『조선일보』, 2013년 7월 10일; 권오성, 「'데이터 요금제' 당신이 놓친 3가지」, 『한겨레』,

2015년 5월 25일.

32 김우용, 「데이터센터로 만드는 세계서 가장 큰 난로」, 『지디넷코리아』, 2011년 12월 4일; 「Data furnace」, 『Wikipedia』.

33 박순찬, 「통신社, 데이터 마케팅…스마트폰 '데이터 중독' 불러」, 『조선일보』, 2013년 7월 10일; 권오성, 「'데이터 요금제' 당신이 놓친 3가지」, 『한겨레』, 2015년 5월 25일.

34 이철민, 「잡화 체인이 알려준 딸의 임신」, 『조선일보』, 2012년 5월 10일.

35 「빅데이터[big data]」, 『네이버 지식백과』.

36 알렉스 펜틀런드(Alex Pentland), 박세연 옮김, 『창조적인 사람들은 어떻게 행동하는가: 빅데이터와 사회물리학』(와이즈베리, 2014/2015), 29~30쪽.

37 배정원, 「[Weekly BIZ] 직관은 실패해도 빅데이터는 성공하더라」, 『조선일보』, 2015년 5월 30일.

38 김보영, 「토마스 데이븐포트 美 밥슨대 교수 "데이터 폭증…기업, 분석목표부터 정하라"」, 『한국경제』, 2012년 4월 20일.

39 재키 후바(Jackie Huba), 이예진 옮김, 『광팬은 어떻게 만들어지는가: 레이디 가가에게 배우는 진심의 비즈니스』(처음북스, 2013/2014), 37쪽; 「1% rule(Internet culture)」, 『Wikipedia』; 나심 니컬러스 탈레브(Nassim Nicholas Taleb), 안세민 옮김, 『안티프래질: 불확실성과 충격을 성장으로 이끄는 힘』(와이즈베리, 2012/2013), 472쪽; 제프 자비스(Jeff Jarvis), 이진원 옮김, 『구글노믹스: 미래 경제는 구글 방식이 지배한다』(21세기북스, 2009/2010), 104쪽.

40 왕중추(汪中求)·주신웨(朱新月), 이지은 옮김, 『퍼펙트워크』(다산북스, 2011/2014), 214~219쪽.

41 론 서스킨드(Ron Suskind), 박범수 옮김, 『1퍼센트 독트린: 보이지 않는 사람들이 움직이는 세상』(알마, 2006/2007), 105~108쪽; 「The One Percent Doctrine」, 『Wikipedia』.

42 박범수, 「옮긴이 말」, 론 서스킨드(Ron Suskind), 박범수 옮김, 『1퍼센트 독트린: 보이지 않는 사람들이 움직이는 세상』(알마, 2006/2007), 581쪽.

43 「Privacy」, 『Wikipedia』.

44 김동철, 『자유언론법제연구』(나남, 1987).

45 팽원순, 『매스코뮤니케이션 법제이론』(법문사, 1988), 239쪽.

46 빅토어 마이어 쇤베르거(Viktor Mayer-Schönberger), 구본권 옮김, 『잊혀질 권리: 디지털 시대의 원형감옥, 당신은 자유로운가?』(지식의날개, 2009/2011), 29, 149쪽.

47 「Scott McNealy」, 『Wikipedia』.

48 렉 휘태커(Reg Whitaker), 이명균·노명현 옮김, 『개인의 죽음: 이제 더 이상 개인의 프라이버시는 존재하지 않는다』(생각의나무, 2001), 244쪽.

49 스콧 클리랜드(Scott Cleland)·아이라 브로드스키(Ira Brodsky), 박기성 옮김, 『두 얼굴의 구글: 구글 스토리에 숨겨진 또 다른 이면』(에이콘, 2011/2012), 50쪽.

50 셰리 터클(Sherry Turkle), 이은주 옮김, 『외로워지는 사람들: 테크놀로지가 인

간관계를 조정한다』(청림출판, 2010/2012), 220쪽; 스콧 클리랜드(Scott Cleland)·아이라 브로드스키(Ira Brodsky), 박기성 옮김, 『두 얼굴의 구글: 구글 스토리에 숨겨진 또 다른 이면』(에이콘, 2011/2012), 42쪽.

51 구본권, 『당신을 공유하시겠습니까?』(어크로스, 2014), 19쪽.

52 『시사영어사/랜덤하우스 영한대사전』(시사영어사, 1991), 1354쪽; 「lucid」, 『다음 영어사전』.

53 하워드 라인골드(Howard Rheingold), 김광수 옮김, 『넷스마트: 구글, 페이스북, 위키, 그리고 그보다 스마트해야 할 당신』(문학동네, 2012/2014), 138쪽.

54 강현식, 『꼭 알고 싶은 심리학의 모든 것』(소울메이트, 2010), 105쪽.

55 홍성태, 「홍성태 교수의 '영화로 배우는 경영'」⑤ 인셉션, 노골적이면 逆효과…소비자의 無의식을 파고들어라」, 『조선일보』, 2013년 6월 22일.

56 손 아처(Shawn Achor), 박슬라 옮김, 『행복을 선택한 사람들: 긍정지능으로 성공과 행복을 추구하는 5가지 방법』(청림출판, 2013/2015), 239~241쪽.

제8장 정치·리더십·언론

1 엘리엇 A. 코언(Elliot A. Cohen), 이진우 옮김, 『최고사령부: 전쟁을 승리로 이끈 위대한 정치지도자의 리더십』(가산출판사, 2002), 59쪽.

2 게리 윌스(Gary Wills), 곽동훈 옮김, 『시대를 움직인 16인의 리더: 나폴레옹에서 마사 그레이엄까지』(작가정신, 1994/1999), 49~50쪽.

3 「Managament by wandering around」, 『Wikipedia』.

4 톰 피터스(Thomas J. Peters)·로버트 워터먼(Robert H. Waterman, Jr.), 이동현 옮김, 『초우량 기업의 조건: 기업 경영을 지배하는 불변의 원칙 8가지』(더난출판, 1982/2005), 481쪽.

5 마크 고울스톤(Mark Goulston), 황혜숙 옮김, 『뱀의 뇌에게 말을 걸지 마라: 이제껏 밝혀지지 않았던 설득의 논리』(타임비즈, 2009/2010), 246~249쪽.

6 사루야 가나메(猿谷要), 남혜림 옮김, 『검증, 미국사 500년의 이야기』(행담출판, 2004/2007), 248쪽.

7 케네스 데이비스(Kenneth C. Davis), 이순호 옮김, 『미국에 대해 알아야 할 모든 것, 미국사』(책과함께, 2003/2004), 478쪽.

8 윌리엄 데레저위츠(William Deresiewicz), 김선희 옮김, 『공부의 배신: 왜 하버드생은 바보가 되었나』(다른, 2014/2015), 228쪽.

9 「[사설] 평양발 '스푸트니크의 순간' 다가오나」, 『중앙일보』, 2015년 5월 11일.

10 로버트 멘셸(Robert Menschel), 강수정 옮김, 『시장의 유혹, 광기의 덫』(에코리브르, 2002/2005), 7~8쪽.

11 크리스토퍼 히친스(Christopher Hitchens), 차백만 옮김, 『젊은 회의주의자에게 보내는 편지』(미래의창, 2001/2012), 23쪽.

12 안성규, 「"위대한 지도자는 컨트래리언이었다": 홍석현 중앙일보 회장, 카자

흐스탄 키메프대서 명예박사 받고 연설」, 『중앙일보』, 2012년 5월 29일.

13 김영희, 「슈뢰더의 교훈」, 『중앙일보』, 2015년 5월 29일.

14 여준상, 「[Weekly BIZ] 너무 많은 선택지는 毒…소비자는 간단한 걸 원한다」, 『조선일보』, 2014년 7월 26일.

15 「Contrarian investing」, 『Wikipedia』.

16 「Contrarian」, 『Wikipedia』.

17 「Obama, Barack」, 『Current Biography』, 66:7(July 2005), p.54.

18 래리 킹(Larry King), 정미나 옮김, 『래리 킹, 원더풀 라이프』(청년정신, 2009), 376쪽.

19 베르나르 앙리 레비(Bernard-Henry Levy), 김병욱 옮김, 『아메리칸 버티고』(황금부엉이, 2006), 84~86쪽.

20 이기홍·하태원, 「'리버럴'이란 이름의 주홍글씨」, 『동아일보』, 2008년 10월 15일.

21 홍훈, 「근대 경제학 내의 자유주의: 비판적인 관점에서 본 그 의미와 한계」, 『사회비평』, 제8호(1992년 9월); 존 베일리스(John Baylis)·스티브 스미스(Steve Smith) 편저, 하영선 외 옮김, 『세계정치론』(을유문화사, 2001/2003), 191쪽.

22 김지석, 『미국을 파국으로 이끄는 세력에 대한 보고서: 부시 정권과 미국 보수파의 모든 것』(교양인, 2004), 101쪽.

23 이형석, 『B급 문화, 대한민국을 습격하다』(북오션, 2013), 257쪽.

24 「Daniel Bell」, 『Wikipedia』.

25 손제민, 「미국 젊은 층에 리버테리언 바람…고민 깊어지는 공화당」, 『경향신문』, 2013년 8월 24일.

26 폴 애브리치(Paul Avrich), 하승우 옮김, 『아나키스트의 초상』(갈무리, 1988/2004), 9쪽; 고종석, 『코드 훔치기: 한 저널리스트의 21세기 산책』(마음산책, 2000), 70쪽; 김만권, 『세상을 보는 열일곱 개의 시선: 정치와 사회에 관한 철학에세이』(개마고원, 2007), 148쪽; 박홍규, 『아나키즘 이야기: 자유·자치·자연』(이학사, 2004), 46~48쪽; 양성희, 「분수대/리버테리언」, 『중앙일보』, 2007년 3월 3일, 31면; 함재봉, 『탈근대와 유교: 한국정치담론의 모색』(나남출판, 1998), 52쪽; 「Libertarianism」, 『Wikipedia』.

27 김비환, 「21세기와 고전 (7) 로버트 노직 '아나키, 국가, 그리고 유토피아' : '최소국가'만이 자유를 보장한다」, 『조선일보』, 2007년 2월 10일, D11면.

28 손제민, 「미국 젊은 층에 리버테리언 바람…고민 깊어지는 공화당」, 『경향신문』, 2013년 8월 24일.

29 Charles Earle Funk & Charles Earle Funk, Jr., 『Horsefeathers and Other Curious Words』(New York: Quill, 1958/2002), p.55; William Safire, 『Safire's Political Dictionary』(New York: Random House, 1978), pp.59~60, 298; Kathleen Thompson Hill & Gerald N. Hill, 『Real Life Dictionary of American Politics』(Los Angeles, CA: General Publishing Group, 1994), p.37; 「Bleeding-heart

libertarianism」, 『Wikipedia』.

30 조승연, 「[Weekly BIZ] [인문학으로 배우는 비즈니스 영어] pay」, 『조선일보』, 2013년 5월 11일.

31 「Paycheck」, 『Wikipedia』; 「Payment」, 『Wikipedia』; 임귀열, 「임귀열 영어] live paycheck to paycheck(근근이 살아가다)」, 『한국일보』, 2011년 8월 12일.

32 임귀열, 「임귀열 영어] The check is in the mail(조치를 취했으니 기다려라)」, 『한국일보』, 2012년 4월 18일.

33 「Pay grade」, 『Wikipedia』; 「pay grade」, 『네이버 영어사전』.

34 L. 레너드 케스터(L. Leonard Kaster)・사이먼 정(Simon Chung), 『미국을 발칵 뒤집은 판결 31』(현암사, 2012), 51쪽.

35 Stewart Edelstein, 『Dubious Doublets』(Hoboken, NJ: Wiley, 2003), pp.20~22.

36 Naomi Klein, 『The Shock Doctrine: The Rise of Disaster Capitalism』(New York: Picador, 2007/2008), p.396.

37 나오미 클라인(Naomi Klein), 김소희 옮김, 『쇼크 독트린: 자본주의 재앙의 도래』(살림비즈, 2007/2008), 524쪽; Naomi Klein, 『The Shock Doctrine: The Rise of Disaster Capitalism』(New York: Picador, 2007/2008), p.522.

38 나오미 클라인(Naomi Klein), 김소희 옮김, 『쇼크 독트린: 자본주의 재앙의 도래』(살림비즈, 2007/2008), 515쪽; Naomi Klein, 『The Shock Doctrine: The Rise of Disaster Capitalism』(New York: Picador, 2007/2008), p.512.

39 문강형준, 「적은 누구인가」, 『한겨레』, 2014년 5월 3일.

40 윤평중, 「'災難 유토피아'에서 희망을 꿈꾸다」, 『조선일보』, 2014년 5월 2일.

41 최윤영, 「옮긴이의 글」, 리하르트 반 뒬멘(Richard van Dülmen), 최윤영 옮김, 『개인의 발견: 어떻게 개인을 찾아가는가 1500~1800』(현실문화연구, 2005), 304쪽.

42 김정운, 『에디톨로지: 창조는 편집이다』(21세기북스, 2014), 263~264쪽; 김정운, 「'팔굽혀펴기' 열다섯 번이면 다 해결된다!」, 『조선일보』, 2013년 11월 22일.

43 박노자, 『비굴의 시대: 침몰하는 대한민국 우리는 무엇을 할 것인가?』(한겨레 출판, 2014), 7~8쪽.

44 알피 콘(Alfie Kohn), 이영노 옮김, 『경쟁에 반대한다: 왜 우리는 이기기 위한 경주에 삶을 낭비하는가?』(산눈, 1986/2009), 171쪽.

45 알피 콘(Alfie Kohn), 이영노 옮김, 『경쟁에 반대한다: 왜 우리는 이기기 위한 경주에 삶을 낭비하는가?』(산눈, 1986/2009), 172쪽.

46 윌리엄 데레저위츠(William Deresiewicz), 김선희 옮김, 『공부의 배신: 왜 하버드생은 바보가 되었나』(다른, 2014/2015), 152쪽.

47 손해용, 「5개국 20대 가치관 조사」, 『중앙일보』, 2015년 1월 14일.

48 존 밀턴(John Milton), 임상원 역주, 『아레오파지티카: 존 밀턴의 언론 출판 자유에 대한 선언』(나남, 1998); 박상익, 『언론자유의 경전 아레오파기티카』(소나무, 1999).

49 마이라 맥퍼어슨(Myra MacPherson), 이광일 옮김, 『모든 정부는 거짓말을 한

다: 20세기 진보 언론의 영웅 이지 스톤 평전』(문학동네, 2006/2012), 100쪽.

50 팽원순, 『매스코뮤니케이션 법제이론』(법문사, 1988), 61쪽; 고명섭, 「"책은 생명과 진리의 담지자": 언론 자유의 경전 '아레오파기티카'」, 『한겨레』, 2008년 5월 31일; 「Areopagitica」, 『Wikipedia』.

51 허버트 알철(J. Herbert Altschull), 강상현·윤영철 옮김, 『지배권력과 제도언론: 언론의 이데올로기적 역할과 쟁점』(나남, 1984/1991), 31쪽.

52 로버트 하그리브스(Robert Hargreaves), 오승훈 옮김, 『표현자유의 역사』(시아출판사, 2002/2006), 187~188쪽; 박창식, 「[유레카] 아레오파지티카」, 『한겨레』, 2015년 5월 11일; 「John Milton」, 『Wikipedia』.

53 김병걸, 『문예사조, 그리고 세계의 작가들 1: 단테에서 밀란 쿤데라까지』(두레, 1999), 62쪽; 홍사중, 『영국혁명사상사』(전예원, 1982), 146~153쪽.

54 로버트 하그리브스(Robert Hargreaves), 오승훈 옮김, 『표현자유의 역사』(시아출판사, 2002/2006), 194~195쪽.

55 이정환, 「공짜 뉴스는 없다? 돈 받는 기사 만들기 쉽지 않네」, 『미디어오늘』, 2012년 11월 28일; 김수정, 「콘텐츠 유료화 전면에 띄운 영국 더 타임스 VS 가디언」, 『미디어오늘』, 2010년 7월 8일; 「Paywall」, 『Wikipedia』.

56 황용석, 「뉴스 유료화 성공의 조건」, 『한겨레』, 2015년 4월 7일.

57 이성규, 「"혁신을 수혈하라"…기술 스타트업 끌어안는 언론사들」, 『블로터』, 2014년 10월 29일.

58 황용석, 「뉴스 유료화 성공의 조건」, 『한겨레』, 2015년 4월 7일.

59 조수경, 「뉴스 유료화? 신뢰도 없고 독자도 없는데 지불장벽만 쳤다」, 『미디어오늘』, 2015년 3월 25일.

제9장 자동차·교통·환경

1 서옥식 편저, 『오역의 제국: 그 거짓과 왜곡의 세계』(도리, 2013), 459~460쪽.

2 Christine Ammer, 『The Facts on File Dictionary of Clichés』(New York: Checkmark Books, 2001), p.336.

3 Peter G. Peterson, 『Running on Empty: How the Democratic and Republican Parties Are Bankrupting Our Future and What Americans Can Do About It』(New York: Picador, 2004), p.219.

4 「Running On Empty(song)」, 『Wikipedia』.

5 최인준, 「공중 4회전에도…김진표 살린 '스톡카'의 비밀」, 『조선일보』, 2015년 4월 15일.

6 Douglas Brinkley, 『Wheels for the World: Henry Ford, His Company, and a Century of Progress 1902-2003』(New York: Penguin Books, 2004), p.623; 「Auto Racing」, 『Wikipedia』.

7 Jan Harold Brunvand, 『The Vanishing Hitchhiker: American Urban Legends

and Their Meanings』(New York: W.W.Norton & Co., 1981), pp.66~67.

8   Catherine Lutz & Anne Lutz Fernandez, 『Carjacked: The Culture of the Automobile & Its Effect on Our Lives』(New York: Palgrave, 2010), p.6.

9   「Stock Car Racing」, 『Wikipedia』; 「NASCAR」, 『Wikipedia』.

10   Catherine Lutz & Anne Lutz Fernandez, 『Carjacked: The Culture of the Automobile & Its Effect on Our Lives』(New York: Palgrave, 2010), p.18.

11   Evan Morris, 『From Altoids to Zima: The Surprising Stories Behind 125 Brand Names』(New York: Fireside Book, 2004), p.176; 「Bavaria」, 『Wikipedia』.

12   마이클 실버스타인(Michael J. Silverstein)·닐 피스크(Neil Fiske), 보스턴컨설 팅그룹 옮김, 『소비의 새물결 트레이딩 업』(세종서적, 2003/2005), 102쪽.

13   서은국, 『행복의 기원: 인간의 행복은 어디서 오는가』(21세기북스, 2014), 85쪽.

14   비제이 바이테스워런(Vijay V. Vaitheeswaran), 안진환 옮김, 『필요 속도 탐욕』 (한국경제신문, 2012/2013), 253~254쪽.

15   정연승·김나연, 『49가지 커뮤니케이션의 법칙』(한스미디어, 2014), 143쪽.

16   리처드 윌킨슨(Richard G. Wilkinson)·케이트 피킷(Kate Pickett), 전재웅 옮김, 『평등이 답이다: 왜 평등한 사회는 늘 바람직한가?』(이후, 2010/2012), 205쪽.

17   진 트웬지(Jean M. Twenge)·키스 캠벨(W. Keith Campbell), 이남석 편역, 『나는 왜 나를 사랑하는가』(옥당, 2009/2010), 147쪽.

18   제프리 밀러(Geoffrey F. Miller), 김명주 옮김, 『스펜트: 섹스, 진화 그리고 소비 주의의 비밀』(동녘사이언스, 2009/2010), 151쪽.

19   최원석, 「[Weekly BIZ] 현재 기업가치 1조원…최강 메모 앱 '에버노트' 창업 자 겸 CEO 필 리빈」, 『조선일보』, 2013년 9월 7일.

20   임귀열, 「[임귀열 영어] Changed Meaning(의미 변화)」, 『한국일보』, 2011년 7 월 15일; 「BMW」, 『Wikipedia』.

21   장 노엘 카페레(Jean Noel Kapferer)·뱅상 바스티앵(Vincent Bastein), 손주연 옮김, 『럭셔리 비즈니스 전략』(미래의창, 2009/2010), 130쪽.

22   Jean Kilbourne, 『Can't Buy My Love: How Advertising Changes the Way We Think and Feel』(New York: Touchstone, 1999), pp.96~106.

23   홍인철, 「전주 한옥마을에 '세그웨이' 등장…안전사고 우려」, 『연합뉴스』, 2014년 9월 20일.

24   「Dean Kamen」, 『Current Biography』; 「Segway PT」, 『Wikipedia』.

25   박현정, 「승용차 3분의 1 크기에 1~2인 탑승… '1인 가구 시대', 초소형 차량 온 다」, 『한겨레』, 2015년 5월 6일.

26   「Trapdoor」, 『Wikipedia』.

27   Charles Earle Funk & Charles Earle Funk, Jr., 『Horsefeathers and Other Curious Words』(New York: Quill, 1958/2002), pp.64~65; 「Sedan」, 『Wikipedia』; 「Hatchback」, 『Wikipedia』; 이종찬, 「[틴틴경제] 자동차의 진화」, 『중앙일보』, 2010년 7월 16일; 이혜운, 「'해치백의 무덤' 한국서 소형 차종은 잘 나가네」, 『조선일보』, 2015년 5월 6일.

28 Marvin Terban, 『Scholastic Dictionary of Idioms』(New York: Scholastic, 1996), p.11; Adrian Room, 『Brewer's Dictionary of Modern Phrase & Fable』(London: Cassell, 2002), p.55.

29 Marvin Terban, 『Scholastic Dictionary of Idioms』(New York: Scholastic, 1996), p.61; Nigel Rees, 『Cassell's Dictionary of Catchphrases: 1200 Catchphrases and Their Origins』(London: Weidenfeld & Nicholson, 1996), p.70; Adrian Room, 『Brewer's Dictionary of Modern Phrase & Fable』(London: Cassell, 2002), p.195.

30 William Morris & Mary Morris, 『Morris Dictionary of Word and Phrase Origins』, 2nd ed.(New York: Harper & Row, 1971), p.367; Laura Lee, 『The Name's Familiar』(Gretna, Louisiana: Pelican, 1999), p.172; 「마하[Mach]」, 『네이버 백과사전』.

31 필 로젠츠바이크(Phil Rosenzweig), 김상겸 옮김, 『올바른 결정은 어떻게 하는가: 모두를 살리는 선택의 비밀』(엘도라도, 2014), 176~177쪽; 스티븐 코비(Stephen Covey), 「원칙이 최우선이다」, 로언 깁슨(Rowan Gibson) 편, 형선호 옮김, 『미래를 다시 생각한다: 세계적 경영 베스트셀러 저자 15인의 긴급 제안』(금호문화, 1996/1998), 58쪽.

32 김상욱, 「미군 마하 5.1 극초음속 제트기 2023년 실전 배치?」, 『뉴스타운』, 2015년 7월 3일.

33 장혜량, 「CMB, 빨라도 너무 빠른 'i-스피드마하': 320Mbps 기가급 인터넷 속도 제공」, 『IT 타임스』, 2015년 6월 10일.

34 「이건희 회장 '마하 경영'에 숨은 의미」, 『헤럴드경제』, 2014년 3월 24일; 조태임, 「'모든 것 다 바꾼다' 삼성 마하 경영에 無노조 방침도 바뀌나?」, 『CBS노컷뉴스』, 2014년 5월 26일.

35 케네스 데이비스(Kenneth C. Davis), 이순호 옮김, 『미국에 대해 알아야 할 모든 것, 미국사』(책과함께, 2003/2004), 538쪽; 성동기, 「20일 달 착륙 40주년 아직도 식지 않는 '조작설'」, 『동아일보』, 2009년 7월 15일.

36 라즐로 복(Laszlo Bock), 이경식 옮김, 『구글의 아침은 자유가 시작된다: 구글 인사 책임자가 직접 공개하는 인재 등용의 비밀』(알에이치코리아, 2015), 201쪽; 박수련, 「문샷 싱킹 하고 싶다면…리더가 롤모델 돼야죠」, 『중앙일보』, 2015년 5월 22일; 정철환, 「보험·알약·배터리까지…안 건드리는 게 없는 구글」, 『조선일보』, 2015년 4월 27일.

37 박수련, 「문샷 싱킹 하고 싶다면…리더가 롤모델 돼야죠」, 『중앙일보』, 2015년 5월 22일.

38 윤병웅, 『윤병웅의 야구기록과 기록 사이』(한울, 2012), 60~65쪽; 「Moonshot」, 『Wikipedia』.

39 Kathleen Thompson Hill & Gerald N. Hill, 『Real Life Dictionary of American Politics』(Los Angeles, CA: General Publishing Group, 1994), p.237; 「Recycling」, 『Wikipedia』; 「Upcycling」, 『Wikipedia』; 「Downcycling」, 『Wikipedia』; 장정훈, 「손대면 돈 된다 쓰레기 '업사이클'」, 『중앙일보』, 2013년 7월 24일.

40 송혜진·박세미, 「폐품을 명품으로 바꾸다…소비의 가치를 뒤집다」, 『조선일보』, 2013년 7월 17일.

41 「Upcycling」, 『Wikipedia』; 최지영, 「에르메스, 헌 핸드백·스카프로 액세서리 제조」, 『중앙일보』, 2013년 7월 24일.

42 장정훈, 「손대면 돈 된다 쓰레기 '업사이클'」, 『중앙일보』, 2013년 7월 24일.

43 이혜인, 「"폐현수막으로 패션 가방을" 서울시 환경대상 기업 선정」, 『경향신문』, 2013년 7월 2일.

44 김난도 외, 『트렌드코리아 2015』(미래의창, 2014), 147쪽.

45 이위재·한경진, 「폐품을 명품으로…대기업도 '업사이클링' 바람」, 『조선일보』, 2015년 1월 6일.

46 William Safire, 「Footprint」, 『The New York Times』, February 17, 2008; Adrian Room, 『Brewer's Dictionary of Modern Phrase & Fable』(London: Cassell, 2002), p.206; 「Ecological footprint」, 『Wikipedia』; 곽병찬, 「[유레카] 생태학적 발자국」, 『한겨레』, 2006년 9월 1일.

47 제러미 리프킨(Jeremy Rifkin), 안진환 옮김, 『한계비용 제로 사회: 사물인터넷과 공유경제의 부상』(민음사, 2014), 444쪽; 줄리엣 쇼어(Juliet B. Schor), 구계원 옮김, 『제3의 경제학: 세상을 바꾸는 착한 경제 생활』(위즈덤하우스, 2010/2011), 89쪽; 장 폴 페텍, 「[CEO 에세이] 지구의 유한한 자연 자본」, 『한국경제』, 2014년 10월 17; 정유진, 「40년 동안 야생동물 절반으로 줄어」, 『경향신문』, 2014년 9월 30일.

48 크리스 마틴슨(Chris Martenson), 이은주 옮김, 『크래시 코스: 시한부 세계경제의 진실을 말하다』(미래의창, 2011), 419쪽.

49 William Safire, 「Footprint」, 『The New York Times』, February 17, 2008; 리처드 왓슨(Richard Watson), 이진원 옮김, 『퓨처마인드: 디지털 문화와 함께 진화하는 생각의 미래』(청림출판, 2010/2011), 264쪽; 「탄소 발자국」, 『다음 백과사전』; 「Carbon footprint」, 『Wikipedia』.

50 「Water use」, 『Wikipedia』; 박유미, 「커피 한 잔 뽑는데 들어가는 물은 1,000잔」, 『중앙일보』, 2015년 4월 29일; 탁상훈, 「커피 한 잔 만드는 데 물 132L 필요합니다」, 『조선일보』, 2015년 4월 29일.

51 줄리엣 쇼어(Juliet B. Schor), 구계원 옮김, 『제3의 경제학: 세상을 바꾸는 착한 경제 생활』(위즈덤하우스, 2010/2011), 93~94쪽.

52 William Safire, 「Footprint」, 『The New York Times』, February 17, 2008.

제10장 민족·인종·범죄

1 Douglas B. Smith, 『Ever Wonder Why?』(New York: Fawcett Gold Medal, 1991), p.85.

2 임귀열, 「[임귀열 영어] Schwa 1(약음처리 1)」, 『한국일보』, 2010년 12월 31일.

3 정문재, 「금테 두른 금투협(金投協)」, 『뉴시스』, 2013년 9월 5일.

4 Harry Oliver, 『March Hares and Monkey's Uncles: Origins of the Words and Phrases We Use Every Day』(London: Metro, 2005), p.28; William Morris & Mary Morris, 『Morris Dictionary of Word and Phrase Origins』, 2nd ed.(New York: Harper & Row, 1971), p.264; 『Webster's New Explorer Dictionary of Word Origins』(Springfield, MA: Federal Street Press, 2004), p.205.

5 Marvin Terban, 『Scholastic Dictionary of Idioms』(New York: Scholastic, 1996), p.101; 「It's Greek to me」, 『다음 영어사전』.

6 William Safire, 『Safire's Political Dictionary』(New York: Random House, 1978), pp.260~262.

7 Harry Oliver, 『March Hares and Monkey's Uncles: Origins of the Words and Phrases We Use Every Day』(London: Metro, 2005), pp.189~190.

8 「Gibberish」, 『Wikipedia』.

9 「gibberish」, 『네이버 영어사전』.

10 매슈 크렌슨(Matthew A. Crenson)·벤저민 긴스버그(Benjamin Ginsberg), 서복경 옮김, 『다운사이징 데모크라시: 왜 미국 민주주의는 나빠졌는가』(후마니타스, 2004/2013), 205쪽; 「Sharecropping」, 『Wikipedia』.

11 「Sharemilking」, 『Wikipedia』; 「Sharefarming」, 『Wikipedia』.

12 「sharecropper, sharecropping」, 『다음 영어사전』.

13 클레이 서키(Clay Shirky), 이충호 옮김, 『많아지면 달라진다』(갤리온, 2010/2011), 82쪽.

14 「'환골탈태' 정대세, '아버지 이름'으로 다시 뛴다」, 『스포탈코리아』, 2015년 3월 17일.

15 William Morris & Mary Morris, 『Morris Dictionary of Word and Phrase Origins』, 2nd ed.(New York: Harper & Row, 1971), p.127; 「Chicano」, 『Wikipedia』; 「치카노」, 『위키백과』.

16 아리가 나쓰키(有賀夏紀)·유이 다이자부로(油井大三郎), 양영철 옮김, 『상식으로 꼭 알아야 할 미국의 역사』(삼양미디어, 2008), 175~176쪽.

17 「Chicano」, 『Wikipedia』.

18 권훈, 「美애리조나, 멕시코계 역사 교육 중단 논란」, 『연합뉴스』, 2012년 1월 13일.

19 「Wetback(slur)」, 『Wikipedia』; 임상래, 『라티노와 아메리카: 라티노, 히스패닉, 치카노 그들은 누구인가?』(이담북스, 2013), 60~61쪽.

20 「Operation Wetback」, 『Wikipedia』.

21 피터 안드레아스(Peter Andreas), 정태영 옮김, 『밀수꾼의 나라 미국: 불법무역은 어떻게 미국을 강대국으로 키웠나』(글항아리, 2013/2015), 423~424쪽.

22 「Rio Grande」, 『Wikipedia』.

23 「Nigger」, 『Wikipedia』.

24 나지홍·김민정, 「오바마 '검둥이' 발언은 車庫 인터뷰서 나왔다」, 『조선일

보』, 2015년 6월 24일.

25 권순완, 「nigger·Negro…흑인 비하 표현의 어원은?」, 『조선일보』, 2015년 6월 24일; 「Nigger」, 『Wikipedia』.

26 「Nigger」, 『Wikipedia』; 김재신, 『마크 트웨인: 생애와 '허클베리 핀의 모험'』(건국대학교출판부, 1994), 67쪽.

27 「Nigger」, 『Wikipedia』; 양권모, 「[여적] 깜둥이(nigger)」, 『경향신문』, 2015년 6월 25일.

28 임귀열, 「[임귀열 영어] Racial Epithets and Hate Language(인종차별과 증오 표현)」, 『한국일보』, 2011년 4월 12일; 「Nigga」, 『Wikipedia』.

29 로버트 풀러(Robert W. Fuller), 안종설 옮김, 『신분의 종말: '특별한 자'와 '아무것도 아닌 자'의 경계를 넘어서』(열대림, 2003/2004), 71쪽.

30 「wigger」, 『Wiktionary』.

31 새디어스 러셀(Thaddeus Russsell), 이정진 옮김, 『불한당들의 미국사』(까치, 2010/2012), 250~251쪽.

32 Harry Oliver, 『March Hares and Monkey's Uncles: Origins of the Words and Phrases We Use Every Day』(London: Metro, 2005), p.125; Charles Earle Funk & Charles Earle Funk, Jr., 『Horsefeathers and Other Curious Words』(New York: Quill, 1958/2002), p.96.

33 장상진, 「"후드티 입은 흑인은 위험한가"…美 시위 확산」, 『조선일보』, 2013년 7월 16일; 엄보운, 「흑인 청년이 입었다 피살된 '후드티'…1930년대 美 냉동 창고 노동자들의 작업복서 출발」, 『조선일보』, 2013년 7월 20일.

34 김민정, 「'후드티' 착용 시 벌금 55만원…美 주민 거센 반발」, 『이데일리』, 2015년 1월 6일.

35 백기철, 「[유레카] 스탠드 유어 그라운드」, 『한겨레』, 2013년 7월 17일.

36 정경민, 「정당방위법 정당한가…미국 시끌」, 『중앙일보』, 2013년 7월 18일.

37 백기철, 「[유레카] 스탠드 유어 그라운드」, 『한겨레』, 2013년 7월 17일.

38 임민혁, 「오바마 "마틴(백인 자경단원에 사살된 흑인 소년), 35년 전 나였을 수도" 흑인 悲哀 토로」, 『조선일보』, 2013년 7월 22일.

39 박현, 「"마틴은 35년 전 나였을 수도"…오바마, 정당방위법 개정 강조」, 『한겨레』, 2013년 7월 22일.

40 박진형, 「금주의 게임」, 『연합뉴스』, 2004년 2월 13일.

41 Charles Earle Funk & Charles Earle Funk, Jr., 『Horsefeathers and Other Curious Words』(New York: Quill, 1958/2002), p.15; Robert Hendrickson, 『The Dictionary of Eponyms: Names That Became Words』(New York: Dorset Press, 1972), p.146.

42 사이먼 레이놀즈(Simon Reynolds), 최성민 옮김, 『레트로 마니아: 과거에 중독된 대중문화』(작업실유령, 2011/2014), 277~278쪽.

43 「hoodlum」, 『네이버 영어사전』.

44 Martin Terban, 『Guppies in Tuxedos: Funny Eponyms』(New York: Clarion

Books, 1988), pp.36~38; 「Friday」, 『Wikipedia』.

45 윤희영, 「[윤희영의 News English] 13일의 금요일: Friday the 13th」, 『조선일보』, 2013년 9월 4일.

46 임귀열, 「[임귀열 영어] Backstory of cultural words(새로운 어휘의 배경)」, 『한국일보』, 2013년 6월 27일.

47 David Olive, 『A Devil's Dictionary of Business Jargon』(Toronto, Canada: Key Porter Books, 2001), p.37.

48 Bill Beavis & Richard G. McCloskey, 『Salty Dog Talk: The Nautical Origins of Everyday Expressions』(London: Adlard Coles Nautical, 2007), p.52; Christine Ammer, 『The Facts on File Dictionary of Clichés』(New York: Checkmark Books, 2001), p.155; Adrian Room, 『Brewer's Dictionary of Modern Phrase & Fable』(London: Cassell, 2002), p.280.

49) 조한욱, 「프라이데이」, 『한겨레』, 2015년 3월 20일.

재미있는
영어 인문학 이야기 2

ⓒ 강준만, 2015

초판 1쇄 2015년 9월 21일 펴냄
초판 3쇄 2022년 10월 26일 펴냄

지은이 | 강준만
펴낸이 | 강준우
기획 · 편집 | 박상문, 김슬기
디자인 | 최진영
마케팅 | 이태준
관리 | 최수향
인쇄 · 제본 | (주)삼신문화

펴낸곳 | 인물과사상사
출판등록 | 제17-204호 1998년 3월 11일

주소 | (04037) 서울시 마포구 양화로7길 6-16 서교제일빌딩 3층
전화 | 02-325-6364
팩스 | 02-474-1413
www.inmul.co.kr | insa@inmul.co.kr

ISBN 978-89-5906-360-4 04300
      978-89-5906-346-8 (세트)

값 15,000원

이 도서의 국립중앙도서관 출판시도서목록(CIP)은 서지정보유통지원시스템 홈페이지
(http://seoji.nl.go.kr)와 국가자료공동목록시스템(http://www.nl.go.kr/kolisnet)에서
이용하실 수 있습니다. (CIP제어번호: CIP2015024912)